新能源汽车技术百问百答系列

电动汽车技术100问

曹砚奎　主　编
王恩奇　副主编

机械工业出版社

本书对电动汽车技术人员所提出的各种问题进行了汇集和分类，内容涉及电动汽车的能源系统、驱动系统、辅助系统、控制系统及充电技术等，以问答形式深入讲解了电动汽车各知识点，并尽量通过案例进行解析、介绍概念、分析原因、提供思路。本书适合电动汽车技术应用人员和相关从业人员阅读，也可作为从事电动汽车研究、开发、生产和销售的人员参考。

图书在版编目（CIP）数据

电动汽车技术100问/曹砚奎主编. —北京：机械工业出版社，2018.1
（新能源汽车技术百问百答系列）
ISBN 978-7-111-58484-1

Ⅰ.①电… Ⅱ.①曹… Ⅲ.①电动汽车-基本知识-问题解答
Ⅳ.①U469.72-44

中国版本图书馆CIP数据核字（2017）第280017号

机械工业出版社（北京市百万庄大街22号 邮政编码100037）
策划编辑：何士娟 责任编辑：何士娟
责任校对：肖 琳 封面设计：马精明
责任印制：张 博
三河市国英印务有限公司印刷
2018年1月第1版第1次印刷
169mm×239mm·12.5印张·246千字
0 001—3 000册
标准书号：ISBN 978-7-111-58484-1
定价：49.90元

凡购本书，如有缺页、倒页、脱页，由本社发行部调换

电话服务	网络服务
服务咨询热线：010-88361066	机 工 官 网：www.cmpbook.com
读者购书热线：010-68326294	机 工 官 博：weibo.com/cmp1952
010-88379203	金 书 网：www.golden-book.com
封面无防伪标均为盗版	教育服务网：www.cmpedu.com

前　言

随着我国汽车保有量的增长，能源安全和环境空气污染问题日益突显，使我国对电动汽车的需求更为迫切。中国工程院陈清泉院士在 2016 年第四届汽车与环境创新论坛上发表演讲指出，中国有望在未来十年左右发展成为电动汽车强国。汽车在今后的 30 年将发生巨大变化，变化的特点是汽车能源动力总成的革命。这也为我国的汽车行业发展提供了契机。

我国的交通情况与外国不同，有自己的特点，我们需要开发不同类型的汽车，包括能满足绝大多数人出行需求的普通乘用车（要求廉价、轻量化、安全，大多不需要有跑车性能，以及高端车、出租车、公交车、载重车、特种车和广大农村和城镇用的低速车等。电动汽车的发展方向是电动化、轻量化、智能化。未来交通网、能源网、信息网、人文网将互相融合，将电动汽车、智能汽车、智能交通、智慧城市建设结合起来。

本书献给立志于环保事业、投身中国电动汽车行业建设与发展和支持使用电动汽车的朋友们。本书由曹砚奎主编，王恩奇为副主编，杨传帅、刘学敏、许峰、秦玉芳、吴文谦、李姿怡、王超、李伟、王玉芳、相勇、魏毅、陈欢欢、栾庆宇、李抗抗、王潇涵、李素花等参与了编写。

由于编者的视野和能力所限，不妥之处在所难免，希望广大读者不吝赐教。

编　者

目　录

第三篇　电动汽车的驱动系统

第四篇 电动汽车的充电技术

第五篇 电动汽车的高压电

第六篇　电动汽车的空调系统

第七篇　如何购买和使用电动汽车

第八篇　电动汽车的保养和维修

第一篇
电动汽车概述

问题1　什么是汽车？

答：所谓汽车，是指装备三个或四个以上车轮，能独立依靠自身动力驱动，在陆地行驶的非轨道运载交通工具。英文 Automoblie 直译为“自动车”，一般指汽车，是世界公认的由卡尔·本茨发明的一种现代交通工具。英文 Motor Vehicle 直译为“机动车辆”，泛指所有的依靠自身动力驱动行驶的车辆，包括火车、摩托车。英文 Car 一般仅指四轮小轿车。

问题2　什么是电动汽车（EV）？

答：电动汽车（EV）是全部或部分由电能作为动力驱动系统的汽车。最常见的分类方法是把电动汽车分为纯电动汽车（Battery Electric Vehicle，BEV）、燃料电池电动汽车（Fuel Cell Electric Vehicle，FCEV）和混合动力电动汽车（Hybrid Electric Vehicle，HEV）三类。其中以纯电动和油电混合动力汽车的发展最为活跃。一般电动汽车是指能够接入电网补充电能的纯电动汽车和插电式混合动力汽车（PHEV）。

问题3　电动汽车由哪些部分组成？

答：电动汽车由底盘、车身、动力电池组（如铅酸电池、镍镉电池、镍氢电池或锂离子电池）、驱动电机、控制器和辅助设施六部分组成。由于驱动电机具有良好的牵引特性，电动汽车不需要传统燃油汽车那样复杂的离合器和变速器。车速控制由控制器通过调速系统改变电动机的转速即可实现。

问题4　电动汽车的优点有哪些？

答：电动汽车具有以下优点：

1）环境保护。电动汽车多以蓄电池储存电能作为动力源，插电式混合动力电动汽车在城市运行时也可以仅使用储存的电能，在运行过程中无尾气排放。燃料电池电动汽车通常以富氢气体为燃料，而富氢气体主要通过矿物燃料制取。在富氢气体的制取过程中，其 CO_2 的排放量比热机过程减少 40% 以上，这对缓解地球的温室效应是十分重要的。由于燃料电池的燃料在反应前必须脱除硫及其化合物，而且燃料电池是按电化学原理发电的，不经过热机的燃烧过程，所以它几乎不排放氮、硫氧化物，减轻了对大气的污染。当燃料电池以纯氢为燃料时，它的化学反应产物仅为水，从根本上消除了 NO_x、SO_x 及 CO_2 等的排放。故以纯氢为燃料的燃料电池电动汽车在行驶中不排放任何有害气体（包括 CO_2）。

2）工作噪声低。普通汽车在加速和等速运行时发动机及其排气系统的噪声占很大比例，高速行驶时轮胎的噪声大。对于纯电动汽车而言，没有与发动机相关的如排气系统等的噪声；对于混合动力电动汽车而言，发动机仍然稳定运转，与发动机相关的噪声约为汽油机或柴油机的一半；燃料电池电动汽车加速时动力系统的噪声主要来自进气系统和冷却风扇等，而燃料电池运动部件很少，无发动机的燃烧噪声和进气门、排气门、活塞与曲轴等运动部件的机械噪声。因此，燃料电池电动汽车、纯电动汽车及插电式混合动力汽车加速时的噪声明显低于普通汽车。

3）热效率高。传统汽车从石油开采到制成成品油运输到加油站，再到注入汽车供发动机燃烧做功形成机械能驱动汽车行驶，这期间的总效率约为16%。电动汽车从发电厂（以火电为例）发电经电网输送到蓄电池储存，再经驱动电机将电能转换成机械能驱动车辆行驶，这期间的总效率约为30%。显然后者效率更高。燃料电池电动汽车的燃料电池是按电化学原理等温地直接将化学能转化为电能，不通过热力过程，因此不受卡诺循环的限制，在理论上它的能量转换效率可达85%～90%。但实际上，在工作时由于各种限制，目前燃料电池实际的能量转换效率均为40%～60%。若实现热电联供，则燃料的总利用率可高达80%以上。

4）排放的废热少。汽车运行时，发动机燃烧排出的气体温度明显高于大气环境，排气携带的热量将使大气环境温度升高，进一步对城市的“热岛效应”产生一定影响。燃料电池和混合动力电动汽车由于具有较高的热效率，单位里程排出的热量少，而纯电动汽车没有排气的废热，故使用电动汽车可以减轻城市的“热岛效应”。

5）可回收利用的能量多。对于电动汽车而言，很容易利用电机反转时发电的功能回收制动或下坡时的能量，从而使汽车的续驶里程增加、经济性提高。近年新开发的电动汽车都具有下坡、制动或减速时的能量回收系统，具有能量回收系统的电动汽车的续驶里程可增加10%～15%。电动汽车还可改善能源结构、解决汽车的替代能源问题。

问题5　电动汽车目前存在哪些缺点?

答：电动汽车具有以下缺点：

1）续驶里程短，载质量小。目前生产的电动汽车一般以铅酸电池和锂离子电池作为动力能源。虽然这两种电池的制造技术较为成熟、规模效益较好，但单位质量能量，即比能量偏低，汽车需要背负一定质量的电池才能行驶合适的里程。随着高能量动力电池的开发使用，未来的纯电动汽车超越燃油汽车的续驶里程是没有问题的。

2）制造成本高。目前纯电动汽车的价格一般为同级燃油汽车的2～5倍。尽管生产规模扩大后，会有一定幅度的降低，但仍然难以达到普通燃油汽车的水平。混合动力电动汽车的价格明显高于同级别的燃油汽车。燃料电池电动汽车的价格非常昂贵，是同级别燃油汽车的数十倍，甚至上百倍，仍处于消费者无法接受的地步。目前我国对电动汽车采用的是高补贴的办法，随着技术的进步和电动汽车产销量规模的提升，其制造成本会逐渐大幅度下降。

3）充电基础设施欠缺，使用不够方便。因为充电桩、充电站等基础设施的欠缺，使目前的电动汽车主要依靠用户自己的家用设施充电，使电动汽车只能在近距离的范围内活动。电动汽车若发展必须大规模地建设充电基础设施，这些基础充电设施既有路边的，也有居民小区的。其建设涉及整个输送电网的配套运行和建设问题，从而具有投资规模大、周期长等缺点。在“十三五”期间我国正在进行大规模的电动汽车充电基础设施的建设，相信到2020年后会有较大的普及。

问题6　电动汽车与燃油汽车在驾驶操作上有哪些区别？

答：对于燃油汽车，在驾驶操作前需先起动发动机，即将钥匙拧到起动档（START），待发动机着车后再松开，钥匙自动返回运行档（RUN），此时才可踩下离合器挂入前进或后退档位，松开离合器后才能驱动车辆行驶。对于电动汽车，在驾驶前只需接通上电开关，挂入前进或后退档位，踩下加速踏板即可驱动车辆行驶，省去了起动和操作离合器的动作环节（上电开关相当于点火开关）。

问题7　电动汽车与燃油汽车在部件组成上有哪些区别？

答：燃油汽车（以汽油机为例）通过发动机燃油喷射系统将汽油和空气混合后的燃烧能量转换为转矩来驱动汽车前进，而电动汽车则是靠直流或交流电动机，将电能转换为机械能来驱动汽车前进。因为没有发动机，原本由发动机带动的发电机、空调压缩机、动力转向油泵等部件需要由新能源驱动。由于没有发动机也就没有了真空，制动需要的助力真空需另外采用装置解决。替代发电机给低压系统供电、给低压蓄电池充电的是高低电压转换器（DC/DC），它将动力电池的高压电转换为12V系统低压电（实际为保证蓄电池不亏电，同发电机一样在14.4V左右）。替代空调压缩机的是使用高压电源的电动压缩机。在转向方面取消了液压动力转向装置，选择了电动动力转向系统。在制动助力方面采用的是电动真空泵为主要部件的电动真空助力系统。除此之外还有电动汽车特有的动力电池、电驱动系统和充电装置等。

1）高低电压转换器（DC/DC）。电动汽车没有发电机，需要新增部件为整车低压系统供电并为12V蓄电池充电。高低电压转换器的作用就是将动力电池输出的高压直流电转换为可供蓄电池充电和整车低压系统用电设备使用的12V低压直流电。智能化的高低电压转换器可以同时对整车低压系统的用电量进行监控，当整车用电器工作较多、所需电量大时，高低电压转换器进行大功率转换；当整车用电器工作少、所需电量小时，高低电压转换器DC/DC进行小功率转换。这种智能化的功率转换可以防止定功率转换所造成的电量不够或电量浪费。

2）充电装置。电动汽车的能量补充可采用两种方式：一种是通过交流充电桩或车载充电机进行小倍率慢充；另一种是通过直流充电桩对动力电池进行大倍率快充。慢充需要将车载充电机的输入电缆接入家用220V交流电插座或交流充电桩，将220V的交流电转换为与动力电池电压相一致的直流高压电，充电时间一般为6~10h。快充方式的充电电流经充电线缆直接从直流充电桩到动力电池，中间不再经过其他部件。以充电倍率为$2C$~$3C$（$1C$就是以1h充满所需要的电流）的速度进行充电，一般情况下要求半小时内充满电池额定容量的80%。目前在电动汽车的推广城市和部分高速公路服务区内都在建造电动汽车专用的充电站。

3）动力电池。电动汽车的核心在于整车所有部件的能量都来自于电能，电能全部由动力电池提供。动力电池的作用是在充电时储存电能，运行时为整车所有用电器提供电能。目前电动汽车使用的动力电池主要有铅酸动力电池、磷酸铁锂动力电池和三元锂动力电池等，主要布置在地板下面和行李箱内，如图1-1所示。为了达到正常的电能使用和延长动力电池的使用寿命，动力电池设置有动力电池管理系统（BMS），以监控动力电池内部各电池组模块的电压、电流和温度等电池工作状态的信息参数，通过这些参数判定目前电池的状态，同时将这些参数通过CAN（控制器局域网络）总线发送给整车控制器。

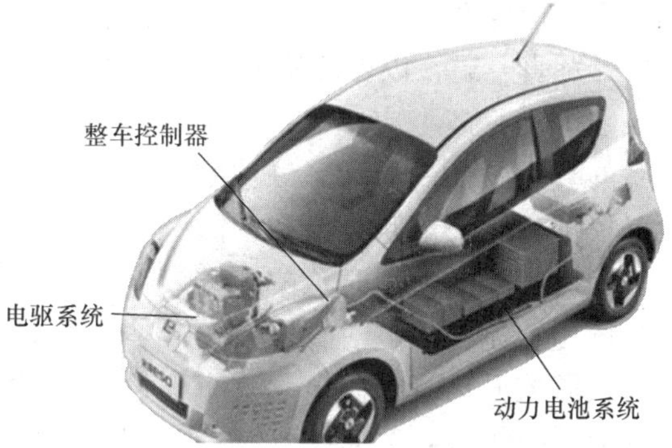

图1-1　电动汽车部件图

4）电驱动系统。电驱动系统包括驱动电机和电机控制器等部件。汽油车的动力源是发动机，电动车的动力源是驱动电机。驱动电机的作用是受电机控制器控制在汽车行驶时将电能转化为机械能驱动车辆行驶，在汽车制动时将机械能转化为电能回收部分能量。目前电动汽车使用较多的是交流异步电机和永磁同步电机，工作电压多为直流144~600V，一般驱动电机的电压等级与动力电池的电压相一致。前置前驱的电动汽车，其由电机控制器和驱动电机组成的驱动系统布置在机舱内，控制器在驱动电机的上方，如图1-1所示。

5）整车控制器。许多燃油汽车在发动机动力系统控制器的基础上增加有整车控制器（Vehide Controller Unit，VCU），同样电动汽车也需要整车控制器。电动汽车整车控制器接收车速、制动踏板、加速踏板和剩余电量等信号，通过网络综合控制驱动行车所需要的工作部件，是纯电动汽车整车控制系统的核心部件。它对汽车的正常行驶、再生能量回收、网络管理、故障诊断与处理、车辆的状态与监视等功能起着关键的作用。与各部件控制器的动态控制相比，整车控制器属于管理协调型控制部件，其安装位置如图1-1所示。

6）电动压缩机。纯电动汽车与燃油汽车的制冷系统相比，主要是压缩机发生了变化，由原来的发动机曲轴带轮驱动的机械式压缩机，改成了由整车动力电池电源驱动的电动压缩机。电动压缩机的一般输入功率为（2～6）kW，比较适用于连接在动力电池的输出端由高压电进行驱动。

7）电动真空泵。电动汽车与传统的燃油汽车相比，没有发动机，失去了传统制动系统真空助力装置的真空源，仅由人力所产生的制动力无法满足行车制动的需要，这就需要为制动系统增加电动真空助力系统。汽油车可将进气歧管处产生的真空，通过管路送到真空助力器上，在制动时提供真空助力。电动汽车则是通过增加电动真空泵产生真空。为了保证整个真空助力系统的正常工作，需要设置一个真空度传感器和真空罐，以保证系统较长时间处在一个合适的真空度范围内工作。电动真空泵在电动汽车上应用时，须采用合适的真空泵控制单元。该控制单元可根据真空泵试验分析和实际的汽车操纵需要，使用合适的真空开关与压力控制模块，对真空泵发出实时关闭或开启指令。电动汽车真空助力系统如图1-2所示。

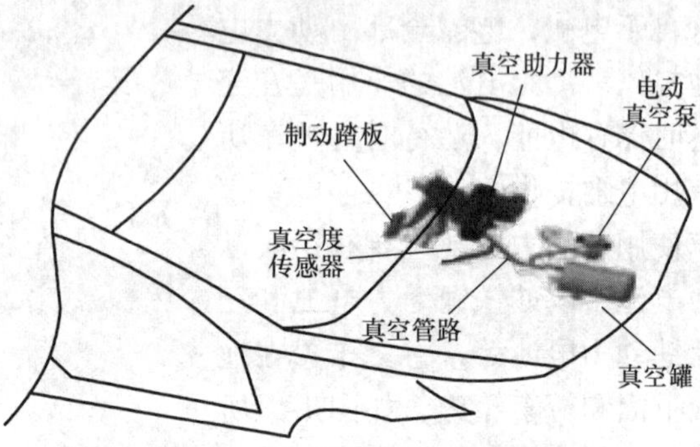

图1-2　电动汽车真空助力系统

8）电动动力转向系统。电动汽车的电动动力转向系统（EPS）是在传统机械转向系统的基础上发展起来的。它利用电动机产生的动力帮助驾驶人进行转向操作。电动动力转向系统主要由三大部分构成，即信号传感装置（包括转矩传感器、转角传感器和车速传感器）、转向助力机构（电动机、离合器、减速传动机构）和电子控制装置。电动机仅在需要助力时工作，驾驶人在操纵转向盘时，转矩、转角传感器根据输入转矩和转向角的大小产生相应的电压信号，车速传感器检测车速信号，控制单元根据电压和车速的信号，给出指令控制电动机运转，从而产生所需要的转向助力。电动动力转向系统具有节能与环保等诸多优点，可取代液压动力转向系统（HPS），成为今后汽车转向系统发展的趋势。

电动动力转向系统按照电动机布置位置的不同，可以分为转向轴助力式、齿轮助力式和齿条助力式三种，如图1-3所示。

9）采暖系统。传统燃油汽车将发动机的余热通过管路引入驾驶室的暖风芯体，利用驾驶室内的空气流动进行热交换实现采暖。电动汽车没有发动机，也就没有了余热可以用来采暖，需要设置单独的部件对驾驶室进行加热。目前，采用的方式有以下两种：

一是风暖，采用PTC电加热材料进行加热。这种方式改动小，投入成本低，

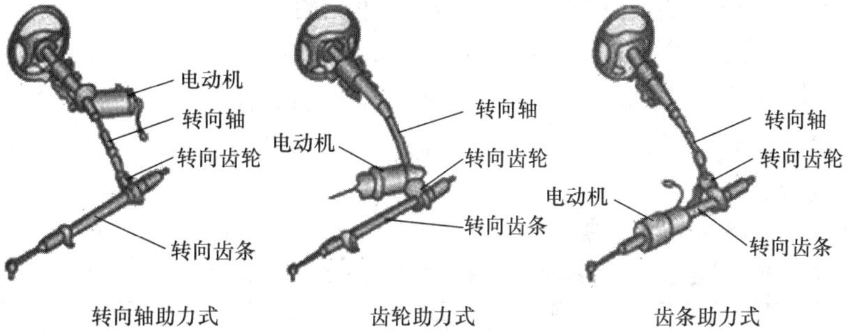

图 1-3 电动助力转向

但与塑料壳体近距离接触，存在一定的安全隐患。

二是水暖，仍保留原来发动机的水暖系统，将电加热装置接入暖气管路接口替代发动机产生热量。采用这种加热方式必须合理设置电加热装置的位置，充分利用冷却液的自然循环，或另外添加循环液泵来促进冷却液的循环流动提高热效率。

10）组合仪表。在传统燃油汽车仪表信息显示的基础上，电动汽车增加了电压、电流、荷电状态、系统准备就绪等专用信号显示，由整车控制器监控。仪表与整车控制器之间采用 CAN 总线通信形式，既可保证传输信息的多样化，又可保证准确性。

11）电子换档器。电动汽车使用的驱动电机的转速可调范围宽，且本身具有正反双向旋转功能，可较方便地实现车辆的向前、向后运行，无需再像燃油汽车那样配置一套复杂的变速机构。一般电动汽车使用的是将驾驶人的操作意愿信息转化成电子信号的电子换档器，电子换档器将操作意愿信息转换为电子信号后传给整车控制器或电机控制器，以控制驱动电机正反向和调速运转。

12）警示安全部件。电动汽车在运行时没有发动机的运行噪声，比较安静，但同时由于运行声音小，路边的行人无法意识到，容易造成意外的人身伤害。因此我国标准 GB/T 28382—2012《纯电动乘用车 技术条件》规定要求，车辆在设计时应考虑车辆在起步、低速（低于 20km/h）时能够给车外人员发出适当的提示性声响。另外从汽车的运行安全性考虑，要求电动汽车具备远程监测能力。

图 1-4 电动汽车行人警示功能

能够给车外人员发出适当的提示性声响的是行人警示器，如图 1-4 所示。在车辆起步或低速行驶时，该警示器上的传感器能识别到行人或其他物体，自动发出低频的、比发动机工作声音低 5dB 以上的提示声音。目前电动汽车使用较多的警示器有两种：一种是单一的行人警示器，由以前的电喇叭转变而来，接通开关后发出低频的喇叭声音；另一种是自动的行人警示器，可结合车辆的行驶状态，自动识别行人，并发出低分贝的模拟发动机声音或其他制定声音。

远程监控系统是指对整车、动力电池、驱动电机等进行实时监测，并将监测数据通过通信服务商网络，实时发送给各地的电动汽车综合服务和管理平台，确保车辆的安全运行。

电动汽车与燃油汽车主要部件及功能的对比见表1-1。

表1-1　电动汽车与燃油汽车主要部件及功能的对比

燃油汽车	电动汽车	电动汽车部件功能	燃油汽车部件功能
燃油箱	动力电池	储存高压电能，输出高压电，为整车提供动力源	储存燃料，为发动机提供燃料
发动机	驱动电机及其控制器	将高压直流电转换为机械转矩，驱动汽车运行	将燃料的化学能通过燃烧转化为机械能和热能
发电机	高低压转换器	将高压电转换为低压电为整车低压部件供电，并为蓄电池充电	通过发动机驱动，将机械能转化为电能
加油机	充电机	将电网电能转化后为动力电池充电	将燃油通过管路加注到燃油箱内
整车控制器	整车控制器	与燃油车相同	收集整车相关信息，向其他控制器发出控制指令
液压动力转向	电动动力转向	将电能转化为机械转矩，为转向提供助力	由发动机驱动，将机械能转化为液压能为转向提供助力
发动机真空助力	电子真空助力	采用电动真空泵提供真空，为制动提供真空助力	利用发动机产生的工作真空，为制动提供真空助力
制冷系统	制冷系统	采用电动压缩机，将电能转化为机械能为空调系统建立压力差	采用发动机驱动压缩机为空调系统建立压力差
采暖系统	采暖系统	将电能转化为热能，提供采暖热量	利用发动机余热，提供采暖热量
换档器	换档器	为电子换档器，仅提供电子信号	为机械变速机构，提供换向和变速

问题8　世界电动汽车的历史是怎样的？

答：电动汽车比汽油机驱动的汽车（1885年，卡尔·本茨发明）早了半个世纪，早在1834年，苏格兰人德文波特（T. Davenport）就制造了一辆电动三轮车（图1-5）。

1873年英国人罗伯特·戴维森（Robert Davidson）制作了世界上最初可供实用的电动汽车，是一辆长4800mm、宽1800mm载货汽车，使用铁、锌、汞合金与硫酸进行反应的一次电池。电动汽车在欧洲出现以后，很快便传到了美国，并在美国得到了快速发展。1890年，美国第一辆蓄电池汽车在艾奥瓦州诞生，时速达到

23km/h。在此之后的十多年里，电动汽车在美国飞速发展，到 1912 年保有量已达到 33 384 辆。到 20 世纪初，美国以蓄电池为动力的电动汽车占汽车保有量的 38%，其比例仅次于占汽车保有量 40% 的蒸汽机汽车。到了 1915 年，美国电动汽车的年产量达 5000 辆。后来由于起动机的发明促进了汽油车的发展和美国州际公路的发展，使电动汽车不能适应长距离行驶的缺点更为突出，因而电动汽车开始走向衰落，在 1935 年～1960 年的 25 年里，电动汽车几乎处于停产状态，并逐步退出历史舞台。

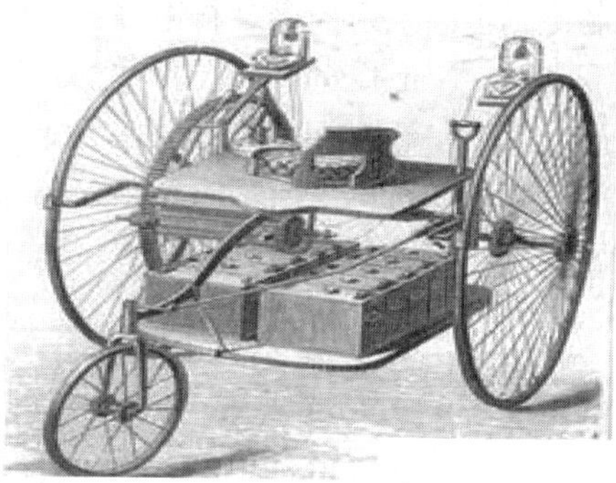

图 1-5　最早的电动汽车

20 世纪 60 年代，随着汽车保有量的增加，汽车的排气污染使美国等发达国家相继出现光化学烟雾等空气污染事故，使人们的健康与生命安全受到了严重威胁。因而，在受到汽车污染的汽车工业发达国家，又重新开始电动汽车的开发。

图 1-6　Impact 电动汽车

最早的燃料电池电动汽车的开发可以追溯到 1968 年，通用汽车公司在这一年产出了世界上第一辆可使用的燃料电池电动汽车，该车以厢式货车为基础制造，装载了最大功率为 150kW 的燃料电池组，燃料为低温冷藏的液氢，汽车的续驶里程为 200km。到了 20 世纪 90 年代，作为解决环境污染和能源供需问题的重要途径之一的燃料电池电动汽车技术受到了空前重视，主要汽车生产国和各大汽车制造商几乎都投入了大量的人力和物力研发燃料电池电动汽车。1993 年加拿大 Ballard 公司研制出了世界上第一辆燃料电池公共汽车，1994 年戴姆勒－克莱斯勒公司推出了 NECAR I（New Electric Car I）燃料电池轿车，NECAR I 使用的是 Ballard 公司生产的质子交换膜燃料电池组，功率为 50kW，燃料为压缩氢气。燃料电池电动汽车的结构示意图如图 1-7 所示。目前，各大汽车公司几乎都研制出了燃料电池概念车，我国上海、宁波等地也已研制出了轿车和客车的燃料电池概念车。但是，由于安全、高效的储氢、运氢等问题的存在和价格较高等原因，燃料电池电动汽车真正投入市场尚需时日。

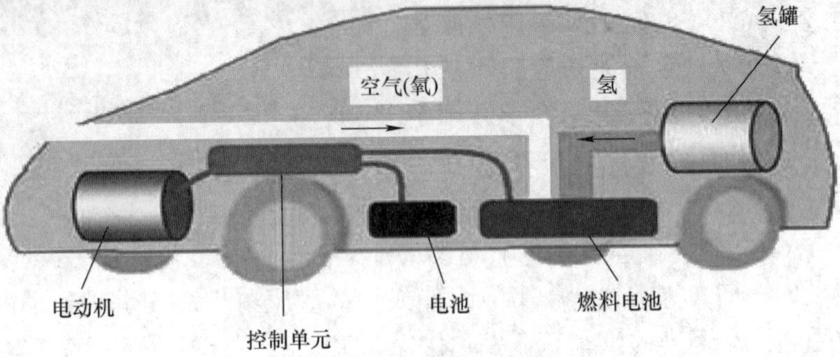

图 1-7　燃料电池电动汽车的结构示意图

问题 9　我国目前生产电动汽车的厂家主要有哪些?

答: 我国也曾多次兴起研究电动汽车的热潮。1962 年上海公用事业研究所针对国内石油短缺的问题，以解决能源为目的研制电动汽车取得不小的进展。该车的行驶速度达到 28.4km/h，续驶里程达 88.2km。20 世纪 80 年代开始，电动车辆的研究热潮迭起，1982 年成立了电动车辆研究会，并陆续组织了国内外电动汽车的学术交流，对电动汽车的发展起到了推动作用。2008 年的奥运会，更是对电动汽车的发展起到了巨大的推动作用。进入“十三五”后，电动汽车已经从之前的示范阶段，进入快速发展阶段。

(1) 东风汽车公司　东风汽车公司在 1996 年就推出了电动汽车样车，近年又联合湖北省的高校和科研力量共同组建了东风电动车辆股份有限公司专门开发生产电动汽车。目前东风电动汽车车辆股份有限公司同时承担两个新能源汽车研发整车项目。一是 EQ7200HEV 混合动力轿车，该车以 EQ7200－Ⅱ车型（风神蓝鸟轿车）为基础，采用电控自动变速器和并联方案，配置直流永磁无刷电动机和镍氢电池。整车成本不超过 EQ7200 轿车的 1.3 倍，百公里油耗与 EQ7200 轿车相比下降（城市工况）约 30%。整车整备质量不大于 1320kg，最高车速高于 60km/h，加速时间小于 13s，最大爬坡度大于 25%，整车排放不低于欧Ⅲ标准。二是 EQ61100HEV 混合动力公交车，该车采用开关磁阻电机、康明斯 ISBe150 四缸共轨电喷柴油机、全新设计的车身底盘系统、电控自动变速器合并方案。动力总成后置，该车的外观尺寸为11 030mm×24 900mm×3000mm，总质量小于15 500kg，轴距为5600mm，轮距为2020mm/1860mm，最高车速大于80km/h，0～50km/h的加速时间小于35s，最大爬坡度大于25%，与装备6CT发动机的客车相比燃油消耗下降30%。

（2）中国第一汽车集团公司　中国第一汽车集团公司（简称“一汽”）的混合动力城市客车项目属于国家重点项目。该混合动力城市客车的样车具有纯电动驱动、发动机单独驱动（同时充电）、联合驱动、电动机起动发动机以及再生制动5种基本工作模式。天津一汽承担的“夏利纯电动轿车”是以夏利2000为基础，确定了两套技术方案：一套是锂离子电池和交流感应电机；另一套是镍氢电池和开关磁阻电机。

（3）上海汽车集团股份有限公司　上海汽车集团股份有限公司（简称“上汽集团”）除和同济大学共同承担国家新能源汽车研发重大项目——燃料电池轿车项目外，上汽集团还研制生产了荣威E50纯电动汽车（图1-8）和荣威550Plug－in混合动力汽车（图1-9）。荣威E50的最高时速可达130km/h，匀速测试工况下续航里程最高为220km，完全可以满足绝大多数城市消费者的用车需求。该车有快慢两种充电方式，慢充可用家用220V插座充电，而快充可在30min内将电池充满80%，充分满足一般的出行需求。

图1-8　荣威E50纯电动汽车

图1-9　荣威550Plug－in混合动力汽车

在荣威550Plug－in混合动力汽车中，发动机加特制的电驱动变速器，通过C1和C2离合器的接合/分离实现不同的动力系统组合，还可以优化发动机和电动机的转速，使其达到最佳状态，是非常漂亮的动力组合。当驾驶人踩下加速踏板提出转矩需求时，通过复杂的控制系统实时计算可实现精确实时的最佳效率组合工作模式。

(4) 长安汽车集团股份有限公司　长安汽车集团股份有限公司（简称“长安汽车”）拥有150多年的历史底蕴，是中国汽车四大集团阵营企业、中国品牌领先汽车企业。

长安汽车在混合动力、纯电动等电动汽车领域，尤其在电动动力系统研发方面，已建立起以系统设计能力、仿真分析能力、验证评价能力、部件开发能力、集成匹配能力、数字化协同研发能力和电动汽车项目管理能力为核心的汽车研发平台，具备向以长安汽车为代表的整车厂提供电动汽车动力系统平台解决方案和电池、电机、控制器等关键零部件的能力。重庆长安新能源汽车公司研发的电动汽车动力系统已搭载长安杰勋、志翔、CX30、奔奔 LOVE、奔奔 Mini、新奔奔、E30、逸动等十余款车型，并向舍弗勒、长安铃木成功实现电动汽车技术输出。

(5) 北京新能源汽车股份有限公司

北京新能源汽车股份有限公司（简称“北汽新能源公司”）成立于2009年11月，已初步形成辐射全国的产业布局，是一个倡导绿色经济，致力于新能源汽车技术研发、资源集约整合的高端产业发展平台，业务范围覆盖新能源汽车与核心零部件的研发、生产、销售和服务。

问题10　未来的汽车有哪些特征？

答：随着全球产业跨界融合的发展，汽车电动化、智能化和网联化等，将逐渐成为未来汽车发展的主要方向。

1）电动化为主。随着低价格、高能量、长寿命新型电池的研究发展，以及人们对环保的强烈呼声，功率密度高、循环寿命长、安全可靠的“超级电池”可能很快会面世，以实现电动汽车快速充电、大容量储电的目的。

2）智能化。智能汽车就是在汽车上安装现代化系统，类似人的眼睛、耳朵、大脑和手脚等，这将使汽车更安全、更环保，更有“智慧”。智能汽车的发展是分阶段的，从初级阶段到高级阶段，再到无人驾驶阶段。目前汽车智能化普及尚处于初级阶段，该阶段主要是各种汽车驾驶辅助系统的应用，如导航系统、自动泊车系统等。智能化的高级阶段无人驾驶需要信息化道路的实现，目前尚处于试验阶段，相信在未来的十年到二十年内，即可实现部分车辆或路段的无人驾驶。到那时人们可完全实现在车内吃住行、办公、娱乐，消除疲劳驾驶，长途旅行将会变成一种享受。未来的智能化汽车将不仅仅是实现无人驾驶，而且会像手机、计算机一样成为个人智能装备（图1-10）。

3）网联化。把网联汽车和自动驾驶相结合，推动汽车的智能化实现智能交通系统，使智能汽车通过网联成为智能交通的一部分。智能制造和下一代的智能交通系统，构成使人、车、路一体化服务的智能网联汽车。智能网联汽车构成的智能交通系统，将使道路不再拥堵、事故极少发生甚至无需红绿灯。《中国制造2025》中就提到了电动汽车和智能网联汽车，并给出了清晰的发展路线图。

图1-10　未来个人汽车

4）车身轻量化。在现代汽车的车身和内饰等的制造中，大量使用了一些含有铅和不易降解的塑料制品。未来汽车的车身和内饰将应用更多的、容易降解的再生材料来替代目前的塑料和金属制品。例如，有的车身采用从玉米、甘蔗等植物中提取聚乳酸来制造一种碳纤维材料，它能够反复回收使用，即使埋入地下进行微生物分解后也不会产生有害物质。针对汽车产品的需要，这种碳纤维材料中混合其他植物后，还有较高的耐热性和抗冲击能力。如果用来制成车身，这种碳纤维复合材料可保证汽车的安全性，在碰撞时可以有效保护乘员免受伤害。同时该碳纤维车身不仅容易降解，也容易拆卸，模块化方式制造的整车，用一种卡式的方法固定，使车身的更换变得比较容易。即使车辆报废，也易于回收进入再生能源系统。

碳纤维应用于汽车后，给汽车制造带来最明显的好处就是汽车轻量化，最直接影响的就是节能和加速、制动性能的提升。一般而言，车重减小10%，油耗降低6%～8%，排放降低5%～6%，0～100km/h的加速性能提升8%～10%，制动距离缩短2～7m。车身轻量化可以使整车的重心下移，提升了汽车的操纵稳定性，车辆的运行将更加安全、稳定，对于整车NVH（噪声、振动与声振粗糙度）的提升贡献同样很大，会大幅增强汽车行驶的舒适性，使材料疲劳可靠性有较大提升，更易于车身开发的平台化、模块化、集成化。

5）驾驶语音控制化。驾驶人通过语音控制车辆将是辅助驾驶的途径之一。语音驾驶系统会根据驾驶人的脸部运动，对驾驶人的口型及其发出的声音做出反应。驾驶人发出命令后，图形识别系统捕捉人的口型，并根据口型来读懂驾驶人的要求，最终由口型和语音识别出来的结果与数据库中的数据进行对比，以帮助降低出错率。此外通过车载卫星定位导航系统整合，语音控制可实现智能化汽车的自动驾驶，如图1-11所示。

图1-11　宝马语音控制驾驶汽车

问题11　什么是车联网技术？

答：车联网（Internet of Vehicle）是指车与车、车与路、车与人、车与传感设备等的交互，实现车辆与公众网络通信的动态移动通信系统。它可以实现车与车、车与路、车与人的信息共享、互联互通。其任务主要是收集车辆、道路和环境信息，并在信息网络平台上对多源采集的信息进行加工、计算、共享和安全发布，根据不同的功能需求对车辆进行有效的引导与监管，以及提供专业的多媒体和移动互联网服务。车联网系统包括车载终端、云计算平台和数据分析平台三大部分，根据不同行业对车辆的不同功能需求，实现对车辆的有效监控管理。车辆运行中的传感器数据、开关数据和CAN总线数据信号等，通过数据终端采集并发送到后台数据库，形成海量数据，由云计算平台实现对这些数据的“过滤清洗”，数据分析平台实时地对数据进行报表式处理，供管理人员查看。

问题12　电动汽车上的数据采集终端具有什么功能？

答：数据采集终端是记录电动汽车各系统工作状态的设备，同时能够与监控和服务平台进行通信，主要由一根天线和数据记录仪组成。

一般数据采集终端具备以下8项功能：

1）车载数据采集终端能够与整车控制器通过CAN总线进行通信联系，服从整车控制器的控制命令，获得整车的相关信息。车载数据采集终端采用的是“行程长度编码”压缩机制，对CAN总线数据进行数据压缩，以减少存储空间的占用，同时节约网络带宽资源与流量，加快数据传输速度。

2）车载数据采集终端能够用 GPS 对车辆进行定位。

3）车载数据采集终端能够将大量的数据（8GB）存储到本地移动存储设备（SD）中，经存储的数据可由分析处理软件读取和分析。

4）车载数据采集终端能够将信息和数据量按照规定的时间和数据量，以无线通信（GPRS）的方式发送到服务平台。在信息传输过程中，要保证信息的不丢失和正确性，还要做保密防止无线通信的信息被他人窃取。

5）车载数据采集终端像飞机的黑匣子一样，可保存最近一段时间内的运行数据，作为提供车辆故障和事故发生前的信息。

6）车载数据采集终端在通信网络不畅的情况下，自动将数据保存到采集终端 Flash 存储区，待网络正常后，自动将数据传至服务平台，这就是“盲区补传”功能。

7）当检测到 GPS 模块、主电源等故障时，会主动将数据上报到监控中心，辅助设备进行检修。

8）支持远程自动升级功能，自动接收来自服务平台的升级指令完成软件升级，节省了维护成本。在必要的情况下，还可对车辆的 CAN 总线协议进行网络升级。

问题 13　电动汽车能用手机控制吗？

答：现在各大汽车厂商均推出了车联网控制系统。车主通过手机下载相关的汽车客户端，与相关云服务控制平台进行联系，查看与监控汽车的相关设备。例如北汽 EV200 采用的车联网控制系统，通过手机客户端可以实现车辆状态查询、充电状态查询与提示、远程控制开启空调、充断电控制以及爱车体检和车辆位置服务等功能。随着科技的发展，通过手机客户端控制汽车将会做得越来越完善，如车主识别，车内自动温度、湿度和空气质量调节，自动开关车门，实现无人驾驶和车寻主人等各项自动化功能。

第二篇

电动汽车的动力源

问题 14 电动汽车的动力电池有哪些？

答：电动汽车的动力电池，目前常见的有动力铅酸电池、镍氢电池和锂离子电池，另外还有极具发展潜力的铝电池、锌电池和燃料电池等。其中锂离子电池还可分为钴酸锂电池、磷酸铁锂电池、锰酸锂电池和三元锂电池。

问题 15 动力铅酸电池的工作原理和影响因素是什么？

答：动力铅酸电池是在普通铅酸电池的基础上发展起来的，其设计原理是把所需的电解液注入极板和隔板中，没有游离的电解液，通过负极板潮湿来提高吸收氧的能力。为防止电解液减少，电池会被密封，故动力铅酸电池又称为阀控式铅酸蓄电池，如图 2-1 所示。

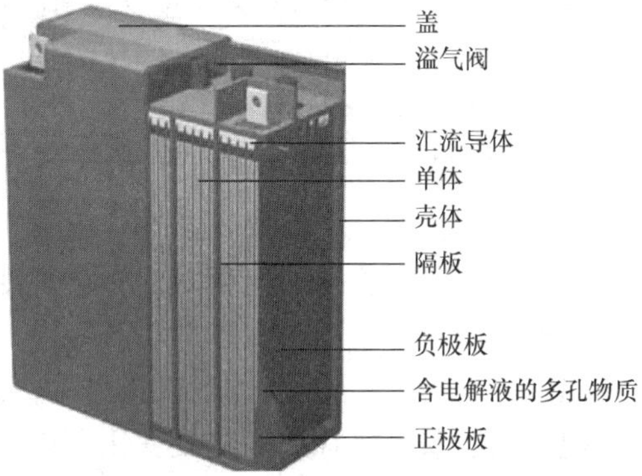

图 2-1 动力铅酸电池

1）动力铅酸电池主要由极板、电解液、隔板、电极、壳体等部分组成，其中极板分为正极板和负极板两种。蓄电池的充放电过程是依靠极板上的活性物质和电解液中硫酸的化学反应来实现的。

2）动力铅酸电池的工作原理：放电时极板浸入电解液，负极板有少量铅溶入电解液生成 Pb^{2+}，从而在负极板上留下两个电子 $2e^-$，使负极板带负电，此时负极板具有 0.1V 的负电位。在正极板处，少量 PbO_2 溶入电解液，与水反应生成 $Pb(OH)_4$ 再分离成 Pb^{4+} 和 OH^-。一部分 Pb^{4+} 沉附在正极板上，使极板呈正电位，约为 +2.0V。当未接通外电路时，蓄电池的静止电动势 $E_0 \approx 2.0-(-0.1)\text{V}=2.1\text{V}$。

此时若接通外电路，在电动势的作用下，使电路产生电流 I_f，在正极板处 Pb^{4+} 和负极板来的电子结合，生成 Pb^{2+}，Pb^{2+} 再与电解液中的 SO_4^{2-} 结合，生成 $PbSO_4$ 而沉附在正极板上，使得正极板电位降低。在负极板处 Pb^{2+} 与 SO_4^{2-} 结合，生成 $PbSO_4$ 而沉附在负极板上，如图 2-2 所示。如果外电路不中断，则正、负极板上的 PbO_2 和 Pb 将不断地转化为 $PbSO_4$。电解液中的 H_2SO_4 将不断减少，而 H_2O 增多，电解液相对密度下降。理论上讲，放电过程将进行到极板上的活性物质全部变为 $PbSO_4$ 为止。但由于电解液不能渗透到活性物质的最内层，在使用中，所谓放电完毕的蓄电池，也只有 20% ~30% 的活性物质变成了 $PbSO_4$。故采用薄型板，增加多孔率，有助于提高活性物质的利用率。

充电时蓄电池接直流电源，因直流电源端电压高于蓄电池电动势，故电流从正极流入，负极流出。这时，正、负极板发生的反应与放电过程相反。正极板处有少量 $PbSO_4$ 溶于电解液变成 Pb^{2+} 和 SO_4^{2-}，Pb^{2+} 在电源力作用下失去两个电子变成 Pb^{4+}，它又和电解液中的 OH^- 结合，生成 $Pb(OH)_4$，$Pb(OH)_4$ 又分解成 PbO_2 和 H_2O，PbO_2 沉附在正极板上，而 SO_4^{2-} 与电解液中的 H^+ 结合成 H_2SO_4；负极板上有少量 $PbSO_4$ 溶入电解液中，变成 Pb^{2+} 和 SO_4^{2-}，Pb^{2+} 在电源力作用下获得两个电子变成 Pb，沉附在负极板上，SO_4^{2-} 则和电解液中的 H^+ 结合变成 H_2SO_4。可见充电过程中消耗了水，生成了硫酸，故充电时电解液的相对密度是上升的，而放电时电解液的相对密度是下降的。

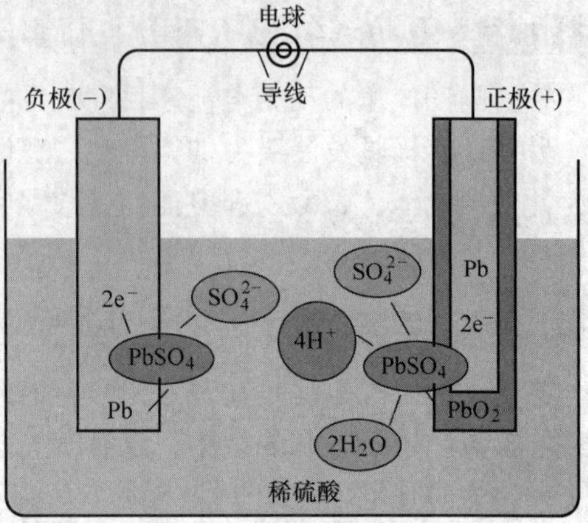

图 2-2　动力铅酸电池的工作原理

3）影响动力铅酸电池充电容量的两大因素是蓄电池温度和充电电流。温度会影响蓄电池的容量，其原因是温度变化会导致电解液的密度发生变化，并影响极板的活性物质利用率；同时温度还会影响蓄电池内阻的大小、使用寿命的长短。一般动力铅酸电池采用的是贫液阀控密封胶体蓄电池，充电时会产生微量气体，因为密封阀内稀有金属钯会使其进行还原反应生成水再返回蓄电池内。这种贫液阀控密封胶体蓄电池在正常充放电使用情况下，既无酸雾也无任何气体排出。在车上使用状态是清洁的，不对环境造成污染。

充电电流的大小直接影响充电时间的长短，合理的、较大的充电电流会大大缩短充电时间。但过大的充电电流会造成极板活性物质脱落，对蓄电池造成危害。在充电过程中，充电电流越大，电解水的反应越激烈，水电解后产生大量的氢气和氧气，当氢气从极板的孔隙向外冲出时会造成活性物质脱落，进而使蓄电池容量下降，这极易造成自放电和极板短路故障。过大的充电电流还会造成蓄电池内部温度升高过快，容易使蓄电池过热，造成内阻下降。蓄电池内阻的下降又使充电电流进一步增加，充电电流的增加又会导致内阻下降，如此恶性循环。长时间充电会造成热失控现象，导致蓄电池壳体变形，线路温升过高加剧老化。

4）动力铅酸电池主要使用在早期的电动汽车上，如美国通用汽车公司的 Impact 电动汽车。动力铅酸电池目前还使用在一些低成本的电动汽车上，但铅酸电池含有重金属铅，对环境的污染比较严重，且能量密度低、循环寿命短。

问题16　镍氢电池的工作原理和性能特点是什么？

镍氢电池是20世纪90年代发展起来的一种新型电池。它的正极活性物质主要由镍制成，负极活性物质主要由储氢合金制成，是一种碱性蓄电池。镍氢电池是介于超级电容器和电化学电池之间的储能器，它兼具电容器和电化学电池两者的优点，具有储能容量大、使用寿命长、大电流充放电、低放电率、充电快、安全、环保、无记忆、耐高低温环境以及可回收利用等特点，被誉为“绿色电源”。在国外日本松下电池公司早在1997年就开始生产混合动力电动汽车用的圆形6.5A·h镍氢电池组，能量密度为600W·h/kg。三洋电机株式会社生产的圆柱形5.5A·h镍氢电池组，功率密度为1000W/kg。我国镍氢动力电池的各项技术指标须符合国家行业标准QC/T 741—2014《车用超级电容器》和QC/T 744—2006《电动汽车用金属氢化物镍蓄电池》的全部技术要求。

（1）镍氢电池的基本结构　镍氢电池由不锈钢壳体、正极板、负极板、隔膜及电解液等组成，如图2-3所示。镍氢电池的正极是活性物质氢氧化镍，由镍类活性物质、稀土合金粉与活性炭制备而成；负极是储氢合金材料；电解液是由KOH按一定比例配置构成的。在正、负极之间装有以纤维形式构成的隔膜，共同组成镍氢单体电池。在金属铂的催化作用下，完成充电和放电的可逆反应。

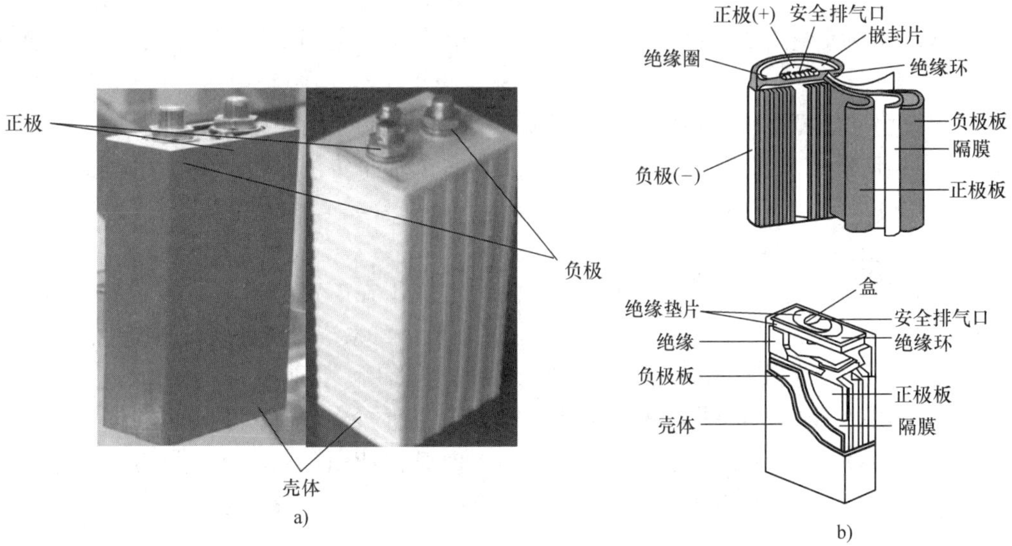

图2-3　镍氢电池的结构

（2）镍氢电池的工作原理　镍氢电池和同体积的镍镉电池相比，容量增加了1倍，充放电循环寿命也较长，并且无记忆效应。镍氢电池正极的活性物质为NiOOH（放电时）和$Ni(OH)_2$（充电时），负极的活性物质为H_2（放电时）和H_2O（充电时），电解液采用一定浓度的氢氧化钾溶液。镍氢电池是将物质的化学反应产生的能量直接转化成电能的一种装置。密封一次镍氢电池的性能特点主要取决于本身体系的电极反应。

充电时正、负极的电化学反应如下：

正极 $Ni(OH)_2 - e + OH^- \rightarrow NiOOH + H_2O$

负极 $2H_2O + 2e \rightarrow H_2 + 2OH^-$

放电时正、负极的电化学反应如下：

正极 $NiOOH + H_2O + e \rightarrow Ni(OH)_2 + OH^-$

负极 $2OH^- + H_2 \rightarrow 2H_2O + 2e$

（3）镍氢电池的主要技术性能特点

1）储能容量大。单体电池可实现1～10000A·h的容量。

2）比容量高。体积和质量比容量是目前车用超级电容的10倍，是锂离子动力电池的2/3。

3）循环使用寿命长。标准检测达5万次以上，实际使用充放电循环已达2万次以上。

4）快速充电。充电10min可达额定容量的95%以上。

5）大电流放电能力强。可实现1000A以上的放电电流。

6）能量转换效率高，自身功耗小。

7）绿色环保。产品在生产、使用和报废的各个环节无任何形式的污染。

8）使用安全。使用过程中（包括发生碰撞等）不爆炸，不燃烧，不排放任何有毒气体和液体。

9）温度环境适应性强。适应环境温度为-40～70℃，使用安全可靠。

10）性价比高。该产品用于纯电动汽车的全寿命费用仅为锂离子电池的1/3，一套电源可供4辆车连续使用，比锂离子电池的综合成本降低80%以上。

11）报废电池可回收再利用。

（4）镍氢电池的应用　镍氢电池在我国已应用在电动公交车、轿车、机场电动摆渡车、电动旅游观光车、警用电动巡逻车及铁路系统等交通装备系统中。

在世界各大汽车公司中，大功率的镍氢电池除使用在纯电动汽车上，还用在油电混合动力车辆中，最佳的例子就是丰田的普锐斯。该车使用了特别的充放电程序，使电池充放电寿命可足够车辆使用10年。其他使用镍氢电池的混合动力车辆包括：本田Insight和Civic Hybrid、福特Escape、雪佛兰迈锐宝等。

问题17　锂离子电池的工作原理和主要分类是什么？

锂离子电池是在1990年由日本索尼公司宣布开发研制成功的。由于锂离子电池拥有高电压、高比能量、充放电寿命长、无记忆效应、无污染、快速充电等优秀的性能，经过短短十几年的发展，已经成为市场中的主流，成为未来电动汽车较为理想的动力源。随着成本的急剧降低和性能的大幅度提高，已有许多汽车生产厂家开始使用锂离子电池。超过 20 家企业进行锂离子电池的研发，如富士重工、NEC、东芝、Johnson Controls、Degussa AG/Enax、三洋电机、松下汽车能源等。

锂离子电池具有重量轻、容量大、比能量高达 150W · h/kg、循环寿命长、自放电效率低、无记忆性可随时充电、对环境无污染、能制造成任意形状等优点，因而得到了普遍应用。虽然价格相对来说比较昂贵，但是现在许多数码设备都采用锂离子电池作为电源。锂离子电池的比能量很高，它的容量是同重量镍氢电池的 1.5 ~2 倍，而且具有很低的自放电效率。我国在锂离子电池方面的研究水平，有多项指标超过了 USABC（美国先进电池联盟）提出的长期目标所规定的指标，目前已经把锂离子电池作为电动汽车用动力电池的重要发展目标。我国的电池企业近年来快速发展，如比亚迪、天津力神和 ATL 等电池生产企业已经成长为全球知名的电池生产商。目前，比亚迪的锂离子电池产量已经超过了三洋，处于国际第一位。

（1）锂离子电池的结构　锂离子电池由正极、负极、隔膜、电解液和安全阀等组成。圆柱形锂离子电池的结构如图 2-4 所示。方形锂离子电池的结构如图 2-5 所示。

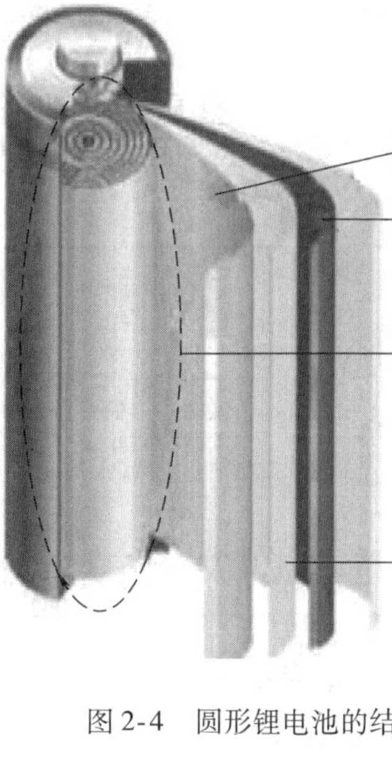

图 2-4　圆形锂电池的结构

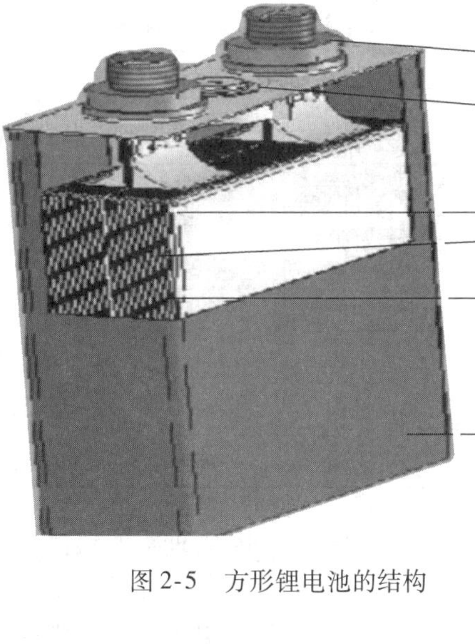

图 2-5　方形锂电池的结构

（2）锂离子电池的工作原理　在电池充电时，锂离子从正极材料中脱嵌，经过隔膜和电解液，嵌入负极材料中；放电时以相反过程进行。以典型的液态锂离子为例，当以石墨为负极材料，以 $LiCoO_2$ 为正极材料时，其充放电原理如下：

正极 $LiCoO_2 \underset{充电}{\overset{放电}{\rightleftharpoons}} Li_{1-x}CoO_2 + xLi^+ + xe^-$

负极 $6C + xLi^+ + xe^- \underset{充电}{\overset{放电}{\rightleftharpoons}} Li_xC_6$

电池总反应 $LiCoO_2 + 6C \underset{充电}{\overset{放电}{\rightleftharpoons}} Li_{1-x}CoO_2 + Li_xC_6$

充电时，Li^+ 从 $LiCoO_2$ 中发生脱嵌，释放电子，C^{3+} 被氧化为 C^{4+}，与此同时，Li^+ 经过隔膜和电解液迁移到负极石墨表面，进而插入到石墨结构中，石墨结构同时得到电子，形成锂－碳层间化合物 Li_xC_6；放电时过程则相反，Li^+ 从石墨结构脱出，嵌入正极 $LiCoO_2$ 中。锂离子电池的电化学反应机理如图 2-6 所示。

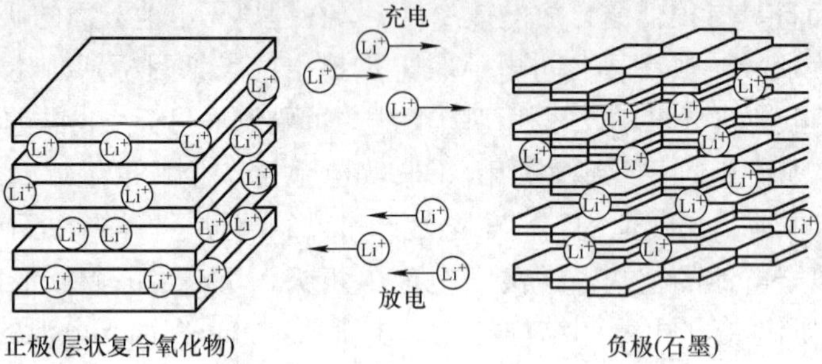

图 2-6　锂离子电池的电化学反应机理

（3）锂离子电池的分类　锂离子电池按正极材料的不同可分为钴酸锂电池、磷酸铁锂电池、锰酸锂电池和三元锂电池，见表 2-1。

表 2-1　锂离子电池的分类

名称	正极材料的稳定性	循环寿命/次	能量密度/（W·h/kg）	成本	特点	使用车型
钴酸锂	180℃分解	800	150～160	适中	最早的锂离子电池	特斯拉
磷酸铁锂	600℃以上	2000	100	高	主流动力电池	比亚迪 e6
锰酸锂	300℃分解	1000	110	低	主流动力电池	日产聆风
三元锂	350℃分解	2000	180	低	主流动力电池	长安奔奔 EV

由表 2-1 可以看出，不同种类的锂离子电池各有优缺点，从能量密度角度来说三元锂电池占有很大的优势。三元锂电池是指正极使用镍钴锰三种材料，按一定比例混合搭配所制造的锂离子电池。三元锂电池在市场上越来越受到各大汽车生产厂商的青睐，正在成为电动汽车动力电池领域的新趋势。

锂离子电池成组后在电动汽车上构成动力电池箱，如图 2-7 所示。

与镍氢电池相比，锂离子电池能量密度大、效率高，由德国大陆（Continental）和 JCS Saft 共同研发紧凑型的锂离子电池组如图 2-8 所示。该电池组由 35 个电池单元组成，可以提供 19kW 的动力，容量为 6.5A·h。该电池组具有 10 年超长寿命，目前安装在奔驰 S400 HYBRID 型轿车上。

图 2-7　锂离子电池组成的动力电池箱

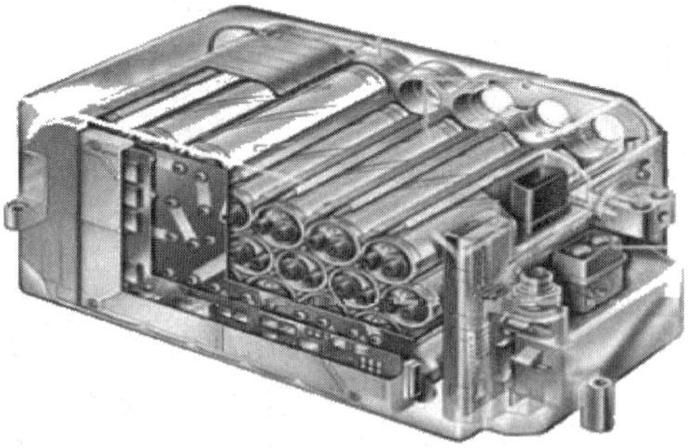

图 2-8　奔驰 S400 使用的锂离子电池组

问题 18　锌电池的应用范围有哪些？

答：锌电池出现于 19 世纪末。1932 年，锌电池被用于铁路的信号灯。20 世纪七八十年代，各大汽车生产厂商开始研发电动车辆。锌空气电池被认为是最有可能应用的电动车辆电源。20 世纪 90 年代，为满足电动车辆动力电池的要求，以色列 Electric - Fuel Limited 公司重新开始研发专供电动车辆用的机械更换阳极板式二次锌空气电池。此后，这类动力型的锌空气电池被美国燃料电池协会定名为“锌空气燃料电池”。随后的十余年里，德国 Kummrow N. A. 、美国 eVionyx、中国西安通锐等公司，相继开始研发锌空气燃料电池。锌空气电池如图 2-9 所示。

图 2-9　锌空气电池

锌电池相当于燃油车辆的油箱，其在电动汽车上只有被充装了锌燃料才能真正工作。锌燃料在锌空气燃料电池里与空气中的氧发生反应输出电能，供应电机驱动电动车辆。故锌电池是替代汽、柴油的车用新能源。锌燃料反应后变成氧化锌；氧化锌可在新研制的电沉积成套专用设备中再生还原为锌燃料。因此，锌电池所消耗的不是锌燃料，而是电能，锌燃料只是电能的载体。加工氧化锌成为锌燃料所需的交流电能，可来自水能、风能、太阳能、燃煤发电厂或输配电网等多种途径。因而，锌燃料可离网运载已成为直流电能的交流电能。其加工氧化锌生成锌燃料或再生锌燃料的过程，就是锌燃料吸储各种来源电能的过程。锌电池的生产和应用流程如图2-10所示。

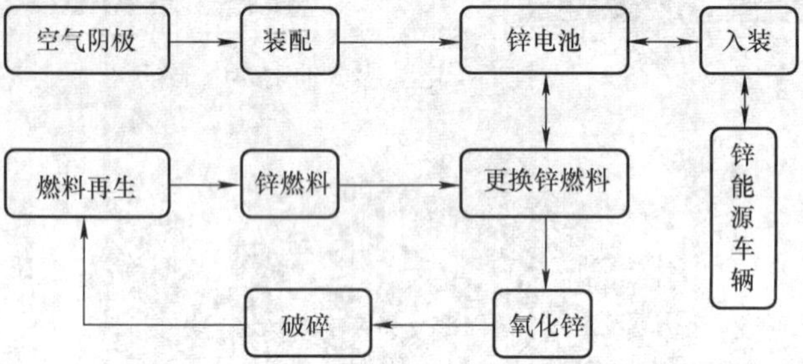

图2-10　锌电池的生产和应用流程

铅酸电池、镍氢电池和锂离子电池等是将电能储存在其电池的本体中。锌电池的能量是储存在与空气燃料电池本体完全分离的锌燃料中。锌燃料进入电动车辆后，锌电池才与空气结合，共同驱动车辆行驶。

问题19　铝空气电池的工作原理与性能特点是什么？

答：目前以锂离子电池为电源驱动行驶的电动汽车普及的最大障碍是充电时间长和行驶里程短，其续驶里程仅为135～480km。如此短的续驶里程必须在公路边设置大量的快速充电站。2014年2月在亚特兰大世界汽车电池能源会议上，美国铝业加拿大公司和以色列飞纳齐（Phinergy）公司联合展示了100kg重的铝空气电池，该电池能储存可供汽车行驶3000km的电量，使汽车具有超级续航能力。这在汽车界成为爆炸性新闻，新化学技术的成熟成功突破了电源核心科技装置的限制，标志着电动车辆动力电源取得了革命性的进展，具有划时代的意义。

2014年6月以色列飞纳齐（Phinergy）公司制成的50块金属铝电池使汽车的续驶里程提高到1610km，这可以大大满足人们的出行要求。在2014年的加拿大蒙特利尔国际铝业大会上，装有铝电池产品的电动车辆实际在现场巡航运行了1800km，持续了19h。

（1）铝空气电池的工作原理　新型铝空气电池由含催化剂的阴极、电解液（电解液分为两种：碱性溶液和中性溶液）和金属铝的阳极组成。铝空气电池的电化学反应工作示意图如图2-11所示。

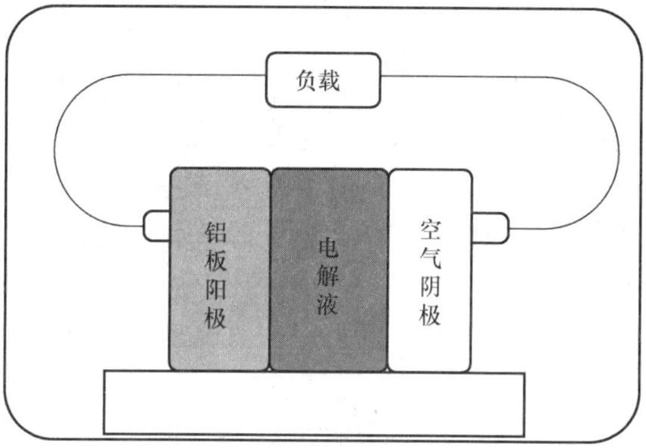

图 2-11　铝空气电池的电化学反应工作示意图

铝板阳极的化学反应：

$$Al + 3OH^- \rightarrow Al(OH)_3 + 3e^- - 2.31V$$

外电路电流经负载到达阴极，阴极的化学反应：

$$O_2 + 2H_2O + 4e^- \rightarrow 4OH^- + 0.4V$$

内电路 OH^- 经电解液到达电池的铝板阳极，电池整体的化学反应：

$$4Al + 3O_2 + 6H_2O \rightarrow 4Al(OH)_3 + 2.71V$$

铝空气电池的关键是在电池的空气阴极上设有银基碱性催化剂，只允许空气中的氧分子通过，使其与电解液中的水分子反应产生 OH^-，使内部电路形成电位差构成源源不断供给电流的化学电源。同时电池空气阴极上的银基碱性催化剂能将 CO_2 隔离在空气阴极之外，有效地防止了空气阴极的碳化问题，使电池的工作寿命提高到上千小时。

（2）铝空气电池的性能特点

1）比能量高。参与反应的单位质量的电极材料放出的电能多少称为电池的比能量，单位是 W · h/kg。铝空气电池的理论比能量达 8.1kW · h/kg，作为非充电电池彻底解决了以前金属空气电池充电时间长、续航时间短的问题。

2）质量小。在以往开发和研制的纯电动汽车中多数采用动力铅酸电池和锂离子电池，同等能量的电池质量较大，这大大增加了汽车的自身质量，缩短了续驶里程。例如，某公司的电动汽车所需的总能量是 14.4kW · h，采用铅酸动力电池 12 块，每块质量是 35kg，总质量达到 420kg，而同等能量的锂离子电池组装起来也要达到 180kg，但若采用同等能量的铝电池只有不到 60kg，这就大大减小了整车质量从而提高了续驶里程。

3）无毒害危险。地球上的铝资源储量丰富，且铝产品在人们的日常生活中随处可见。铝对人的身体不会起毒害作用，而且可重复循环利用，不污染环境。

4）运行稳定、经济性好。我国已有大规模的冶炼电解铝厂，生产成本相对较低。若电动汽车采用更换铝板电池的方式，则可解决充电电池充电慢、充电时间长的问题。

5）比功率低，放电速度慢。铝空气电池虽然有比能量较高等优点，但其比功率较低，放电速度相对缓慢，影响汽车的起步、加速性能，与其他能快速放电的电池配合使用效果更佳。另外，需要采用热管理系统防止铝空气电池在工作时过热。

在电动汽车领域铝电池极有可能是车辆能源革命性的突破，它实现了汽车超长的续驶里程，颠覆了传统动力电池充放电的循环，用更换极板来更新电池的方式补充能量。希望经过科研人员的努力，新型铝空气电池能够承担起车辆能源改善和缓解环境问题的使命。

问题20　燃料电池的工作原理和性能特点是什么？

答：燃料电池是一种化学电池，它直接把物质发生化学反应时释放的能量转化为电能，工作时需要连续地向其供给活性物质（起反应的物质），即燃料和氧化剂。

燃料电池是一种能量转换装置，其结构如图2-12所示。一个单体燃料电池包括质子交换膜、催化剂（铂）、扩散层和正负电极板。

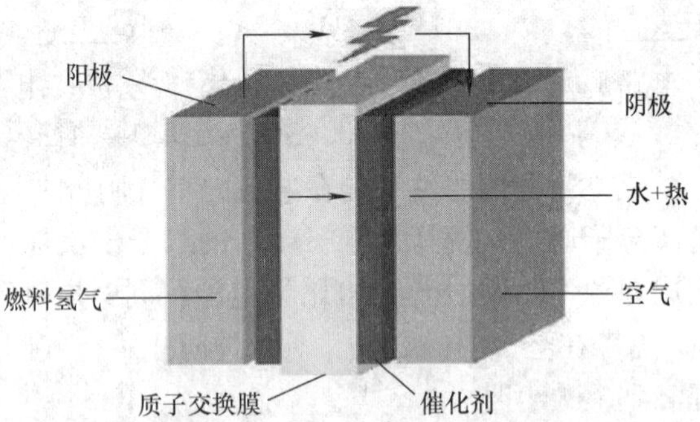

图2-12　燃料电池的结构

（1）燃料电池的特点　燃料电池涉及化学热力学、电化学、电催化、材料科学、电力系统及自动控制等学科的有关理论。燃料电池不受卡诺循环的限制，发电效率理论上可达100%，实际效率为60%~80%，是普通内燃机热效率的2~3倍；是火力发电和核电的效率的2倍左右。其能量转换率为内燃机的3倍以上，且安装位置灵活、负荷响应快、运行质量高，在数秒内就可以从最低功率变换到额定功率。燃料电池具有以下优缺点。

1）优点：①节能、转换效率高；②排放基本实现了“零污染”；③无振动和噪声、使用寿命长；④结构简单、运行平稳。

2）缺点：①使用的燃料种类单一（氢气的生成、储存和运输等复杂）；②要求对燃料进行高质量的密封，制造成本高，致使电池价格昂贵；③需要配备辅助电池系统才能使燃料电池工作。

（2）燃料电池的工作原理　燃料电池是将燃料具有的化学能直接转化为电能的

发电装置。燃料电池工作时，在其阳极侧持续通入燃料气体（H_2、CH_4），具有催化作用的阳极表面吸附燃料气体，并通过阳极的多孔结构扩散到阳极与电解质的界面。在阴极侧持续通入 O_2 或空气，具有多孔结构的阴极表面吸附氧，由于阴极本身的催化作用，使得 O_2 得到电子变为 O^{2-}，在化学势的作用下，O^{2-} 进入起电解质作用的固体氧离子导体，由于浓度梯度引起扩散，最终到达电解质与阳极的界面，与燃料气体发生反应，失去的电子通过外电路回到阴极。也就是在阳极，供给的燃料气体中的 H_2 分解成 H^+ 和 e^-，H^+ 移动到电解质中与阴极侧供给的 O_2 发生反应。e^- 经由外部的负载电路，再返回阴极，参与阴极的反应。一系列的反应促成了 e^- 不间断地经过外部回路，因而就形成了电流。燃料和 O_2 或空气由外部供给，只要燃料和 O_2 或空气不断输入，反应产物 H_2O 不断排出，燃料电池就能连续发电。氢－氧燃料电池的反应原理实际上就是电解水的逆过程，其原理如图 2-13 所示。

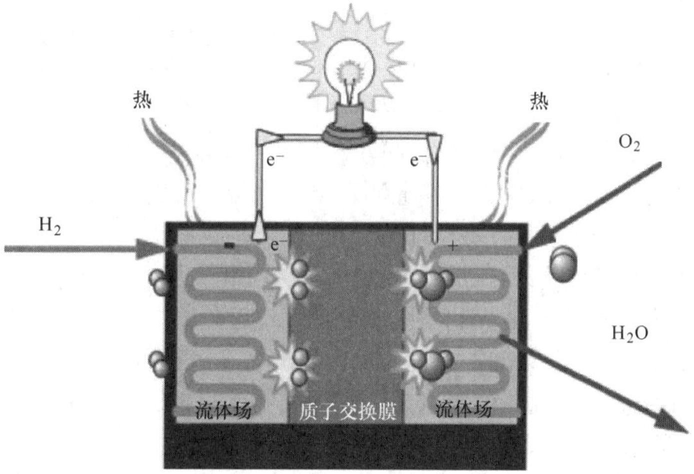

图 2-13　燃料电池原理示意图

碱性溶液电解质：

负极反应：$H_2 + O^{2-} \rightarrow H_2O + 2e^-$

正极反应：$\frac{1}{2}O_2 + H_2O + 2e^- \rightarrow 2OH^-$

电池总反应：$H_2 + \frac{1}{2}O_2 \rightarrow H_2O$

酸性溶液电解质

阳极反应：$H_2 \rightarrow 2H^+ + 2e^-$

阴极反应：$\frac{1}{2}O_2 + 2H^+ + 2e^- \rightarrow H_2O$

总反应为：$H_2+\frac{1}{2}O_2 \rightarrow H_2O$

（3）车用燃料电池系统　燃料电池是一个大的发电系统。车用质子交换膜燃料电池主要包括：

1）燃料供应系统。燃料供应系统为燃料电池提供燃料，如 H_2、天然气、甲烷等。这个系统直接采用氢气比较简单，如果用化石燃料制取氢气则相当复杂。

2）氧化剂系统。氧化剂系统主要为燃料电池提供 O_2。O_2 可从空气或氧气罐中获取，空气需要用压缩机来提高压力，以增加燃料电池的反应速度。

3）发电系统。发电系统是指燃料电池本身，它将燃料和氧化剂中的化学能直接转化为电能，而不需要经过燃烧的过程。它是一个电化学装置。

4）水管理系统。因为质子交换膜燃料电池中质子是以水合离子状态进行传导的，所以燃料电池需要有水。如果水不足，则会影响膜的质子传导特性，从而影响电池的性能。

5）热管理系统。大功率燃料电池发电时，由于电池内阻的存在，不可避免地会产生热量，通常产生的热与其发电量相当。而燃料电池的工作温度是有一定限制的，如对质子交换膜而言，应控制在80℃以内，因此需要及时将电池生成的热带走，否则会发生过热，烧坏质子交换膜。水和空气是常用的传热介质。

6）电力系统。电力系统将燃料电池发出的直流电变为适合用户使用的电。燃料电池所产生的是直流电，需要经过 DC/DC 转换器进行调压。在采用交流电动机的驱动系统中，还需要用逆变器将直流电转换为三相交流电。

7）控制系统。燃料电池控制系统主要负责电池系统的启动与停止；维持电池系统稳定运行的各操作参数的控制；对电池运行状态进行监测、判断等。

8）安全系统。由于氢是燃料电池的主要燃料，氢的安全十分重要，由氢气探测器、数据处理系统以及灭火设备等构成氢的安全系统。

问题21　燃料电池电动汽车的组成结构是怎样的？

答：燃料电池电动汽车利用 H_2 等燃料和空气中的 O_2 在催化剂的作用下，在燃料电池中经电化学反应产生电能，并作为主要能源驱动汽车行驶。该电动汽车的主要结构形式有以下四种。

（1）由燃料电池单独驱动的汽车　这种车只有一个动力源，汽车上所有的功率负载都由燃料电池承担，如图2-14所示。燃料电池系统产生的电能驱动电动机工作，电动机通过传动装置驱动汽车运动行驶。

1）该结构形式的优点：①结构简单，便于实现系统控制和整体布局；②系统部件少，有利于整车轻量化；③系统部件少，整体的能量传递效率较高。

2）该结构形式的缺点：①燃料电池功率大，成本高；②对燃料电池的动态性能和可靠性提出了很高的要求；③不能进行制动能量回收。

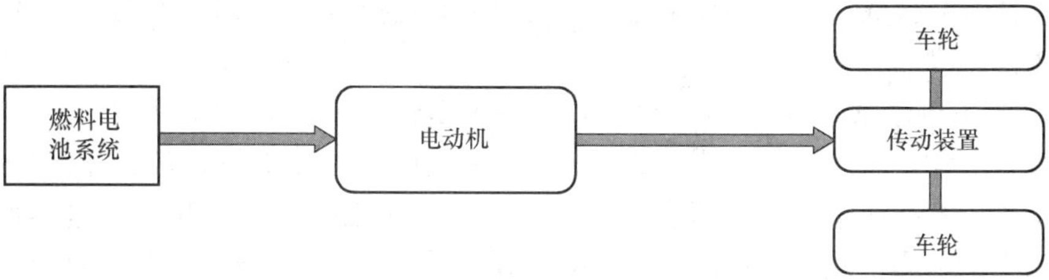

图 2-14 燃料电池单独驱动的汽车

（2）燃料电池 + 辅助电池混合驱动的汽车 如图 2-15 所示，该车的动力源包括燃料电池系统和蓄电池两部分，汽车的功率负载由燃料电池和蓄电池共同承担。即燃料电池和蓄电池一起为驱动电机提供能量，驱动电机将电能转化为机械能后传给传动装置，以驱动汽车行驶。燃料电池和蓄电池联合供电，可使燃料电池的能量输出较为平缓，随时间的变化波动较小，而能量需求变化高频部分由蓄电池承担。在燃料电池系统启动时，蓄电池提供电能用于空气压缩机或鼓风机的工作、电堆的加热、H_2 和空气的加湿等。在汽车制动时，驱动电机变成发电机，将机械能转化为电能，由蓄电池将能量储存回收。

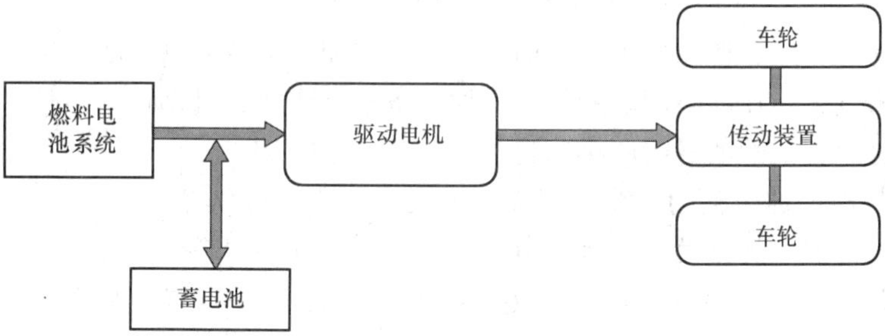

图 2-15 燃料电池 + 辅助电池混合驱动的汽车

1）该结构形式的优点：①由于增加了蓄电池联合驱动，系统对燃料电池的功率要求较纯燃料电池的结构形式有很大的降低，从而较大幅度地降低了整车成本；②能够回收再生制动能量，因此提高了整车的能量效率；③使汽车的冷驱动性能变好；④降低了对燃料电池动态特性的要求；⑤在车辆起步和功率需求量不大时，蓄电池可以单独驱动车辆，无需燃料电池投入工作；⑥在车辆起步、爬坡和加速等有峰值功率需求时，该结构形式能提供较大的峰值功率；⑦由于蓄电池分担了能量需求变化的峰值部分的工作，燃料电池可以在较好的工作条件下工作，使得工作效率进一步提高；⑧蓄电池技术比较成熟，可以在一定程度上弥补燃料电池技术上的不足。

2）该结构形式的主要缺点：①蓄电池的使用增加了驱动系统的质量、体积和复杂性，使整车的成本和经济性受到影响；②蓄电池的充放电过程会有能量损耗，影响了能量转换效率；③增加了蓄电池的维护和更换费用；④增加了系统控制和整体布置的难度。

（3）燃料电池 + 超级电容器混合驱动的汽车（图 2-16） 燃料电池 + 超级电容器混合驱动的汽车与上面谈到的燃料电池 + 辅助电池 混合驱动的汽车结构类似，只是把蓄电池换成了超级电容器。该车的动力源包括燃料电池和超级电容器两部分，汽车的功率负载由燃料电池和超级电容器共同承担。即燃料电池和超级电容器一起为驱动电机提供能量，驱动电机将电能转化为机械能后传给传动装置，以驱动汽车行驶。

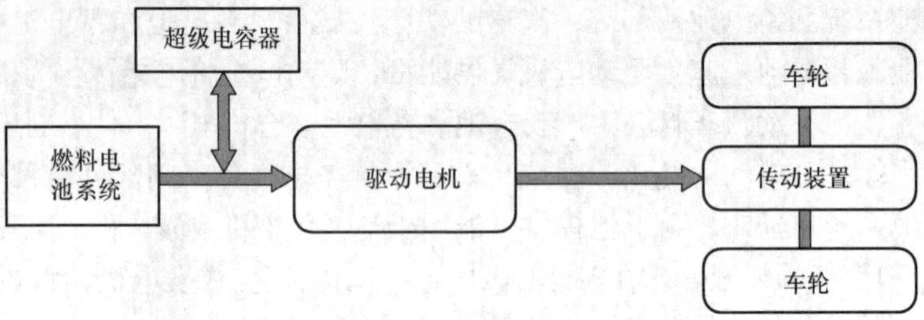

图 2-16 燃料电池 + 超级电容器混合驱动的汽车

蓄电池寿命短、使用成本高，而超级电容器充放电效率高，能量损失小，比蓄电池功率密度大，在回收制动能量方面比蓄电池有优势，且循环寿命长，使用成本低，但超级电容器的能量密度小、自放电快。

（4）燃料电池 + 辅助电池 + 超级电容器混合驱动的汽车（图 2-17） 在燃料电池 + 辅助电池混合驱动的汽车的电源总线上再并联一组超级电容器，用以提供加速和吸收紧急制动时的波峰电流，减轻蓄电池的负担，延长其使用寿命。

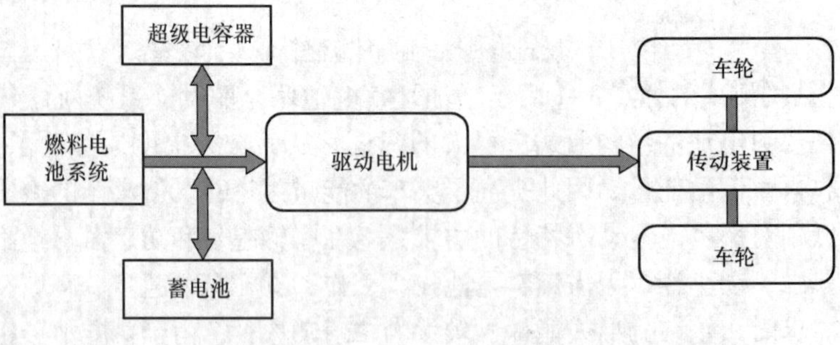

图 2-17 燃料电池 + 辅助电池 + 超级电容器混合驱动的汽车

在这种动力系统结构中，燃料电池、蓄电池和超级电容器三者一起为驱动电机提供能量，驱动电机将电能转化为机械能传给传动装置，从而驱动车辆行驶。在制动时驱动电机又作为发电机，将制动的机械能转化为电能储存在蓄电池和超级电容器中。与燃料电池 + 辅助电池混合驱动的汽车相比，这种结构在部件效率、动态特性和制动能量回收等方面更有优势。在采用燃料电池、蓄电池和超级电容器联合供电提供能量时，燃料电池的能量输出更为平缓，随时间的变化波动较小，而能量需求变化低频部分由蓄电池承担，能量需求变化高频部分由超级电容器承担，各动力源的分工更加明细，使它们的优势得到了更好的发挥。

1）该结构形式的优点：燃料电池 + 辅助电池 + 超级电容器混合驱动的汽车能够最大限度地满足整车运动、加速、制动的动力和效率的需求。若能对系统进行很好的匹配和优化。这种结构在给汽车带来良好的性能方面具有很大的吸引力。

2）该结构形式的主要缺点：系统结构复杂、质量增加、成本高，整体布置和控制难度也随之增大。

目前燃料电池电动汽车动力系统的一般结构，仍然是燃料电池 + 蓄电池混合驱动组合，如图 2-18 所示。其主要组成有动力控制单元、燃料电池升压器、燃料电池堆栈、高压储氢罐、动力电池和驱动电机。

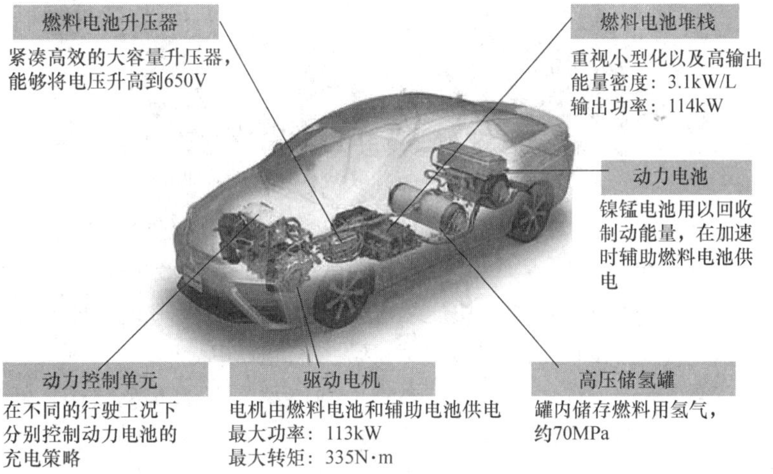

图 2-18　燃料电池电动汽车的主要组成

问题 22　目前燃料电池的应用车型有哪些？

答：近些年来电动汽车频繁亮相，再加上政府的大力支持，汽车厂商都相继推出了多款纯电动和混合动力电动汽车，充电站的建设也日趋成熟。相比之下，燃料电池汽车却是几度沉浮。

燃料电池电动汽车的车用储氢器必须具有较高的单位质量储氢密度。美国能源部认为，车用高压储氢罐的单位质量密度至少应为 6%，即每立方米储存 60kg 氢气。为了满足汽车基本的 480 ~ 650km 的续航能力要求，一次需储氢 4 ~ 7kg。目前小型汽车的车用储氢方式大多采用高压储氢，工作压力为 70MPa。碳纤维储氢瓶是目前家用汽车的最佳选择，其售价约为3000美元。研究人员正在致力于开发新的材料和制造工艺，以进一步降低储氢罐的成本。目前正在进行的另一研究方向是，通过采用高表面积材料实现低压吸附储存氢气。

人类的远景目标是利用可再生的清洁能源，氢能是当前汽车行业公认的可实现零污染的清洁能源。在北京2008年奥运会期间就有20辆帕萨特领驭燃料电池轿车服务，如图2-19所示。另外还有长安、一汽集团公司均分别推出了自己的燃料电池电动汽车。

图2-19　帕萨特领驭燃料电池轿车

丰田汽车公司推出的燃料电池电动概念车就是用压缩氢气作为原料，在燃料电池堆栈中与空气发生化学反应产生电能，这一过程中也会产生水（因为温度高主要以水蒸气的形式排出）。经由一块压缩电池单元组把电能输送到驱动电机，驱动汽车行驶。该车能达到的最大功率为100kW。充满氢气后车辆可行驶480km，而加注一次氢气仅需3min左右。日本丰田燃料电池电动汽车的安装结构、储氢瓶、外形等如图2-20和图2-21所示。

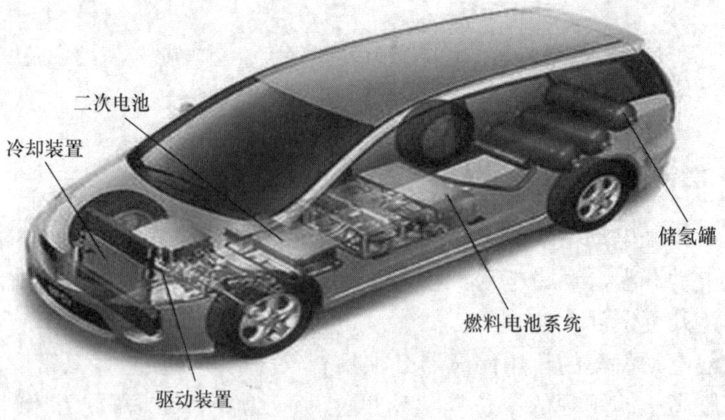

图2-20　燃料电池汽车的结构

图 2-21 储氢罐

问题 23 什么是动力电池的荷电状态？

答：电动汽车行驶状况复杂，动力电池放电电流波动大，电池能否合理地充放电将严重影响其使用寿命和工作性能。在汽车使用中，动力电池的荷电状态（State Of Charge，SOC）是指电池的剩余容量与电池额定容量的比值。它反映的是动力电池的实际可用电量，相当于燃油汽车的剩余可用燃料，是汽车运行过程中一个非常重要的参数指标。准确有效地对动力电池进行荷电状态估算，可避免电池过度充放电，有效维护电池的使用性能，充分发挥电池的工作性能，降低电动汽车的使用运行成本。

问题 24 如何估算动力电池的荷电状态？

答：动力电池荷电状态（SOC）的数值与很多因素有关，而且具有很强的非线性，不能直接测量，因而给估算带来很大的困难。目前对动力电池 SOC 的估算方法主要有以下 3 类：

（1）直接测量法 直接测量法又可分为安时积分法和开路电压法，均需要直接测量电压和电流等参量。其中，对一段时间内的电流进行积分来获得当前电池 SOC 的方法称为安时积分法，是较为成熟的方法之一。但安时积分法作为开环预测方法，电池初始 SOC 不确定、使用中的电流测量误差等限制了它的精度。开路电压法在电池充放电的初期和末期测量较为准确，因此可以与安时积分法结合使用。开路电压法利用的是电池开路电压和 SOC 之间存在的固定关系，准确的开路电压要求电池处于既不充电也不放电的状态在 1h 以上，防止电池内部不稳定造成的误差，因此该方法不能单独直接用于电动车辆动力电池动态的 SOC 估算，只能和其他方法配合使用。

（2）智能算法 以神经网络算法为代表，该算法不需要建立电池模型，具有非线性特征，自学习能力强，但在实际使用过程中受样本状态和训练方法的影响较大。因此需要将神经网络算法和其他算法相结合，取长补短，提高估算动力电池 SOC 的精度。

（3）非线性滤波法　非线性滤波法又可分为卡尔曼滤波法和粒子滤波法。卡尔曼滤波法精度高，需要基于精确的电池模型且只适用于线性系统，同时对初始值的选择也较为敏感。粒子滤波法解决了估算 SOC 非线性滤波问题变量必须满足高斯分布的制约，更适合描述非线性系统的特性，提高了动力电池 SOC 的估算精度。

下面举例说明对动力电池 SOC 的估算方法。

某车型装备磷酸铁锂动力电池，其电池管理系统采用开路电压－安时积分法计算电池的 SOC。电池 SOC 的定义是在一定放电倍率下，剩余电量与相同条件下额定容量的比值，即

$$SOC=\frac{Q_{rem}}{Q_{rat}}\times 100\%$$

式中　Q_{rem}——电池的剩余容量；

　　　Q_{rat}——电池的额定容量。

当 SOC＝100% 时，表示电池处于满电状态；当 SOC＝50% 时，表示电池处于半电容量状态；当 SOC＝10% 时，表示电池电量极低，仪表电源指示灯闪亮报警，同时控制器将最高车速减半运行。

开路电压法，即直接测量动力电池的开路电压，它与电池的电动势在数值上非常接近，在一定条件下与电池的 SOC 存在着一一对应的关系。开路电压法的原理是通过试验得到电池 SOC 与开路电压的直接对应关系，通过这种关系测量开路电压进而计算出电池的 SOC。动力电池开路电压的测量，需要将电池静止相当长的一段时间待其达到平衡状态时测量才有效，因此开路电压法不适合电动汽车运行时的测量，仅适合驻车时应用，但这种方法可以为测量动力电池 SOC 的初始值提供依据。

安时积分法通过对进出电流的积分得到能量消耗进而计算出剩余电量。假设电池在充放电起始时刻 t_0 时的电池荷电状态为 SOC_0，那么在 t 时刻的 SOC 可通过以下公式计算得出：

$$SOC=SOC_0+\frac{1}{C_N}\int_{t_0}^{t}\eta i(t)\,dt$$

式中　C_N——电池标称容量；

　　　η——充放电效率。

通过对电流 i 从 t_0 到 t 时刻的积分乘以充电效率，再除以电池的标称容量，然后再与电池的 SOC_0 相加，即可得到 t 时刻的电池荷电状态值。安时积分法简单易行且工作稳定，应用于较多的动力电池 SOC 测量中，但这种方法也存在一些缺点，例如它不能准确地测量电池的初始值，也不能对累积的误差进行修正，因此不适合用于一些精度要求较高的场合。在实际应用中为得到较好的测量精度，安时积分法常与开路电压法等其他方法结合使用。

在动力电池的 SOC 检测中采用开路电压－安时积分法，简单易行且动态精度

高，无需考虑电池内部复杂的化学反应，只需关注系统外部的特征和进入进出系统的电量，实现检测并计算出电池系统的剩余电量。开路电压－安时积分法的计算流程如图 2-22 所示。

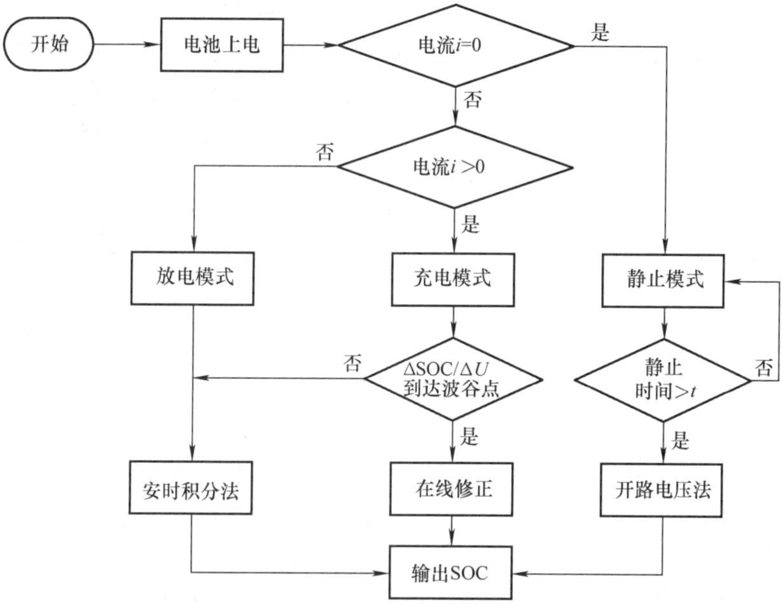

图 2-22　开路电压－安时积分法的计算流程

问题 25　电池管理系统的软件功能有哪些?

答：目前多数电池管理系统（Battary Management System，BMS）采用单核控制器为主控芯片，为保证估算电池剩余电量的准确性，采用中断来实现电流的积分。电池管理系统（BMS）的软件功能模块如图 2-23 所示。

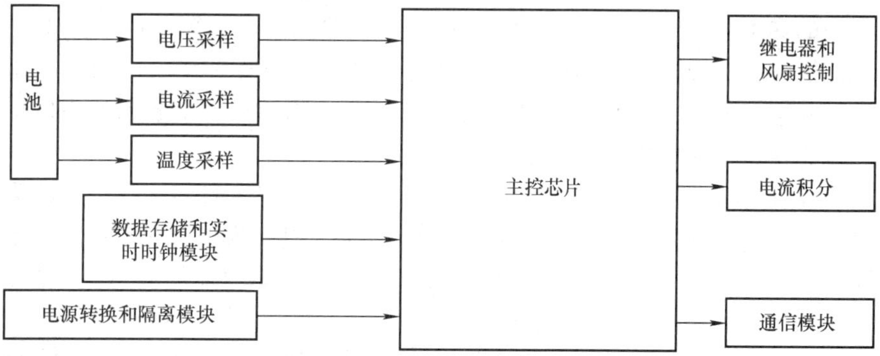

图 2-23　BMS 的软件功能模块

问题26　电池管理系统应具有哪些功能？

答：电池管理系统（BMS）作为动力电池组的控制器，应能够实时检测电池组内电池的参数并评估其荷电状态，为驾驶人提供剩余电量、续驶里程等信息；能防止电池过充电、过放电、过电压、过电流、过高温等情况的发生，其性能的优劣直接决定了动力电池组的使用寿命。一个良好的电池管理系统能够在充分发挥电池性能的同时给予电池最佳的保护，延长电池组的使用寿命，保证电池的性能，降低电动汽车的运行成本。良好的BMS应具备以下九大功能：

（1）数据采集功能　实时准确地采集动力电池总电压、总电流、单体电池电压和温度等信息，是BMS重要的功能之一，其采集精度和速率代表了BMS的优劣。

1）单体电池电压采集。采集单体电池电压是BMS控制策略中的重要因素之一，一般要求采集精度在3mV以内。为了保证精度和速率，BMS在硬件设计中采用集成电路式。

2）单体电池温度信息采集。动力电池的性能受电池的温度影响较大，当电池温度过高或过低时，充放电对电池的寿命会产生直接的影响。电池温度的精度要求一般在1℃以内。

3）总电压采集。动力电池组总电压分为箱内电压和箱外电压两部分。BMS通过箱内外电压的比较，来判断是否完成预充电过程。动力电池组总电压既可直接测量，也可通过分压电路采集得到。

4）总电流采集。采集动力电池组充放电电流对于评估电池组的荷电状态及保护电路有重要的意义。在硬件电路设计中多采用霍尔电流传感器或分流器采集电流，精度要求为1%内。为了保证测量精度，通常采用两路电流传感器来互相校正。

（2）评估电池状态功能　利用采集到的电压、电流和温度等数据，分析和估算出电池的SOC值和健康状态（State of Health，SOH）值。SOC的估算方法有开路电压法、安时积分法、卡尔曼滤波法和神经网络算法等。SOH预测应考虑电池老化（容量衰减）、电池单体的差异等各种因素。需要对电池的各种状态信息进行存储，以方便数据的分析和处理。

（3）故障诊断预警功能　利用采集的数据来分析电池的各种参数，并给予适当的预警，避免出现故障影响人车安全。在电动汽车研发和测试过程中，会不可避免地出现各种问题，通过故障诊断可及时地发现问题，可以促使电动汽车的动力电池组合技术越来越成熟。

（4）动力电池组的热管理　电池的温度是影响动力电池性能的重要因素之一，而动力电池性能的优劣对于电动汽车的续驶里程有着重要的影响。热管理系统可以控制电池始终工作在最佳状态。

（5）继电器和风扇管理 继电器是动力电池组内主要的部件之一。BMS通过对继电器的管理可完成对电池组内各个电路的控制，从而实现充放电管理和热管理。为防止电池过充电和过放电，BMS控制总高压继电器以保护电池。BMS可通过控制冷却风扇的运转来实施对电池的热管理，防止电池在充放电过程中过热而造成严重损坏。

（6）CAN总线数据通信 在电池的使用过程中，需按照要求对电池的电压、温度、电流和SOC、SOH等相关状态信息进行上报。对于使用多节单体电池串并联组成的动力电池组来说，这种上报的信息包含两个方面：一是上报信息到整车管理系统和电机管理系统，为其提供所需的数据，同时接收该系统所提供的信息，为制定合理电池管理方案提供依据；二是各电池组之间的信息数据交换。为此制定通信方式和协议，实时了解电池的容量和性能，保证电池安全可靠的运行，这是BMS中的一个关键问题。一般BMS会选用CAN总线的通信方式，实现与整车或其他模块的数据交换。

（7）高压环路互锁 在电池箱（包）的动力输出端，需要通过高压插接件连接动力线缆。BMS控制器向插接件发送HVIL信号，同时接收插接件反馈的信号。若接收成功，则证明插接件高压环路互锁功能正常；反之则可能是插接件有松动现象，BMS发出警示信号提示维修人员做出相应的处理。

（8）电池均衡功能 当多节单体电池组成动力电池组时，由于电池的不一致性，必须进行均衡处理以使动力电池组内各电池的压差较小，从而更好地延长动力电池组的使用寿命。目前电池均衡有主动均衡和被动均衡两种方式：主动均衡是将单节能量高的电池的能量转移到能量低的电池中，是一种无损的均衡方式；被动均衡是通过在每一节单体电池正负极两端并联一个可控电阻，在需要时把多余的能量消耗掉。目前国内厂商多采用被动均衡方式。

（9）电池的绝缘检测功能 绝缘检测功能是保证动力电池组安全的重要功能之一。动力电池组内是数百伏的高压，若出现漏电会对驾乘人员造成危害。BMS实时监测动力电源的总正和总负（即高压动力电池组的正极和负极）对车身搭铁的绝缘阻值，如果阻值低于阈值，则上报故障同时断开高压电，确保驾乘人员安全。

问题27 电动汽车用动力电池的组成部分及其功能是什么？

答：电动汽车的动力电池由动力电池箱、动力电池组、辅助元件和电池管理系统（BMS）四部分组成。

（1）动力电池箱 动力电池箱（图2-24）安装在车身底盘下方，有的与车身底盘制成一体，有承载及保护动力电池和电器元件的作用。其材料多为高强度的铸铝和玻璃钢，以减轻重量上盖采用碳纤维材料。由于动力电池箱内为高电压元件，且电动汽车运行环境多变，电池箱内的散热、防水、绝缘等防护安全等级较高，电池箱外表面有明显的防触电安全警告标识。动力电池箱的防护等级为IP67，紧固螺栓拧紧力矩为80～100N·m。

图2-24　动力电池箱

（2）动力电池组　电动汽车为得到高电压、大电流的动力电源，其上的动力电池组由数百个甚至上千个单体电池通过串并联组合而成。电动汽车的动力电池组的组装关系：动力电池组由动力电池模块组成，动力电池模块由单体动力电池组成。单体动力电池又称为单体电芯，是动力电池组中的最小单元。动力电池组的组装关系如图2-25所示。例如：特斯拉每69个单体电池并联为一组电池模块，再将9组电池模块串联为一层动力电池组，整个动力电池箱由11层动力电池组堆叠而成。

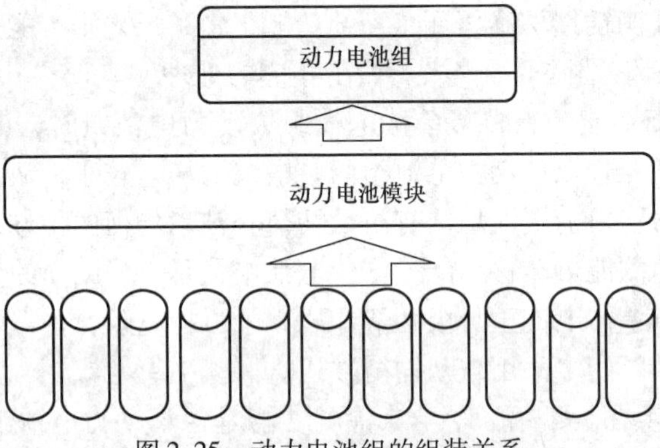

图2-25　动力电池组的组装关系

（3）辅助元件　动力电池的辅助元件主要有主继电器、预充继电器和预充电阻、加热继电器和熔断器、电流传感器、高压熔断器、高低压插接件和高低压线束等。

1）主继电器。主继电器主要包括正主继电器和负主继电器，其作用是控制高压回路的通断，如图2-26所示。一般正主继电器由BMS控制，负主继电器由整车控制器（VMS）控制。

2）预充继电器和预充电阻（图2-27）。预充继电器由BMS控制。在充放电初期需要闭合预充继电器进行预充电：在充电初期给各个单体电池进行预充电，以确定单体电池有无短路、断路；在放电初期用低压小电流给各个控制器的电容充电，当电容两端接近电池总电压时方可断开预充继电器，闭合正主继电器。

3）加热继电器和熔断器。磷酸铁锂电池在温度为0～55℃时才可以充电，且低温的充电性能很差，因此动力电池箱内增加了加热功能。在充电过程中，当电池

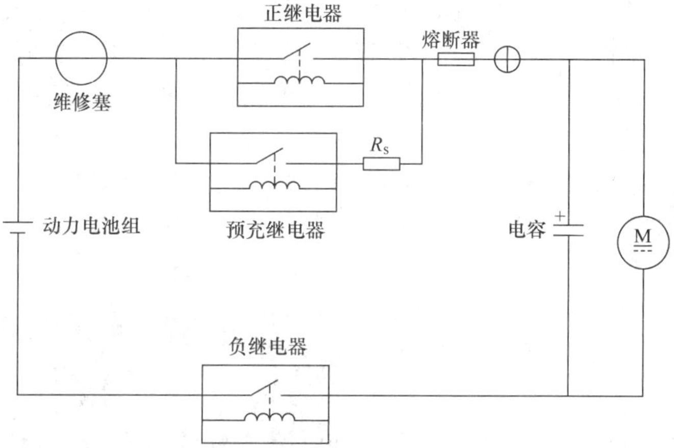

图 2-26 主继电器及预充电回路

图 2-27 预充继电器和预充电阻

温度低于设定值时，BMS 控制加热继电器闭合给箱内的电池体周围的加热膜通电加热。磷酸铁锂电池不同温度下的充电特性见表 2-2。

表 2-2 磷酸铁锂电池不同温度下的充电特性

单体电池温度/℃	标准充电	快速充电	说明
<0	不允许充电	不允许充电	① C 表示该电池的容量 ② 0.1C 表示选择的充电电流最大不超过该电池容量的 0.1 倍 ③ 在 25～45℃ 时采用 1C 的大电流充电，可使电池充入容量 80% 的电量
0～5	充电电流 0.1C	不允许充电	
5～10	充电电流 0.1C	充电电流 0.2C	
10～25	充电电流 0.2C	充电电流 0.3C	
25～45	充电电流 0.5C	充电电流 0.75C	
45～50	充电电流 0.1C		
>50	不允许充电		

磷酸铁锂电池的额定电压为 3.2～3.3V，具有较好的安全性和良好的循环寿命。冬季低温充电对磷酸铁锂电池的寿命有极大影响，而且放电容量和放电功率也

有所下降，致使整车的续驶里程和动力性极度下降。一般动力电池箱设装有加热装置，在低温行驶和充电时，若箱体内部的温度低于0℃，则启动加热模式，加热继电器闭合使加热膜通电；当电池温度高于5℃时停止加热，启动充电程序开始充电。若在加热过程中，加热膜之间的温差大于20℃，则停止加热。

4）电流传感器。电流传感器安装在动力电池箱内总电源的输入端，用来监测充、放电电流的大小。一般采用无感分流器和霍尔式电流传感器。

① 无感分流器检测分流器两端的毫伏级电压，并换算成电流。分流器用来测量直流电流的大小，如图2-28所示。实际上分流器是一个阻值很小的电阻，它是利用直流电流通过电阻时会在电阻两端产生电压的原理制成的。无感分流器主要利用构造上的特点，将电流产生的磁场相互抵消以减少分流器的电感对仪表的影响。

图2-28　无感分流器

② 霍尔式电流传感器是一种采用半导体材料制成的磁电转换器件。当磁场中的磁力线穿过霍尔半导体器件时，在垂直于磁力线方向输入一控制电流 I，则在输出端会出现霍尔电动势 V_H。V_H 的大小与控制电流 I 和磁通密度 B 的乘积成正比。霍尔式电流传感器是按照安培定律原理制成的，通过测量霍尔电动势的大小，可间接测量载流导体电流的大小。

5）高压熔断器（图2-29）。高压熔断器串联在动力电池组中间，是高压电路的熔断装置，用来防止在放电或充电过程中通过的电流过大，对电池或其他设备造成损坏。电动汽车是集现代高科技、高材料技术与制造技术一体化的高端工业产品，依赖动力电池驱动并依靠充电器补充能源，熔断器在系统中担负串接通电和安全保护的双重功能，关系着车辆与人身的整体安危。因此对电动汽车实施保护的熔断器，必须是直流型的、能够超快速开断的毫秒级精准产品。

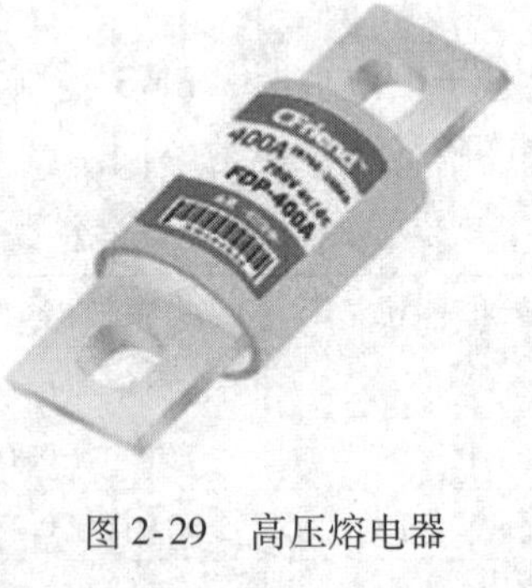

图2-29　高压熔电器

6）高低压插接件。动力电池系统的“总正”和“总负”通过可靠的高压插接件，与高压控制盒相连。低压插接件连接CAN总线，实现与整车控制器和车载充电机之间的通信。动力电池箱连接插接件的端子名称及功能见表2-3。

表 2-3　动力电池箱连接插接件的端子名称及功能

器件名称	插接件名称	端子号	功能定义	线束走向	对应插接件
	HIP	A	电动机控制器输入“－”	高压控制盒	HT2/A
	HIP	B	电动机控制器输入“＋”	高压控制盒	HT2/B
动力电池	T17	A	BAT 供电 12V +	低压熔丝盒	
		B	GDN 低压搭铁	搭铁点 100	
		D	BAT 供电 12V +	低压熔丝盒	
		E	GDN 低压搭铁	低压熔丝盒	
		F	快速充电口连接确认	快充接口	CC2
		G	IG 供电 12V +	低压熔丝盒	
		H	BAT 供电 12V +	快充接口	A +
		K	CAN – H	CAN1	电动机控制器
		L	CAN 屏蔽线		
		M	CAN – H	CAN2	快充接口
		N	CAN – L	CAN2	
		P	CAN 屏蔽线		
		T	CAN – L	CAN1	
		R	CAN – H	CAN3	
		S	CAN – L	CAN3	

7）高低压线束。在电动汽车上，高压线束一般用橙色或红色波纹管保护，低压线束用黑色波纹管保护，在使用维修时有明显的区别，如图 2-30 所示。

图 2-30　动力电池箱内的高低压线束

（4）电池管理系统（BMS）　BMS 是动力电池保护和管理的核心部件，它不仅要保证电池安全可靠的使用，而且要充分发挥电池的工作能力，延长电池的使用寿命。

1）BMS 的作用如下：

① 监控动力电池状态，防止出现过充电和过放电，以延长动力电池的使用寿命。该作用的实现是通过电压、电流传感器采集动力电池组的串联模块电压、总电压和总电流，从而控制动力电池组的充放电和监控其工作状态。

② 作为动力电池和整车控制器以及驾驶人沟通的桥梁，向整车控制器提供动力电池系统的基本参数、剩余电量和故障信息。

③ 具有高压回路绝缘检测功能，检测电池组与箱体、车体之间的绝缘情况。

④ 通过温控装置实现对动力电池过高温或过低温的保护，具有控制动力电池的加热和降温功能。

2）BMS 包括硬件和软件两部分：硬件包括高压盒、从控盒、主控盒，以及采集电压、电流和温度等数据的电子元件；软件包括 SOC 值估算程序、通信及数据存储及充放电控制策略等。

① 高压盒。高压盒用于监控动力电池组的总电压、总电流和绝缘性能，以及高压线束的连接情况，并将监控数据反馈给主控盒。

② 从控盒。从控盒又称为电压和温度采集单元，主要用来监控动力电池单体的电压和动力电池组的温度及 SOC 值，并将数据反馈给主控盒。

③ 主控盒。主控盒是连接外部通信和内部通信的平台，其作用是接收从控盒反馈的实时温度和单体电池电压，接收高压盒反馈的总电压和总电流，控制与整车控制器的通信，控制动力电池加热，控制充放电电流的大小，控制正主继电器。

BMS 内部关系示意图如图 2-31 所示。

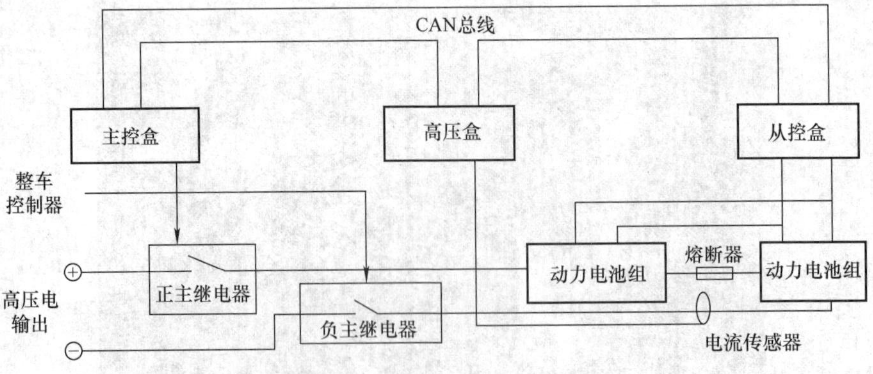

图 2-31　BMS 内部关系示意图

问题 28　特斯拉汽车所用的动力电池是怎样的？

答：特斯拉汽车公司是于 2003 年在美国加州硅谷成立的一家电动汽车制造公

司，它2008年2月推出的Roadster是一款动力性能优异、百公里加速时间为3.9s、最大输出功率为215kW、最高车速为300km/h、最大续驶里程为390km的纯电动跑车。该车出色的动力性能不仅得益于轻量化的碳纤维材料在车身上的应用，更离不开所搭载的53kW·h的大容量动力电池系统。其动力电池的参数见表2-4。

表2-4　动力电池的参数

电池类型	18650（单体电池3.7V，2.17A·h）
电池数量	6831个
串并联形式	11串联，9串联，69并联
可用能量	53kW·h
容量	150A·h
重量	450kg
能量密度	120W·h/kg
持续输出功率	53kW
额定电压	366V
充电时间	3～5h

特斯拉动力电池由动力电池组、动力电池壳体、单体电池熔丝、单体电池正负极限位器、熔丝装置、单体电池监控板、动力电池监控板、动力电池内部冷却装置、继电器、快速熔断器和预充电阻等组成。

（1）动力电池组　特斯拉的动力电池组使用的是18650型单体电池，数字中18表示直径为18mm，65表示长度为65mm，0表示为圆柱形电池。该车动力电池组由6831个单体电池组成。其组成方式是69个单体电池并联构成一个Brick电池砖；9个Brick电池砖串联成Sheet电池片；再将11个Sheet电池片串联后构成整个动力电池组。在整个特斯拉的动力电池组中，Sheet电池片是最小的可更换单元。

（2）动力电池壳体　特斯拉的动力电池壳体采用结构强度较高的铝合金材质，并且设有通气孔，以防止壳体内部气压过高。

（3）单体电池熔丝　每个单体电池的正负极均设有熔丝，当某个单体电池短路时，可及时切断电池与整个电源系统之间的电路。

（4）单体电池正负极限位器　Sheet电池片上的模架通过绝缘片和圆形帽结构，对单体电池的正、负极端面进行限位，如图2-32所示。

图2-32　单体电池正负极限位器

（5）熔丝装置　Sheet电池片上设有熔丝装置，当Sheet电池片上的输入、输出电流超过限制时，熔丝熔断以保证系统安全。Sheet电池片之间通过金属编织的铜排串联，其外部有橙色的绝缘材料保护。

（6）动力电池监控板　在每个Sheet电池片上均设有电池监控板，以监控每个Brick电池砖的电压、温度。在整个动力电池箱内也设有整体的电池系统监控板，通过相应的传感器监控整个电池系统的工作环境，包括电流、电压、温度、湿度、烟雾以及惯性和加速度，并且可通过CAN总线与车辆系统监控板通信。

（7）动力电池内部的加热和冷却　在动力电池内部设有加热和冷却装置。加热是通过单体电池外部的电加热丝，由电池管理系统控制的继电器给予通电或断电；冷却是通过Sheet电池片之间的冷却管路实现的，管路内的冷却液为水和乙二醇的混合物。在冷却管路和单体电池之间设有固化后非常坚硬的绝缘导热胶质材料。

问题29　动力电池的常见故障有哪些？

答：当电动汽车动力电池有故障时，仪表板上的故障灯会用不同颜色表示动力电池故障的严重程度。根据对整车影响的大小，动力电池故障划分为三个等级：①一级故障，故障灯呈红色，代表非常严重；②二级故障，故障灯呈黄色，代表严重；③三级故障，故障灯呈浅黄色或白色，代表轻微。动力电池常见故障见表2-5。

表2-5　动力电池常见故障

序号	故障现象	常用解决办法
1	动力电池荷电状态异常显示，或无显示	①停车或关闭电门后重新起动，若故障仍不消失，执行下一步 ②检查仪表其他警告灯有无点亮，并做好现象记录，联系专业人员进行检查维修处理
2	续驶里程低于正常值	检查充放电过程，查看电池容量是否衰减、BMS控制是否正常
3	电池过热报警	①停车检查有无其他故障，并做好记录 ②若运行中连续三次出现电池过热报警，而停车后消失，则需进行维修
4	动力电池荷电状态过低报警	如果SOC低于30%且出现低电量报警，并自动进入减速行驶状态，则需寻找最近的充电站进行充电
5	电压/电流明显异常	关闭电门，下车保持适当距离观察或联系专业人员处理
6	上电开关接至ON后数分钟车辆不工作	①检查仪表板上的故障指示 ②检查低压电源及熔断器
7	不能充电	①检查充电线缆是否连接正确 ②检查环境温度是否超出使用范围 ③检查SOC当前的数值
8	运行时高压数据短时间丢失	①检查主回路是否接触良好 ②检查仪表警告灯是否点亮 ③检查高压电路屏蔽层是否损坏

（1）一级故障　动力电池一般不会出现一级故障。一旦出现，则表明一段时

间后整车会出现安全事故，如起火、爆炸、触电等。若故障灯呈红色，则表示动力电池内部短路或温度过高、控制器部分功能丧失，会请求其他控制器在 1s 内予以停止正在进行的充电或放电。

（2）二级故障　动力电池正常工作时，一般不会上报二级故障。电池管理系统一旦上报该故障，则表明内部有通信故障或绝缘电阻过低，将停止能量回收和充电功能。

（3）三级故障　电池管理系统上报该故障，表明电池处于极限温度下或单体电池的一致性出现劣化，动力电池性能下降。故障灯呈浅黄色或白色点亮，表明该车进入限功率行驶状态和不能进行快速充电状态。

第三篇
电动汽车的驱动系统

问题30 电动汽车驱动系统主要由哪些部件组成?

答：电动汽车驱动系统主要由电机、控制器、各种检测传感器和电源等部分组成。驱动电机及其控制器是电动汽车驱动系统的核心部件之一，起到驱动车辆前进与回收制动能量的作用，其驱动性能决定了车辆的行驶性能指标是电动汽车的重要部件。在纯电动汽车和燃料电池电动汽车中，作为唯一的驱动来源，它提供全部的驱动力，相当于传统燃油汽车的发动机。由于电动汽车能够工作在回馈制动能量回收状态，在车辆制动时车辆的动能能够通过车辆驱动系统的发电特性，将车辆运转的机械能转化成电能，存储到车辆的电源系统中。它具有传统燃油汽车无法实现的能量吸收回馈功能。

问题31 电动汽车对驱动电机的要求有哪些?

答：电动汽车驱动电机性能的好坏，直接影响电动汽车的起步、停车、加减速、高速行驶和爬坡等技术性能指标。为满足动力性和经济性，电动汽车对驱动电机有一些特殊的要求需要予以考虑。

1）驱动电机要以电磁转矩为控制目标，加速踏板的开度是通过控制器给电机电磁转矩的目标值。要求电机转矩响应迅速、波动性小、稳定性好。

2）由于电动汽车在使用时，有起步、加速、巡航、减速和制动等多种工况，要求驱动电机具有较宽的调速范围。为保证加速时间，要求驱动电机在低速加速时具有较大的输出转矩和过载能力（一般为额定转矩的2～4倍），过载时间3min以上。为保证电动汽车在巡航时行驶在最高车速，驱动电机在高速运转时应具有较大的功率。驱动电机的最高转速一般在基速额定值的2倍以上。

3）驱动电机的损耗要低，在整个运行范围内效率要高，尽可能地提高一次充电的续驶里程。

4）电动汽车在减速时要实现再生制动，将能量回收并反馈给动力电池。能量回收率应占总能量的15%以上。

5）驱动电机的安全性应符合国家有关车辆电气安全的性能标准规定，还需装备高压防护装置。

6）驱动电机的耐振动、耐高温和防水耐湿能力应较强，能在恶劣的气候条件下和各种道路上长时间工作，可靠性高。

7）电动汽车留给驱动电机的安装空间有限，整车又要求轻量化，因此驱动电机的体积和质量应尽可能小，结构要简单，使用维护要方便。

8）驱动电机的运行噪声低。

9）驱动电机在允许的电压等级范围内，尽量采用高压电。另外，电机的电磁兼容性要好。

10）驱动电机的制造工艺简单、价格合理、适于批量生产。

问题32　电动汽车所使用的驱动电机的类型有哪些？

答：电动汽车早期采用的是直流电机，随后逐步采用交流感应电机、永磁同步电机和开关磁阻电机等。电动汽车驱动电机根据工作原理和结构的不同可分为以下几种类型。

（1）有刷直流电机　有换向器和电刷的电动汽车驱动电机又分为直流串励电机、直流他励电机和永磁电机。该类型电机转速变化范围不大，如果不用二级减速器或变速器，则车辆的最高车速会比较低，且使用维修不够方便，多用在代步车上。

（2）无换向器无刷电机　无换向器无刷电机按输入磁场电流的波形分为：

1）正弦波电机。正弦波电机又可分为异步电机和同步电机。其中异步电机根据结构又可分为笼型异步电机和绕线型异步电机。

异步电机可归纳到交流电机的范畴，它具有变频调速的能力，其效果相当于装配有无级变速器的车辆一样，具有加速线性的对应关系。倒车时，异步电机也可轻易地通过自身的正反转的切换来实现，功能上能够满足电动汽车的技术需求，并且具有结构简单、坚固耐用、工作状态稳定、成本易控等优势，另外，制动能量回收也比较容易。在目前的汽车公司中，特斯拉就使用这种电机作为后驱动桥的驱动电机。

同步电机按励磁方式不同可分为永磁同步电机和电励磁同步电机，目前多数使用的是永磁同步电机。永磁同步电机在结构上与直流电机相似，具有结构简单、运行可靠、功率密度大、调速性能好等特点，同时在噪声和控制精度等环节上又有其独到的优势。目前永磁同步电机应用在国内外多款电动汽车上，如长安奔奔EV、奥迪混合动力汽车A3e等。

2）方波电机。方波电机按结构分为开关磁阻电机和永磁无刷电机，其中开关磁阻电机是最具发展潜力的驱动电机。开关磁阻电机又称为可变磁阻电机，1883年就用于机车牵引，但直到现代功率电子学和大功率电子设备的出现，才使它的潜能发挥出来，是近些年备受重视的一种新型特种电机。它是电机技术、现代电力电子技术与计算机控制技术相结合的产物，综合了交流异步电机和直流电机传动系统的优点，有着结构简单、容错性好、低速输出转矩高、成本低、效率高等优良的特点，特别适合用作电动汽车用驱动电机，近年来为电动汽车行业所关注。

开关磁阻电机是基于“磁阻最小”的原理而设计的具有凸极结构的新型电机，其定子凸极和转子凸极有多种组合方式。一般转子凸极数比定子凸极数少两个，且定子、转子的凸极数均为偶数，相数为三相或四相（也可以为更多相），共同组成不同极数的开关磁阻电机。开关磁阻电机无永磁体，故解决了永磁同步电机和直流无刷永磁电机现存的高温退磁、磁钢使磁极分配不均、成本高等问题。现代电力电子技术与计算机控制技术充分发挥了开关磁阻电机起动转矩大、效率高、运行平稳以及安全可靠的优势。

开关磁阻电机的双极结构，使电机在运行时会产生转矩脉动和噪声等问题，直接影响电动汽车的行驶稳定性和乘坐舒适性。这两个问题是以往制约开关磁阻电机应用于电动汽车行业的主要障碍。现在研发的低噪声低振动开关磁阻电机有效地抑制了这两方面的问题，为开关磁阻电机在电动汽车上的应用起到了积极的推动作用。有研究表明，通过对开关磁阻电机的灵活控制，能够实现在宽调速范围内电动或发电模式下的高效率运行。这样开关磁阻电机在混合动力电动汽车或纯电动汽车的驱动系统中的应用就具有良好的开发价值和应用前景。例如奔驰、沃尔沃、菲亚特、通用等汽车公司正在大力研发电动汽车用开关磁阻电机。

开关磁阻电机的机械特性如图 3-1 所示。开关磁阻电机的控制方式可分为电流斩波控制方式（CCC）、角度位置控制方式（APC）和电压控制方式（VC）3 种。

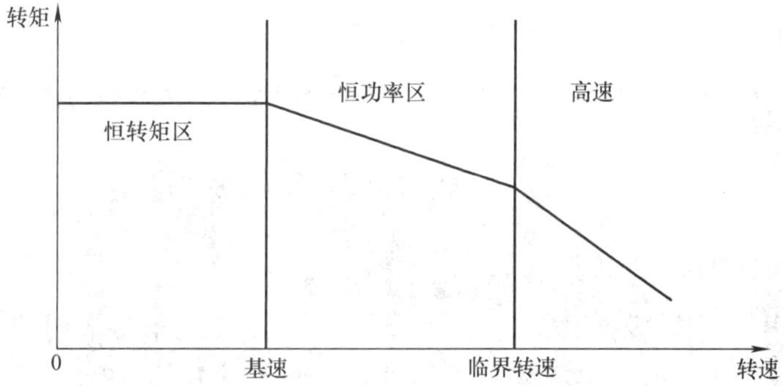

图 3-1　开关磁阻电机的机械特性

开关磁阻电机在电动汽车上的应用：

① 捷豹公司的 C－X75C 插电式四驱超跑概念车采用两个开关磁阻电机。

② 艾默生公司的混合动力客车的两个驱动电机均为开关磁阻电机。

③ 东风汽车公司的混合动力客车采用额定功率为 60kW、额定电压为 336V、输出转矩为 355N · m 的开关磁阻电机。

与同样具备结构简单、坚固耐用、工作可靠和效率较高等特点的其他类型电机相比，开关磁阻电机具有调速可控参数多、经济指标好、功率密度更高、当额定电流达到 15% 时即可实现 100% 起动转矩的优势。另外，更小的体积也使得整车设计更为灵活，其电机成本也不高。

永磁无刷电机可以看成是一个用电子换相装置取代机械换相的直流电机，如图 3-2 所示。永磁直流无刷电机主要由永磁电机本体、转子位置传感器和电子换向电路（图 3-2）组成。无论是结构或控制方式，永磁直流无刷电机与传统的直流电机都有很多相似之处：用装有永磁体的转子取代有刷直流电机的定子磁极；用具有多相绕组的定子取代电枢；用由固态逆变器和轴位置检测器组成的电子换向器取代机械换向器和电刷。

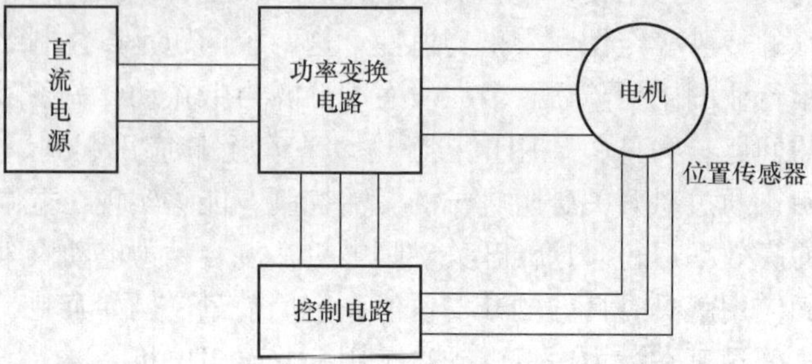

图 3-2　永磁直流无刷电机的电子换向电路

（3）轮毂电机　轮毂电机诞生于20世纪初，但目前仍未得到广泛应用。它的主要问题是簧下质量过大，影响了汽车的操控性。图3-3所示的日本研发的8轮分布式轮毂电机汽车，最高车速为374km/h，最大续驶里程为320km。

图 3-3　轮毂电机汽车

常用的3种驱动电机的特点对比见表3-1。

表3-1　常用的3种驱动电机的特点对比

电机类别 / 对比项目	直流电机	永磁电机	交流异步电机
功率密度	低	高	中
峰值效率（%）	85～89	95～97	94～95
负荷效率（%）	80～87	85～97	90～92
转速范围/(r/min)	4000～6000	4000～10 000	12 000～20 000
可靠性	一般	优秀	良好
尺寸	大	小	中
代表车型	低速代步车	长安奔奔EV	特斯拉Model S
成本	低	中	低
控制难度	低	中	高

问题33 电动汽车驱动系统的工作模式有哪几种？

答：驱动系统主要部件是驱动电机及其控制器，通过高低压线束、冷却管路与整车其他系统连接。控制器根据加速踏板、制动踏板和档位等信号通过CAN网络总线向电机控制器发送指令，实时调节驱动电机的输出转矩，以实现整车的低速、加速、停车和能量回收等功能。电机控制器能对自身的温度、转子位置进行实时监测，并把相关信息传递给整车控制器，进而调节水泵和电子冷却风扇的工作，使驱动电机保持在理想的运行状态。现在电动车辆的行驶模式有D位加速模式、E位省电模式、制动能量回收和R位倒车4种。

（1）D位加速模式　驾驶人打开上电开关，将变速杆置入D位位置并踩下加速踏板，此时档位信号和加速踏板信号传递给整车控制器。整车控制器把驾驶人的操作意图通过CAN总线传给电机控制器，再由电机控制器结合旋变传感器（驱动电机的转子位置信息），向驱动电机输入三相电流。三相电流在定子绕组上产生旋转磁场，电磁力拖动转子以同步转速正向旋转。随着加速踏板行程不断加大，电机控制器控制IGBT（绝缘栅双极型晶体管，是电动汽车中常用的功率半导体器件）的导通频率不断上升，驱动电机的转速随着电流的增加而增加。在电动汽车上要求驱动电机的输出功率保持恒定，电机控制器会通过电流传感器和电压传感器计算当前的驱动电机功率，并把这些信息数据通过CAN总线发给仪表进行显示。

（2）E位行驶　E位为能量回收行驶位，与D位的根本区别在于电机控制器与整车控制器的内部程序、控制策略目标不同。如果说D位主要目标是驾车时的动力加速性，那么E位主要目标是节省电量以延长续驶里程，也称为省电节能性。变速杆置于D位时，更注重加速灵敏、响应较快，E位则更注重能量回收、放电平缓。当车辆高速行驶或下坡时，松开加速踏板后，驱动电机会被车轮反拖，作为发电机使用。此时由于发电消耗了部分机械能，牵制了车辆滑行，起到了一定的降速制动效果。驾驶时，E位比D位所滑行的距离明显偏短。

（3）制动能量回收　在车辆行驶中松开加速踏板后，驱动电机在惯性的作用下仍在旋转。当电机转速降至低于车轮转速时，车轮带动电机旋转，电机作为发电机使用。电池管理系统根据电池的充电特性曲线（充电电流、电压和SOC的关系）以及电池温度等参数，计算出对应的最大允许充电电流。电机控制器根据电池的最大允许充电电流，控制IGBT模块使发电机定子线圈旋转磁场的角速度与转子的角速度保持一定值，使发电电流不超过最大允许发电电流，以调整发电机向动力电池充电的电流，同时也控制了车辆的减速度。当驾驶人踩下制动踏板时，反馈电流在电机控制器的调节下充入高压动力电池（此时电机作为发电机使用）。当驾驶人会感觉车速下降较慢，制动效果不理想，只有继续踩下制动踏板，液压制动系统才进入工作状态。

（4）R位倒车　当驾驶人打开上电开关，将变速杆置于R位并踩下加速踏板时，驾驶人的请求倒车信号发给整车控制器，再通过 CAN 总线发给电机控制器。此时电机控制器结合旋变传感器测得驱动电机的转子位置信息，通过 IGBT 模块改变驱动电机三相电 U/V/W 的通电顺序，进而控制电机反向转动，从而实现倒车行驶。

问题 34　他励直流电机的结构和工作原理是怎样的？

答：电动汽车用途不同，对驱动电机的要求也不同，因此必须针对主要应用特点，制定最适合的驱动电机选择方案。比如，主要在市区平坦路面行驶的经济型轿车、快递车、场地观光车和环卫清扫车等，对其驱动电机的性能要求不高而对低成本要求较高，就可优先选用合适的交流异步电机、他励或串励直流电机等。他励直流电机主要由他励磁场绕组、电枢和外壳等构成。图 3-4 所示为一种他励直流电机的外形。

他励直流电机的工作分为起动、调速和制动能量回收 3 部分。

(1) 起动　电机的起动是指电动机接通电源后，由静止状态加速到稳定运行状态的过程。

图 3-4　他励直流电机

起动瞬间，起动电流和起动转矩分别为

$$I_s = \frac{U_N}{R_a} >> I_N \qquad (3-1)$$

$$T_s = C_t \Phi_N I_s >> T_N \qquad (3-2)$$

式中　I_s——起动瞬时电流（A）；

U_N——电机端电压（V）；

R_a——电机电枢回路电阻（Ω）；

I_N——电机额定电流（A）；

T_s——起动瞬时转矩（N·m）；

C_t——转矩常数，取决于电机的结构；

Φ_N——磁极磁通（Wb）；

T_N——额定转矩（N·m）。

由上式可以看出，电机起动时的瞬时电流远大与额定电流，同时起动的瞬时转矩也远大于额定转矩。过大的起动电流将引起电源电压下降，影响其他用电设备的正常使用；而过大的起动瞬时冲击转矩会损坏传动机构。

电动汽车用他励直流电机采用降压起动的方法，即通过控制器降低电枢电压进行起动，如图 3-5 所示。降压起动使电机起动平稳，起动过程能量损耗小。

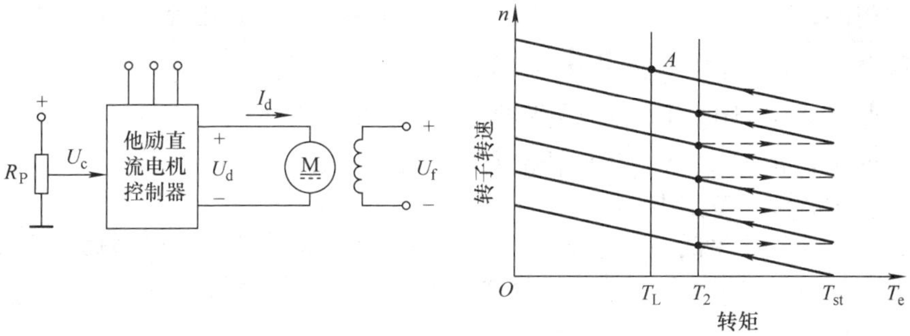

图 3-5　他励电机起动

U_f—励磁电压　R_P—加速踏板传感器可变电阻

U_c—加速踏板传感器信号电压　U_d—他励电机电枢端电压　I_d—电枢电流

（2）调速　电动汽车的调速方法有两种：

1）机械调速。通过改变传动机构的传动比来进行调速的方法。

2）电气调速。通过改变电机的电气输入参数进行调速的方法。

这两种方法在电动汽车上均可实现使用，改变输出齿轮传动比就是人为地改变电机的机械特性，使工作点发生变化，从而使转速发生变化。调速前后，电机工作在不同的机械特性上。如果机械特性不变，因负载变化而引起转速的变化就不能称为调速。电动汽车工作时，对电驱动机的转速不仅要求能调节，而且要求调节的范围宽广、过程平滑且方法简单、经济。

他励直流电机的转速计算式如下：

$$n=\frac{E}{C_e\Phi}=\frac{U-I_a(R_a+R_r)}{C_e\Phi} \tag{3-3}$$

式中　n——电机转速（r/min）；

U——电机端电压（V）；

R_a——电机电枢回路电阻（Ω）；

R_r——电源内阻（Ω）；

I_a——电机电枢电流（A）；

E——电机反电动势（V）；

C_e——电动势常数，取决于电机的结构；

Φ——磁极磁通（Wb）。

由上式可以得出他励电机电气调速的方法有 3 种：在电枢电路中串联电阻调速；降低电机电压调速；减弱励磁的磁通量调速。

1）在电枢电路中串联电阻调速的机械特性，如图 3-6 所示。

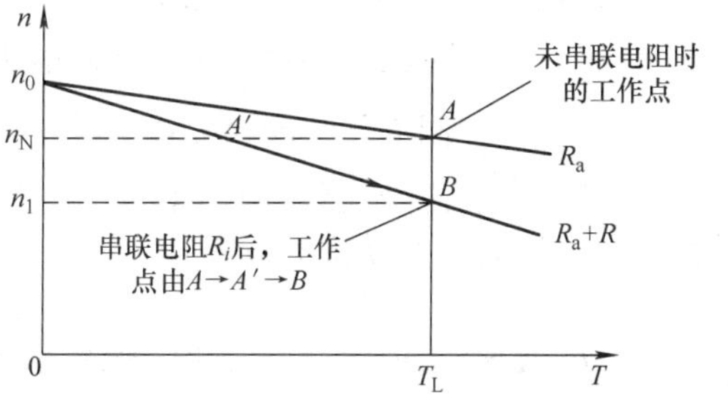

图 3-6　在电枢电路中串联电阻调速的机械特性

n_0—空载转速　n_N—特定负载时的转速　n_1—调节后转速

从图中可以看出，带恒转矩负载时，串联电阻越大，转速越低。

优点：调速设备简单，操作方便。

缺点：① 由于电阻只能分段调节，调速的平滑性差。

② 低速时静差率[㊀]大，因此转速的相对稳定性差。

③ 轻载时调速范围小。

④ 损耗大、效率低、不经济。对恒转矩负载，调速前、后因磁通不变而使 T 和 I_a 不变、输入功率不变，输出功率却随转速的下降而下降，减少的部分被串联电阻消耗了。

虽然对电机电枢串联电阻调速简单方便，但鉴于以上的缺点分析，在电动汽车驱动电机上不采用这种调节方法。

2）降低电机电压调速的机械特性，如图 3-7 所示。

由图可看出，降低电机电压后电机转速、转矩迅速下降，但转矩会很快恢复到电压未降低前的转矩数值。看图中 A、B 两点转矩一致。

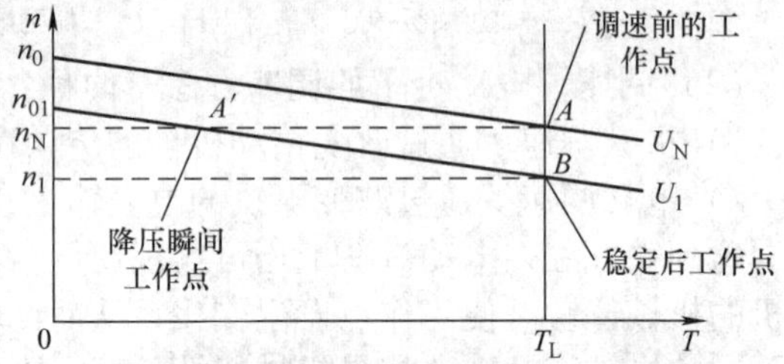

图 3-7　降低电机电压调速的机械特性

优点：

① 电源电压能够平滑调节，可实现无级调速。

② 调速前后机械特性的斜率不变，硬度较高，负载变化时稳定性好。

③ 无论轻载还是重载，调速范围相同，一般可达 $D=2.5\sim12$。

④ 电能损耗较小。

⑤ 对恒转矩负载，调速前后因磁通不变而使 T 和 I_a 不变。

缺点：

① 需要一套电压可连续调节的直流电源。

② 固有机械特性转速称为基速，降电压只能下调速度。

3）减弱励磁的磁通量调速的机械特性如图 3-8 所示。

结论：磁场越弱，转速越高，因此电机运行时励磁回路绝对不能开路。

优点：①控制方便、能量损耗小、设备简单、平滑性好。

②弱磁升速后电枢电流增大，电机的输入功率增大，但由于转速升高，输出功率也增大，电动机的效率基本不变，因此经济性较好。

㊀ 静差率是指电机由理想空载到额定负载时转速的变化率，用 δ 表示，即

$$\delta=\frac{n_0-n_N}{n_0}\times100\%=\frac{\Delta n_N}{n_0}\times100\%$$

δ 越小，相对稳定性越好；δ 与机械特性硬度和 n_0 有关。

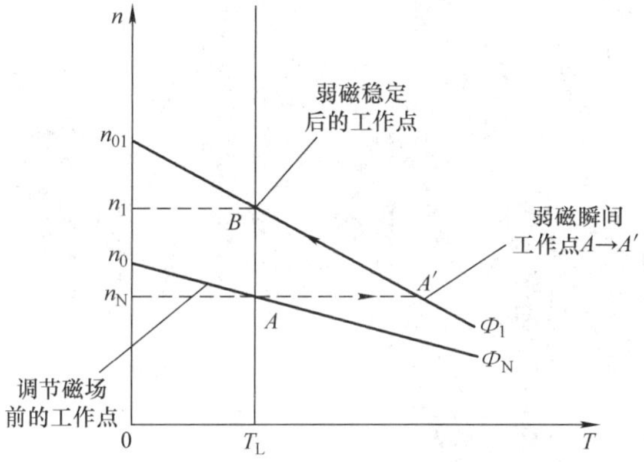

图 3-8　减弱励磁的磁通量调速的机械特性

缺点：①机械特性的斜率变大，特性变软。

②转速的升高受到电机换向能力和机械强度的限制，升速范围不可能很大，一般不超过 1.2 倍额定转速。

纯电动汽车用他励电机为了扩大调速范围，通常把降压和弱磁两种调速方法结合起来使用，在额定转速以上采用弱磁调速；在额定转速以下采用降压调速。

（3）制动能量回收　制动运行状态：电机的旋转方向与电磁转矩方向相反，此时电机吸收机械能转化为电能，电动汽车很快停车，或者由高速运行很快进入低速运行状态。

电动状态下运行的电机，在某种条件下会出现 $n>n_0$ 的情况，此时 $E_a>U$，转矩反向，电枢电流 I_a 反向，由驱动变为拖（制）动。从能量方向看，电机处于发电状态。

能量关系：

① 电磁功率 $P_{em}=E_aI_a<0$，电机将输入的机械功率转化为电功率；

② 输入功率 $P_i=UI_a<0$；回馈给动力电池的功率；

③ 电枢电路能量损耗为 I_a^2（R_a+R）。

结论：采用他励直流电机作为驱动电机的电动汽车在长距离制动状态运行时，需将变速杆置于空档以防止发电过程增加拖动阻力。在电机 + 单级减速器（图 3-9）无空档设置的驱动车辆中，长距离制动时，需将变速杆置于前进的 D 位，并打开上电开关，接通控制器构成回路，使其在制动过程中将产生的电能回馈给电源，以防止开路造成电压过高击穿损毁电机绝缘。

图 3-9　电机＋单级减速器

问题35　永磁同步电机的结构和工作原理是怎样的?

答：永磁同步电机具有高功率密度、高效率、易散热、高可靠性和较好的动态性能等优点，是当前电动汽车关键部件的研究热点。永磁同步电机分为交流永磁同步电机（PMSM）、直流无刷永磁同步电机（BLDCM）及新型永磁同步电机［混合式永磁电机（HSM）和续流永磁同步电机］三大类。目前在电动汽车中应用较多的是前两类。

电动汽车在起步、加速阶段或爬坡时需要较大的牵引力，驱动电机转速较低；在高速行驶时需要较小的牵引力，驱动电机转速较高。以某纯电动汽车采用的直流无刷永磁同步电机为例，其结构如图 3-10 所示，主要由定子绕组、永磁体转子和转速传感器（有的电机采用旋变传感器）组成。

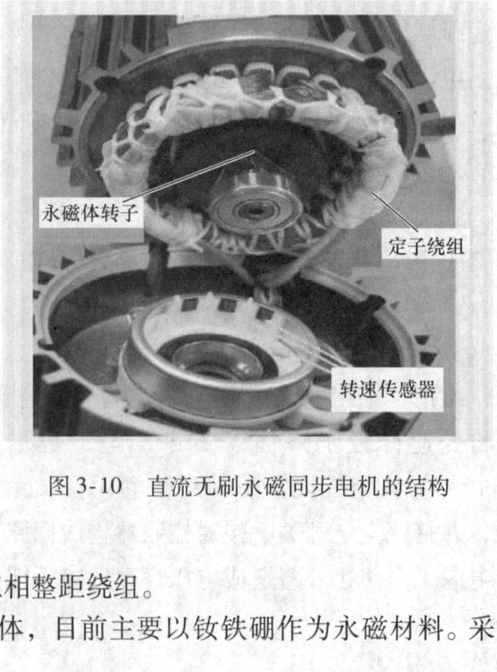

图 3-10　直流无刷永磁同步电机的结构

（1）定子绕组　定子绕组一般制成多相（三相、四相、五相不等），通常为三相绕组。三相绕组沿定子铁心对称分布，在空间互差120°电角度，通入三相交流电时，产生旋转磁场。定子绕组为Y连接成三相整距绕组。

（2）永磁体转子　转子采用永磁体，目前主要以钕铁硼作为永磁材料。采用永磁体简化了电机的结构，提高了可靠性，没有转子铜耗，提高了电机的效率。永磁体的弧极为 180°，永磁体产生的气隙磁场呈梯形波分布，线圈内感应电动势也是交流梯形波。

（3）转速传感器　该车电机采用的是霍尔式转速传感器。这是一种小型封闭式传感器，具有性能稳定、功耗小、抗干扰能力强及使用温度范围宽等优点。其原理是在旋转物体上粘一块小磁钢，传感器固定在离磁钢一定距离内，对准磁钢 S 极即可进行测量。当磁力线穿过传感器上感应元件时，会产生霍尔电动势，该电动势经过霍尔芯片的放大整形后，形成电信号供控制器和二次仪表等使用。

永磁同步电机采用两两绕组通电的方式，每一瞬间有两个功率开关管导通，每隔 60°换相一次，换相一次，一个功率开关管导通。功率开关管的导通顺序依次为 VD_1VD_2、VD_2VD_3、VD_3VD_4—VD_4VD_5—VD_5VD_6—VD_6VD_1……如图 3-11 所示。三个霍尔式转速传感器按相位差 120°安装在电机尾部，用以检测转子的位置角度。

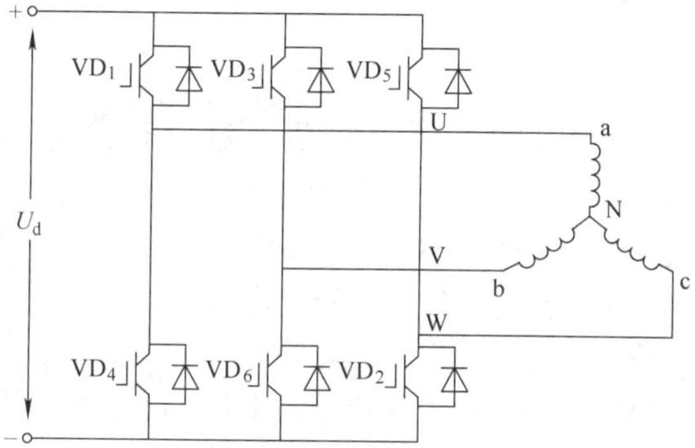

图 3-11　电机通电控制电路原理图

电机转速计算公式为

$$n=\frac{(U-\Delta U)}{K_e}-\frac{R}{K_eK_T}T_a$$

式中　n——电机转速（r/min）；

U——电源电压（V）；

ΔU——功率开关管压降（V）；

K_e——电动势系数；

T_a——电机产生的平均电动转矩（N·m）；

K_T——转矩系数；

R——电机的内阻，即电机线圈的直流电阻和磁阻。磁阻是由于磁场而产生的阻抗，电机主要阻抗是磁阻，电阻对电机的影响很小。

永磁同步电机转子磁路的结构不同，电机的运行特性和控制系统也不同。根据永磁体在转子上的位置，永磁同步电机分为凸装式和内置式两种。凸装式的永磁体通常呈瓦片形，位于转子铁心的外表面，这种电机的重要特点是交、直轴主电感相等；内置式的永磁体位于转子铁心内部，永磁体的外表面与定子铁心内圆之间有铁磁物质制成的极靴，用以保护永磁体，这种电机的特点是交、直轴主电感不相等。

永磁同步电机的机械特性如图 3-12 所示。根据特性曲线可以看出，永磁同步电机在低于某一转速时，转矩最大，随着转速的升高转矩逐渐降低；在低速时功率随转速增加，在高速时功率保持恒定。

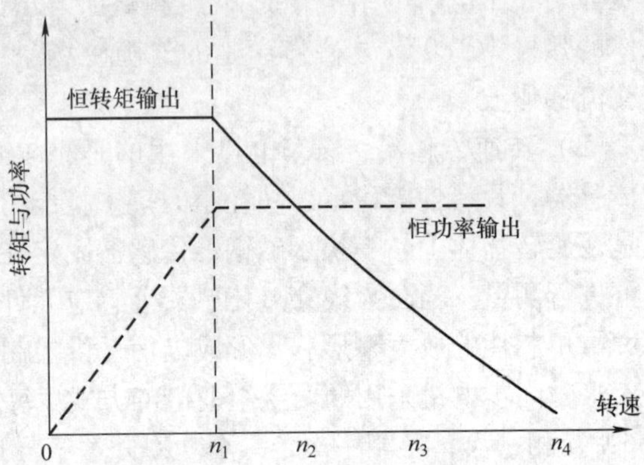

图 3-12　永磁同步电机的机械特性

问题 36　交流异步电机的结构和工作原理是怎样的？

答：（1）交流异步电机的结构　交流异步电机由定子和转子两大基本部分组成，在定子和转子之间有一定的气隙，另外还有端盖、轴承、接线盒和风扇等其他附件。三相异步电机的定子一般由定子铁心、定子绕组和外壳等部分组成，主要用来产生旋转磁场。转子由转子铁心和转子绕组组成，是电机的旋转部分，用来切割定子旋转磁场产生的感应电动势及电流，并形成电磁转矩从而使电机旋转。转子绕组是自成闭路的环路线圈，其电流由电磁感应作用产生，无需外接电源。这种笼型异步电机由于结构简单、价格便宜、运行安全可靠、使用方便，而成为应用最广泛的一种电机。

（2）交流异步电机的工作原理　在三相异步电机中，定子三相绕组中通入三相对称电流，交流电流周期变化，磁场不断旋转从而在电机中产生旋转磁场。旋转磁场在气隙中以同步转速旋转。三相异步电机的转动原理如图 3-13a 所示。

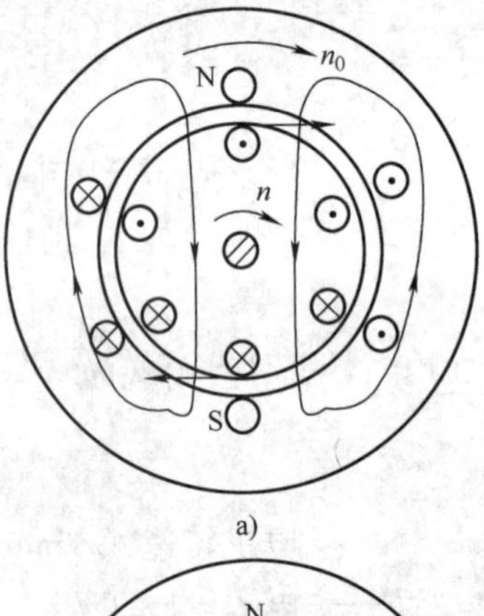

图 3-13　三相异步电机的转动原理

n_0—磁场转速　n—转子转速

三相交流电通入定子绕组后，形成一个旋转磁场，其转速 $n_1=\frac{60f}{p}$（单位为 r/min；f 为电源频率，单位为 Hz；p 为磁极对数）。旋转磁场的磁力线被转子导体切割，根据电磁感应原理，转子导体产生感应电动势。转子绕组是闭合的，则转子导体有电流流过。设旋转磁场沿顺时针方向旋转，且某时刻是上为N极、下为S极。根据右手定则（发电机定则），在上半部转子导体的电动势和电流方向由里向外，用⊙表示；在下半部则由外向里，用⊗表示。

工作原理：定子旋转磁场以速度 n_0（图3-13b）切割转子导体感生出电动势，在转子导体中形成电流，使导体受电磁力作用形成电磁转矩，推动转子以转速 n 沿 n_0 方向旋转（左手定则，即电动机定则），并从轴上输出机械功率。

特点：电机内必须有一个以 n_0 旋转的磁场。实现能量转换的前提是电机运行时 n 恒不等于 n_0，且 $n<n_0$；建立转矩的电流由感应产生。

有电流流过的转子导体在磁场中受到电磁力作用，对转轴形成电磁转矩，使转子按照旋转磁场的方向旋转，转速为 n。三相电机的转子转速 n 始终不会加速到旋转磁场的转速 n_0。因为只有这样，转子绕组与旋转磁场之间才会有相对运动而切割磁力线，转子导体中才能产生感应电动势和电流，从而产生电磁转矩，使转子按照旋转磁场的方向继续旋转。由此可见 $n_0 \neq n$，且 $n<n_0$，是异步电机工作的必要条件，“异步”的名称也由此而来的。

（3）交流异步电机的工作特性　交流异步电机成本低且工作可靠，广泛用于大型高速的纯电动客车上。如SLG6120EV纯电动客车采用的就是额定功率为80kW的三相异步交流电机。SLG6120EV纯电动客车采用全承载车身，整车动力性、安全性、可靠性好，能耗低，外形设计独特、内饰美观高雅，舒适性高，如图3-14所示。

图3-14　SLG6120EV纯电动客车

SLG6120EV纯电动客车采用动力装置后置、后轮驱动的结构形式。该车动力电池组安放在车辆的两侧，电机及控制器等高压部件放置在后舱。该车配置工作电压为374V，容量为720A·h的269kW·h磷酸铁锂动力电池，可实现10min快充满足续驶里程30km以上；单次充电可满足续驶里程300km的需求，能耗低至0.85kW·h/km。

SLG6120EV纯电动客车主要包括驱动系统、储能系统、控制系统和辅助系统四大系统，如图3-15所示。

驱动系统由电机、电机控制器、减速器及后桥等组成。整车控制器通过采集驾驶人操纵车辆的意图信号（包括加速踏板信号、制动踏板信号、变速杆档位信号），判断驾驶人的驾车意图，从而确认牵引（制动）模式，并计算出目标牵引（或制动）力矩，并将相关控制指令发送给电机控制器；电机控制器根据控制命令控制电机工作于驱动（或拖动）工况，同时电机控制器将电机转速、电压、电流等信息通过CAN网络发送给整车控制器，进而再传给仪表等所需信息的系统。

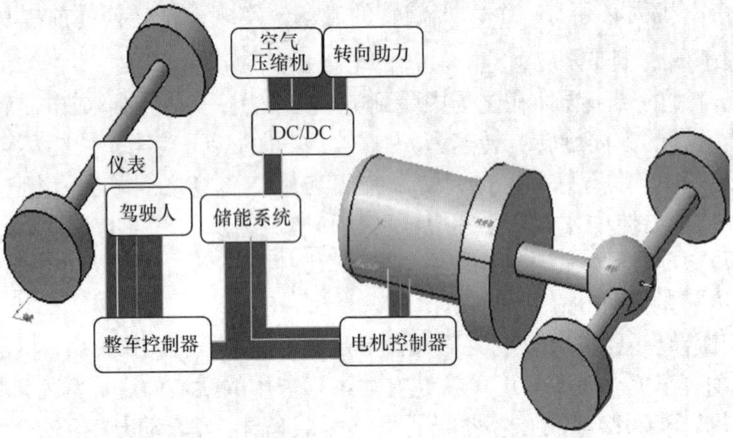

图3-15　SLG6120EV纯电动客车系统示意图

问题37　驱动电机控制器的主要部件有哪些？

答：驱动电机控制器主要由接口电路、控制主板、IGBT模块、超级电容、放电电阻、电流感应器和壳体等组成。某车型驱动电机控制器的结构如图3-16所示。

图3-16　某车型驱动电机控制器的结构

控制主板具有与整车控制器通信、监测直流母线电流、控制 IGBT 模块和监控高压线束连接情况，以及反馈 IGBT 模块的温度、为旋变传感器励磁供电和旋变信号分析等功能。IGBT 模块的功能有监测直流母线电压、将直流电转变为交流电、监控相电流的大小、监控自身的温度以及在有制动反馈电流时将交流电整流为直流电等。驱动电机控制器内部的超级电容则是在接通高压电路时给电容充电，在电机起动运转时保持电压稳定。在电容附近有放电电阻，其作用是在断开高压电路时为电容放电。

问题 38　驱动电机控制器的主要功能是什么？

答：驱动电机控制器的主要功能包括车辆的爬行控制、驱动电机正反转控制、实现制动能量回收（交流电转变成直流电）及驻坡防溜车等，另外具有通信功能和保护功能，实时进行状态和故障检测，以保护驱动电机系统并实时进行故障反馈。驱动电机控制器的核心元件是 IGBT 模块，如图 3-17 所示。驱动电机控制器使用以下传感器来提供驱动电机系统的工作信息：

① 电流传感器用以检测驱动电机工作的实际电流；②电压传感器用以检测供给驱动电机控制器的实际工作电压，包括动力电池电压和 12V 蓄电池电压；③温度传感器用以检测驱动电机控制器系统的工作温度，包括 IGBT 模块的温度、主板温度和驱动电机温度。

图 3-17　IGBT 模块

问题 39　驱动电机控制器的工作原理是怎样的？

答：驱动电机控制器作为整个驱动电机系统的控制中心，由逆变器和控制器两部分组成。逆变器接收动力电池传输的直流电，并逆变成三相电提供给驱动电机。动力电池、驱动电机及其控制器的组成框图，如图 3-18 所示。逆变器内部由 6 个 IGBT 组成，每一相输出线和正负直流母线之间各连接一个 IGBT，连接正极母线的 IGBT 与输出端节点为上桥臂，连接负极母线的 IGBT 与输出端节点为下桥臂，每一相的上下桥臂统称为半桥。6 个 IGBT 的序号为 $VD_1 \sim VD_6$，如图

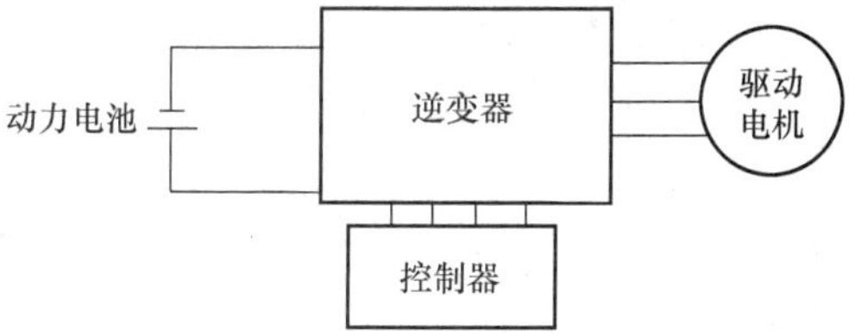

图 3-18　动力电池、驱动电机及其控制器的组成框图

3-19所示。

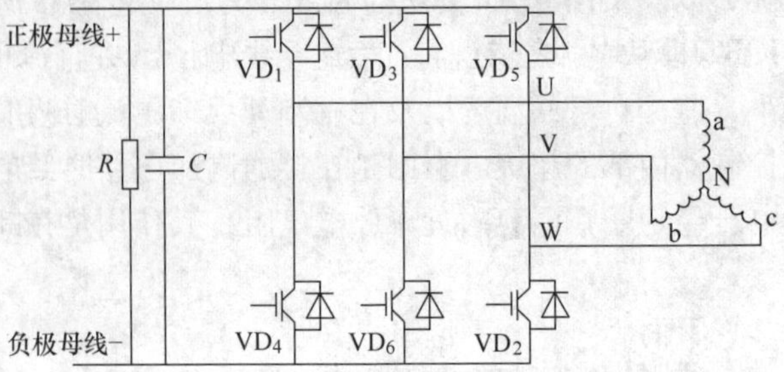

图3-19 驱动电机控制器内部逆变器电路

为了将输入的直流电变成交流电，6个IGBT依次以VD_1—VD_2—VD_3—VD_4—VD_5—VD_6间隔60°的顺序导通与切断，U/V/W三相的相位差为120°，即当第一相（U相）上桥臂导通后，间隔120°第二相（V相）开始导通，第二相（V相）上桥臂导通后间隔120°第三相（W相）上桥臂导通。一个周期的正弦交流电所经过的角度是360°（2π），其中正弦波经过180°（π）从第二（一）象限进入第三（四）象限后，变为负半波再经过180°（π）。在某一相的上桥臂（或下桥臂）导通期间，该相对应的另一下桥臂（或上桥臂）不导通处于完全关闭状态。某相的上（下）桥臂导通180°后立刻关闭，视为该相的正半波，另一相的下桥臂在上桥臂关闭起导通并经过180°即为负半波。每一相间隔120°输出就会产生交流电，连接交流电动机或电动车用永磁同步电机后就会建立旋转磁场，电动机转子就可以旋转并对外做功。

控制器接收各传感器的信号和CAN总线的信息，并按照预先设计好的程序进行运算，向逆变器输出运算结果，从而控制驱动电机按驾驶人的意图运转。

问题40 驱动电机上的传感器有哪些？

答：目前电动汽车驱动电机使用的传感器有温度传感器和转速/转子位置传感器。其中温度传感器用以检测电机定子绕组的温度，并提供散热风扇是否起动的信号。温度传感器分为正温度系数和负温度系数两种热敏电阻型传感器。检测驱动电机转子位置和转速的转速/转子位置传感器有霍尔式和旋变两种。

正温度系数热敏电阻，简称PTC热敏电阻，是一种典型具有温度敏感性的半导体电阻，超过一定温度时，它的电阻值随着温度的升高呈阶跃性增高。负温度系数热敏电阻，简称NTC热敏电阻，是以锰、钴、镍和铜等金属的氧化物为主要材料，采用陶瓷工艺制造而成的。温度低时，这些氧化物材料中的载流子（电子和孔穴）数目少，因而，其电阻值较高；随着温度的升高，载流子数目增加，电阻值降低。

霍尔式传感器是根据霍尔效应制作的一种磁场传感器。根据霍尔效应用半导体材料制成的元件称为霍尔元件。它具有对磁场敏感、结构简单、体积小、频率响应宽、输出电压变化大和使用寿命长等优点，在测量、自动化、计算机和信息技术等领域得到广泛应用。霍尔式传感器分为线性型霍尔传感器和开关型霍尔传感器两种。线性型霍尔传感器由霍尔元件、线性放大器和射极跟随器组成，它输出模拟量，主要用于交直流电流和电压的测量；开关型霍尔传感器由稳压器、霍尔元件、差分放大器、斯密特触发器和输出级组成，它输出数字量，主要用来测量位置和转速。

问题 41　驱动电机上的旋变传感器的工作原理和特点是什么？

答：本书所说的旋变传感器，即旋转变压器（Resolver/Transformer），安装在驱动电机上，是一种电磁传感器，用来测量转轴的位置和转速。在电动汽车上，旋转变压器作为测量电机转速的元件，将转速信号传递给驱动电机控制器。

（1）结构　在电动汽车上应用的旋转变压器包括线圈和信号齿圈两部分。线圈固定在壳体上，信号齿圈固定在转子上，如图 3-20 所示。传感器线圈由励磁、正弦和余弦 3 组线圈组成。

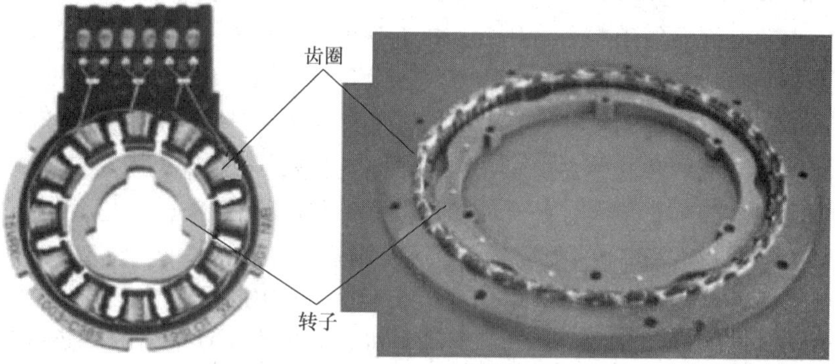

图 3-20　旋转变压器的结构

（2）工作原理　旋转变压器的工作原理和普通变压器的原理基本相似，区别在于普通变压器的一次、二次绕组是固定的，因而输入电压和输出电压之比是常数。而旋转变压器的一次、二次绕组是随转子的角度位移发生相对位置的改变，因而输出电压的大小随转子角度位移的变化而变化，输出绕组的电压波形与转子转角成正弦和余弦关系，电压幅值与转子转速成正比例函数关系。其中定子绕组作为变压器的一次侧，接受励磁电压；转子绕组作为变压器的二次侧，通过电磁耦合得到感应电压。随着两者相对角度的变化，在输出测就可以得到幅值变化的波形。驱动电机用的旋转变压器包含 3 个绕组，即 1 个转子绕组和 2 个定子绕组。转子绕组随电机转动，定子绕组位置固定且两个定子互为90°（机械角度），如图3-21所示。这样，绕组形成了一个具有角度依赖系数的变压器。将施加在转子绕组上的正弦载波耦合至定子绕组，对定子绕组输出进行与转子绕组角度相关的幅度调制。由于安装位置的原因，两个定子绕组的调制输出信号的相位差为90°。通过解调两个信号可以获得驱动电机的角度位置信息。

（3）特点　旋转变压器结构简单、动作灵敏、对环境无特殊要求、能辨别正反转位置、输出信号幅度大、抗干扰性强、工作可靠且维护方便，因此在电动汽车上得到广泛应用。

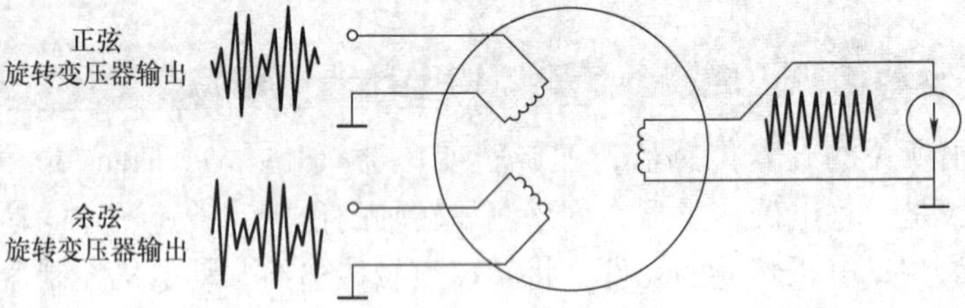

图3-21　旋转变压器的结构示意图

问题42　驱动电机的拆装步骤是怎样的？

答：驱动电机的使用寿命较长，一般无需更换。但在个别特殊情况下驱动电机损坏需要更换时，须按照电动汽车高压操作的规范进行。拆卸驱动电机的规范操作步骤如下：①关闭所有的用电器，将上电开关转至OFF档后取下钥匙并妥善保管；②断开低压蓄电池的负极搭铁线；③拧开散热器盖；④用举升机将车辆举起（电动车辆比传统燃油车质量大，举升前需检查举升机的最大举升质量是否允许举升所维修的电动汽车）；⑤拆下机舱防护板；⑥断开驱动电机的冷却管路，并排出冷却液；⑦拆下驱动电机上的低压线束和高压线束接头；⑧拆开驱动半轴与电机减速器等的连接；⑨准备好举升台架，托起驱动电机；⑩拆卸驱动电机的悬架螺栓；⑪将驱动电机的螺栓全拆下后，下降台架从车辆下方取出驱动电机和减速器总成。

安装驱动电机时，先在台架上连接固定好驱动电机和减速器总成，再按与拆卸相反的顺序进行安装。

电机总成安装后的检查如下：①各高压部件的绝缘是否更换良好；②各线缆所有连接电源的电压等级和正负极性是否正确；③各电器插接器连接是否到位，相应的插口是否拧紧或锁紧；④各机械部件安装是否牢固可靠；⑤冷却管路是否安装紧固，加液检查是否有滴漏现象；⑥电机空转有无异响，是否正常；⑦试车，检查驱动电机驱动加速和制动馈电回收是否正常。

问题43　驱动电机系统的常见故障有哪些？如何排除这些故障？

答：电动汽车驱动电机系统出现故障时，从仪表上显示的故障主要包括：①驱动电机控制器故障；②驱动电机过热故障；③超速。需要通过诊断仪读取由整车控制器报出的具体故障，再由维修人员进行相应的处理。驱动电机系统常见故障及排除方法见表3-2。

表3-2　驱动电机系统常见故障及排除方法

序号	故障码	故障名称	故障可能原因	排除方法
1	P114017	驱动电机控制器直流母线过电压故障	① 突然大功率充电 ② 高压电路突然非正常断开	测量分析整车电压数据，如果总线电压报文与实际电压不符，则需要检查高压供电回路、高压主继电器及高压插接器有无异常
2	P113119 P113519 P113619 P113719	驱动电机控制器相电流过电流故障	负载突然变化，旋变信号故障导致电流畸形变化，如动力电池或主继电器频繁通断	检查高压电路，并处理故障
			控制器采集电压与实际电压不符	标定电压，重新编写控制器程序
			控制器损坏（硬件）	更换控制器
3	P0A4400	驱动电机超速故障	整车负载突然降低，电机转矩控制失效	断电后重新供电
			电机低电压信号端子松动或退针	检查信号线插头端子
			控制器损坏（硬件）	更换控制器
4	P0A2F98	驱动电机高温过热故障	电机低电压信号端子松动或退针	检查信号线插头端子
			冷却系统工作异常	检查冷却液是否充足，水泵是否正常工作，冷却管路是否堵塞
			电机本体损坏（长时间过载）	更换电机
5	P117F98 P117098 P117198 P117298	驱动电机控制器高温过热故障	① 低电压信号端子松动或退针 ② 冷却散热异常 ③ IGBT件损坏	重新插接处理信号线插头端子或更换驱动电机控制器

（续）

序号	故障码	故障名称	故障可能原因	排除方法
6	U300316	驱动电机控制器低压电源欠电压故障	① 12V 蓄电池电压过低 ② 35Pin 线束原因导致驱动电机控制器低压接口电压过低	① 检查蓄电池电压，给蓄电池充电 ② 检查控制器低压接口，测量 35 针插接器 1 脚和 24 脚的电压是否低于 9V
7	U010087	与整车控制器通信丢失	① 线束问题 ② 网络干扰严重 ③ 未收到整车控制器信号	检查测量 35 针插接器线束连接是否正常，检查处理网络通信是否正常，更换驱动电机控制器
8	P0A0A94	驱动电机系统高压暴漏故障	① 驱动电机控制器电源模块硬件损坏 ② 软硬件不匹配 ③ 网络上有部件报出高低压互锁故障	刷新程序或更换驱动电机控制器
9		电机异响（噪声）	① 电磁噪声（高频尖锐） ② 机械噪声	一般电磁噪声为正常，高频尖锐的电磁噪声需进行检查；机械噪声可检查各运转轴承等部件

问题 44　电动汽车整车控制器有哪些基本功能？

答：电动汽车是由多个子系统构成的一个复杂系统，主要包括电池、电机、制动等动力系统以及其他附件（图 3-22）。各子系统基本都通过自己的控制单元来完成各自的功能和目标。为了满足整车动力性、经济性、安全性和舒适性的目标，一方面必须具有智能化的人车交互接口，另一方面各系统还必须彼此协作、优化匹配。这些任务是由整车控制器来完成的。整车控制器采集驾驶人的驾驶信号，通过 CAN 总线获得电机和电池系统的相关信息，进行分析和运算，通过 CAN 总线给出电机控制和电池管理指令，实现整车控制模式判断与驱动控制、能量优化控制和制动回馈控制，并且具有综合仪表接口功能、整车状态信息检测与显示、完善的故障诊断和处理功能以及整车网关和网络管理功能。具体的功能内容如下：

（1）汽车行驶控制　电动汽车的驱动电机必须按照驾驶人的意图输出驱动或制动转矩。当驾驶人踩下加速踏板或制动踏板时，驱动电机要输出一定的驱动功率或再生制动功率。踏板开度越大，驱动电机的输出功率越大。因此，整车控制器通过各种状态信息（起动上电开关、充电信号、加速/制动踏板位置、当前车速和整车是否有故障信息等）判断当前需要的整车工作模式（充电模式/行驶模式），再根据当前的参数和状态，计算出当前车辆所需要的输出转速、转矩，并将该信息通过总线传输给电机控制器，以实现车辆的正常行驶。

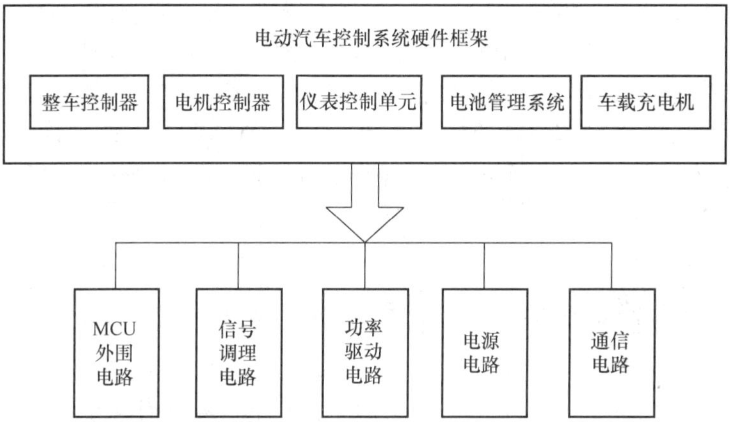

图 3-22　整车控制器内部框架示意图

(2) 整车的网络化管理　电动汽车中的控制单元比传统燃油汽车的更多更复杂。整车控制器是电动汽车众多控制器中的一个 CAN 总线节点。在整车网络管理中，整车控制器是信息控制的中心，负责信息的组织与传输、网络状态的监控、网络节点的管理、信息优先权的动态分配以及网络故障的诊断与处理。

(3) 制动能量回馈控制　电动汽车以电机作为驱动转矩的输出机构，电机具有回馈制动能量的性能，这也是电动汽车区别于传统燃油汽车的重要特征。进行制动能量回收时，电机作为发电机使用，整车控制器根据行驶速度、驾驶人的制动意图和动力电池荷电状态（SOC），将回收能量存储在储能装置中。当满足充电条件时，再将能量反充给动力电池组。在这一过程中，整车控制器根据加速踏板和制动踏板的开度以及动力电池的 SOC 值，判断某一时刻能否进行制动能量回馈，如果可以进行，整车控制器向电机控制器发出制动能量回收指令。

(4) 整车能量管理和优化　在纯电动汽车中，电池除了给驱动电机供电以外，还要给电动空调等舒适附件供电。因此，为了获得最大的续驶里程，整车控制器将负责整车的能量管理，以提高能量的利用率。在电池的 SOC 值较低时，整车控制器将对空调等附件发出关闭指令，或限制附件的输出功率，使电能优先保证车辆的安全行驶。

(5) 整车状态信息监测与显示　整车控制器应对车辆的状态进行实时检测，并将各个子系统的信息发送给车载信息显示系统，其过程是通过传感器和 CAN 总线，监测并显示车辆状态及其各子系统状态的信息，以及故障诊断信息等。显示内容包括：电机的转速，车速、里程，电池的电量、电压、电流，以及故障信息等。

(6) 外接充电管理　实现充电的连接，监控充电过程，报告充电状态和充电结束。

(7) 故障诊断及处理　整车控制器连续监测整车各系统，并进行故障自诊断，对检测到的故障部件及时采取安全保护处理。根据传感器的输入，以及从 CAN 总线得到的电机、电池、充电机等信息，依据内部数据对各种故障进行判断、等级分类、报警显示以及存储故障码供维修时查看。故障指示灯指示故障类型和部分故障码。对不太严重的故障，控制驱动电机降速实现“跛行回家”功能。另外还负责与外部诊断设备的连接和诊断通信，实现UDS（ISO 14229，统一诊断服务，是诊断服务的规范化标准）诊断服务，包括数据流读取、故障码的读取和清除及控制端口的调试等。

问题45　整车控制系统由哪些部分组成？

答：整车控制系统必须具有可靠性、容错性、电磁兼容性和环境适应性，以保证电动汽车安全和可靠的运行。电动汽车的整车控制系统通常包括低压电气系统、高压电气系统和整车网络控制系统三大部分。

（1）低压电气系统　主要由辅助蓄电池和若干低压电器设备组成。低压电气系统采用直流12V或24V电源供电，主要为仪表、灯光和门窗等常规低压用电设备供电，同时为整车控制器、高压电气设备的控制器和辅助部件供电。与燃油汽车低压电气系统的主要区别在于：燃油汽车的蓄电池由车载发电机来充电，而纯电动汽车的蓄电池则由动力电池通过DC/DC来充电。

（2）高压电气系统　主要由动力电池、驱动电机和功率转化器等大功率、高电压设备组成。它能根据车辆行驶的功率需求，完成从动力电池到驱动电机的能量转换及传输过程。

（3）整车网络化控制系统　整车网络化控制系统主要包括整车控制器、电机控制器、电池管理系统（BMS）、车身控制管理系统、信息显示系统和通信系统等。整车控制器是全车控制系统的核心，承担了数据交换与管理、故障诊断、安全监控和驾驶人意图解析等功能。各子系统之间的信息传递通过网络通信系统实现，目前常用的通信总线有CAN总线、LIN总线、FlexRay总线和MOST总线。

问题46　整车控制器包括哪些元器件？

答：整车控制器的硬件结构如图3-23所示。其基础部件主要由半导体元器件构成，半导体元器件是控制系统电路的基本组成部分，主要有固定电阻、固定电容、二极管、晶体管、集成电路和IGBT等。

（1）固定电阻　固定电阻是阻值固定不变的电阻（与可变电阻相区别），简称电阻，其符号为R。它在电路图中的符号如图3-24所示，实物如图3-25所示。常见的固定电阻有碳膜电阻、金属膜电阻、有机实心电阻、线绕电阻、水泥电阻和贴片电阻等，主要参数有标称阻值和额定功率两项。

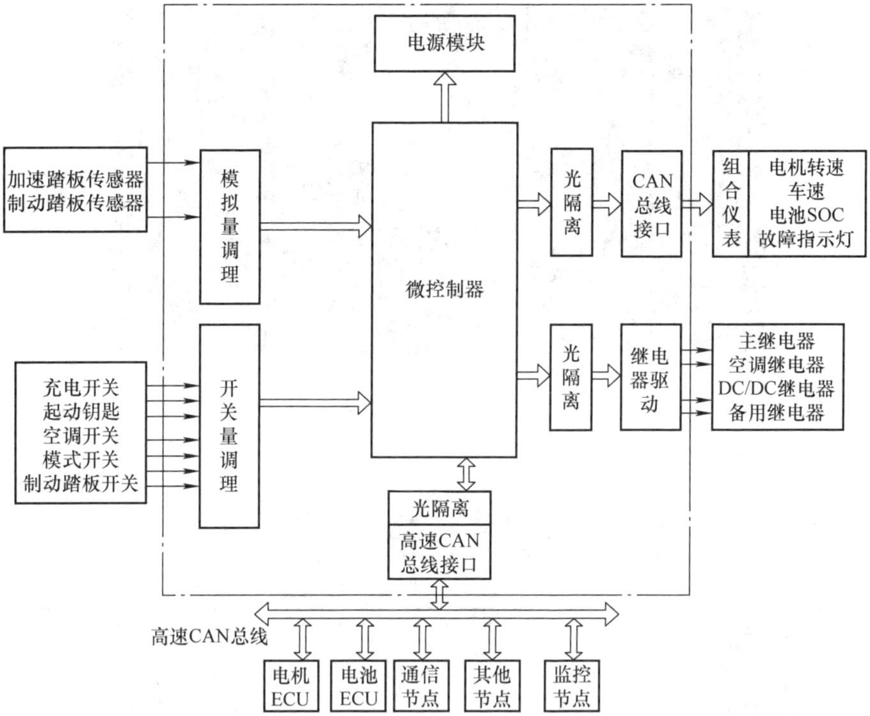

图 3-23　整车控制器的硬件结构

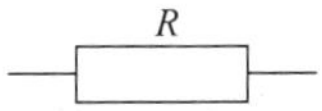

图 3-24　电阻在电路图中的符号

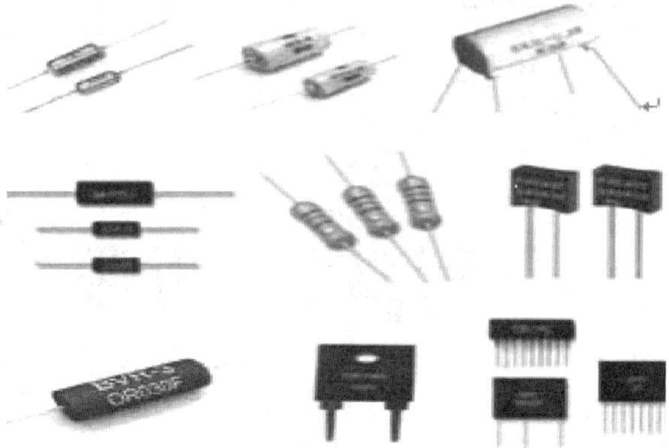

图 3-25　常见的电阻

1）阻值（标称阻值）。在电阻上标注阻值的方法有两种：一是在电阻上直接印出阻值，如图 3-26 所示；二是用色环表示，在电阻上印出 4 道、5 道或 6 道色环，如图 3-27 所示。

4 环电阻，其第一、二色环分别代表阻值的前两位数；第三色环代表倍率；第

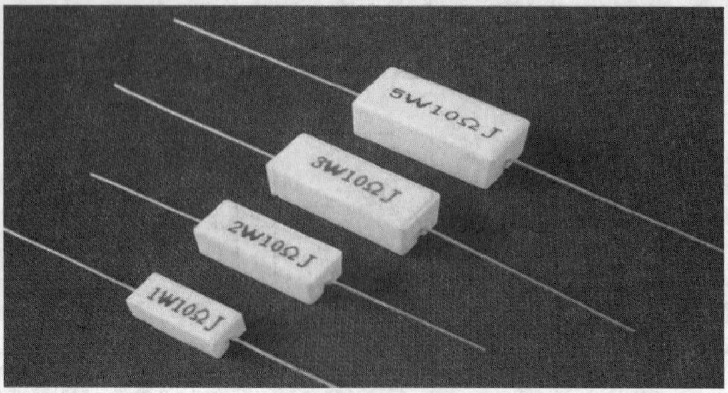

图3-26　电阻印有功率和阻值

色环环数	第一色环	第二色环	第三色环	乘数	误差率
黑	0	0	0	1	
棕	1	1	1	10	
红	2	2	2	100	
橙	3	3	3	1k	
黄	4	4	4	10k	
绿	5	5	5	100k	
蓝	6	6	6	1M	
紫	7	7	7	10M	
灰	8	8	8	100M	
白	9	9	9	1000M	
金	−1	−1	−1	0.1	5%
银	−2	−2	−2	0.01	10%
无色					20%

图3-27　电阻色环及对应的数字关系

四色环代表误差。5环电阻的第一色环代表阻值的第一位；第二色环代表阻值的第二位；第三色环代表阻值的第三位；第四色环代表阻值乘数的10的次方；第五色环代表误差（常见是棕色，误差为1%）。有些5环电阻的两端金属帽上都有色环，远离相对集中的4道色环的那道色环表示误差，是第五色环。与之对应的另一端金属帽上的是第一色环，从它开始读数。之后的第二、三色环是次高位、次次高位，第四色环表示10的多少次方，如某环电阻的色环顺序为棕—黑—黑—红—棕，则表示该电阻的阻值为$100\times10^2\Omega=10\ 000\Omega=10k\Omega$。4环电阻的误差为5%～10%，

5 环常为 1%，精度提高。

6 环电阻的前五色环与 5 环电阻的表示方法一样，第六色环表示该电阻的温度系数。前五环表示的内容：第一、二、三色环表示数字，由黑（0）、棕（1）、红（2）、橙（3）、黄（4）、绿（5）、蓝（6）、紫（7）、灰（8）、白（9）表示；第四色环表示倍率，由黑、棕、红、橙、黄、绿、蓝、紫、金、银表示；第五色环表示误差，由棕、红、绿、蓝、灰、白、紫、金、银表示。先看从左数起的第二色环有没有金或银色？若没有，则看从右数起的第二色环有没有金或银色？因为只有表示误差的色环才有这两种颜色，表示数字的没有。

2）功率。电阻正常工作不至于烧坏的功率称为额定功率，而电阻工作时实际消耗的功率是消耗功率，它通常只有额定功率的 1/2 或稍大一点。电阻的额定功率已经系列化，标称值通常有 1/8W、1/4W、1W、2W、3W、5W 及 10W 等。电路图中对电阻功率也要求标识。当电阻损坏需更换时，除阻值应相同外，还应注意功率要求，可根据电阻的体积大小粗略判断，一般体积大的电阻功率也大。如果功率不够，可以用两个电阻并联后使用，但要注意并联后的实际阻值与原阻值相同。

在电路图中，如果电阻无功率标识，表示功率要求较小，一般选用 1/8W 的电阻即可。另外，有时为了节省位置会省略一些单位符号，识别方法：阻值在 1～999Ω 范围内时，R 省略，仅标数字，如“R2/330”表示 R2 为 330Ω；阻值在 1kΩ～1MΩ 范围内时，一般用 K 表示单位，如“R2/5K6”表示 R2 为 5.6kΩ；阻值在 1MΩ 以上时，单位省略，在所标数字后面加小数点和 0，表示兆欧，如“R2/2.0”，即表示 R2 为 2MΩ。

贴片电阻就是片式固定电阻器，是金属玻璃釉电阻器中的一种，如图 3-28 所示。它是将金属粉和玻璃铀粉混合，采用丝网印刷法印在基板上制成的电阻器。贴片电阻因体积小、耐潮湿、耐高温、温度系数小等优点，可大大节约电路空间成本，使设计更精细化，广泛应用在各种控制器内。

图 3-28　贴片电阻

贴片电阻一般在电阻体上直接标注阻值，如图 3-28 中的 301、122、6R2 等，一般前两位数值为有效数字，第三位是倍乘数；R 是单位欧姆，相当于小数点的作用，前面是整数部分，后面是小数部分。例如 301 为 $30\times10^1\Omega=300\Omega$；122 为 $12\times10^2\Omega=1200\Omega$；$6R2=6.2\Omega$。

（2）固定电容器　如果电容器的电容量是恒定，则称为固定电容器。大部分电容器都是固定电容器。固定电容器用符号 C 表示。固定电容器主要由金属电极、介质层和电极引线组成，两金属电极是相互绝缘的，具有隔直流通交流的基本特性。固定电容器的种类很多，外形差异很大，常见的固定电容器有金属电容器、管型电容器、云母电容器，以及陶瓷电容器和薄膜电容器等，如图3-29所示。

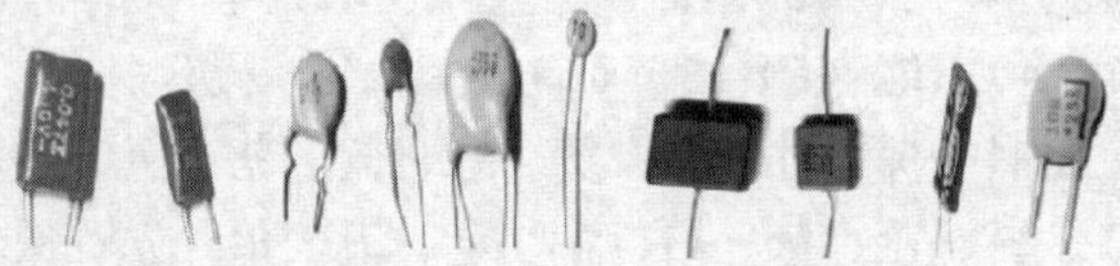

图3-29　微小型电容器实物

1）陶瓷电容器。陶瓷电容器是用高介电常数的电容器陶瓷（钛酸钡-氧化钛）挤压成圆管、圆片或圆盘作为介质，并用烧渗法将银镀在陶瓷上作为电极制成。它又分高频瓷介和低频瓷介两种。

高频瓷介电容器适用于无线电、电子设备的高频电路。具有小的正电容温度系数的电容器多用于高稳定振荡回路中，作为回路电容器及垫整电容器。低频瓷介电容器限于在工作频率较低的回路中作旁路或隔直流用，或对稳定性和损耗要求不高的场合（包括高频在内）。这种电容器不宜使用在脉冲电容中，因为它们易于被脉冲电压击穿。常见的高频瓷介电容器为穿心式或支柱式，其中一个电极就是安装螺钉，引线电感极小，特别适于高频旁路用。

独石电容器即多层陶瓷电容器，其结构是在若干陶瓷薄膜坯上覆以电极浆材料，叠合后一次绕结成一块不可分割的整体，外面再用树脂包封而成。它是一种体积小、容量大、可靠且耐高温的新型电容器。高介电常数的低频独石电容器具有稳定的性能，且体积极小。

2）云母电容器。云母电容器就结构而言，可分为箔片式和被银式两种。被银式电容器的电极直接在云母片上用真空蒸发法或烧渗法镀上银层而成，由于消除了空气间隙，温度系数大为下降，电容稳定性也比箔片式高。云母电容器广泛应用在高频电路中，并可用作标准电容器。

3）玻璃釉电容器。其介质是由一种浓度适于喷涂的特殊混合物喷涂成薄膜而成，介质再以银层电极经烧结而成“独石”结构。玻璃釉电容器的性能可与云母电容器媲美，能耐受各种气候环境，一般可在200℃或更高温度下工作，额定工作电压可达500V。

4）纸质电容器。纸质电容器在无线电及电子设备中应用很广，一般是用两条铝箔作为电极，中间以厚度为0.008~0.012mm的电容器纸隔开重叠卷绕而成。制造工艺简单、价格便宜，能得到较大的电容量，一般在0.25μF以下，但容量误差较大且不易控制，损耗较大，温度频率特性稳定性较差。以往的纸质电容器为非密封型，仅用地蜡、石蜡和氯化二苯基等浸渍封闭，容易老化、稳定性较差、易受湿度影响、受潮后绝缘电阻降低，大气压力对其也有影响。将电容器芯置于金属或陶瓷管内并加以密封的纸质电容器质量较好，外界气候条件的影响极小，可在相对湿度达95%～98%的场合正常使用。

金属化纸介电容器的电极是通过真空蒸发直接将金属蒸发附着于电容器纸上，体积仅为普通纸质电容器的1/4左右。其主要特点是具有“自恢复”作用，即在击穿后能“自愈”，是纸质电容器的改进型。纸质电容器是中频电容器，通常不能在高于3～4MHz的频率上运用。油浸电容器的耐压比普通纸质电容器高，稳定性也好，适用于高压电路。

5）薄膜电容器。薄膜电容器的结构与纸质电容器相似，但用聚酯、聚苯乙烯等低损耗塑材作介质。聚苯乙烯电容器性能优良，在低频电路中可作为优良的耦合电容器使用。它还特别适用于*RC*时间常数电路，因为它的介电吸收作用极微而放电快。耐高温的薄膜电容器有涤纶电容器、聚四氟乙烯电容器和聚碳酸酯（PC）电容器。涤纶电容器也称为聚酯电容器，它的电性能优于金属化纸介电容器，在电路中主要用作旁路和隔直流等，以代替纸质电容器。聚碳酸酯电容器的电性能优于涤纶电容器，可长期工作于120～130℃。

聚丙烯电容器的电性能与聚苯乙烯电容器相似，但单位体积电容量较大，能耐100℃以上高温（最高不超过125℃），温度稳定性稍差。

6）电解电容器。电解电容器的介质是薄的氧化膜，常见材质有铝、铌、钽等。因为氧化膜有单向导电性质，所以电解电容器具有极性。用浸有糊状电解质的吸水纸夹在两条铝箔中间卷绕而成的是铝电解电容器。普通铝电解电容器不适于在高频和低温下应用，不宜使用在25kHz以上频率，通常作低频旁路/耦合和电源滤波用。采用氧化钽作为介质的钽电解电容器，具有化学结构稳定、可靠性高及使用寿命长等优点。

使用电解电容器时，必须将正极接高电位，负极接低电位。否则，两极颠倒会出现击穿、失效，甚至爆炸。

（3）二极管 二极管是只往一个方向传送电流的电子器件。具有按照外加电压的方向，使电流流动或不流动的性质。二极管为一个由P型半导体和N型半导体形成的PN结，在其界面处两侧形成空间电荷层，并建有自建电场。当不存在外加电压时，由于PN结两边载流子浓度差引起的扩散电流和自建电场引起的漂移电流相等而处于电平衡状态。二极管是最常用的电子器件之一，其最大的特性就是单向导电性，也就是电流只可以从二极管的一个方向流过。整流电路、检波电路、稳压电路及各种调制电路都离不开二极管。二极管在电路图中的符号和实物如图3-30所示。

在电子电路中，将二极管的正极接在高电位端，负极接在低电位端，二极管就会导通。这种连接方式称为正向偏置。必须说明，当加在二极管两端的正向电压很小时，二极管并不能导通，只有当正向电压达到某一数值（这一数值称为“门槛电压”，又称为“死区电压”，锗管约为0.1V，硅管约为0.5V）以后，二极管才能真正导通。导通后二极管两端的电压基本上保持不变（锗管约为0.3V，硅管约

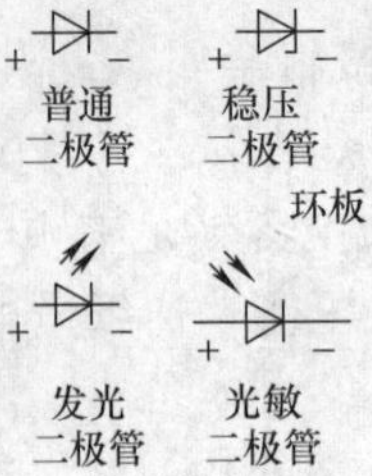

a)

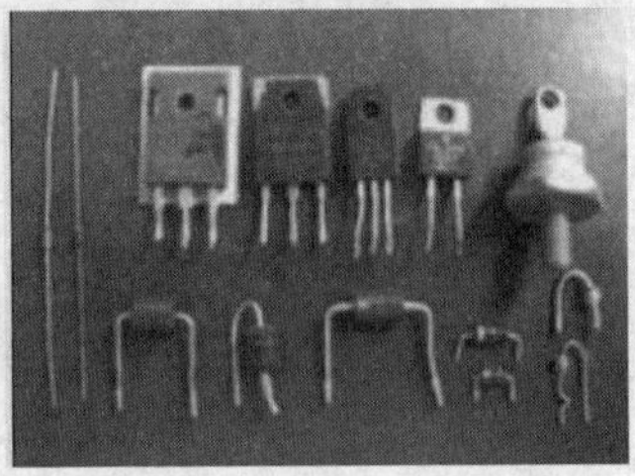
b)

图3-30　二极管电路符号及实物

a）二极管电路图符号　b）二极管实物

为0.7V)，称为二极管的“正向压降”。

在电子电路中，当二极管的正极接在低电位端、负极接在高电位端，此时二极管中几乎没有电流流过，处于截止状态。这种连接方式称为反向偏置。二极管处于反向偏置时，仍然会有微弱的反向电流流过二极管，称为漏电流。当二极管两端的反向电压增大到某一数值后，反向电流会急剧增大，二极管将失去单向导电特性，这种状态称为二极管的击穿。引起击穿的临界电压称为二极管反向击穿电压。如果二极管没有因击穿而引起过热，则单向导电性不一定会被永久破坏，在撤除外加电压后，其性能仍可恢复，否则二极管就损坏了。因而使用时应避免二极管外加的反向电压过高。

二极管的应用主要如下：

1）整流。利用二极管单向导电性，可以把方向交替变化的交流电变换成单一方向的脉冲直流电。

2）开关。二极管在正向电压的作用下电阻很小，处于导通状态，相当于一个接通的开关；在反向电压的作用下，电阻很大，处于截止状态，如同一个断开的开关。利用二极管的开关特性，可以组成各种逻辑电路。

3）限伏。二极管正向导通后，它的正向压降基本保持不变，利用这一特性，在电路中作为限幅器件，可以把信号幅度限制在一定范围内。

4）续流。在开关电源的电感中和继电器等感性负载中起续流作用。

5）检波。应用在无线电信号中起检波作用。

6）变容。使用于显示器的高频头中。

7）显示。用于VCD、DVD、计算器等的显示器上。

8）稳压。稳压二极管实质上是一个面结型硅二极管，稳压二极管工作在反向击穿状态。二极管的制造工艺使它有低压击穿特性。稳压二极管的反向击穿电压恒定，在稳压电路中串入限流电阻，使稳压二极管击穿后电流不超过允许值，因此击穿状态可以长期持续且二极管不会损坏。

9）触发。触发二极管又称为双向触发二极管，属三层结构，具有对称性的二端半导体器件。常用来触发双向晶闸管，在电路中起过电压保护等作用。

（4）晶体管

晶体管的作用是把微弱信号放大成幅度值较大的电信号，也用作无触点开关。作为半导体基本器件之一，晶体管是电子电路的核心元件。晶体管是在一个半导体基片上制作两个相距很近的PN结，两个PN结把整块半导体分成三部分，中间部分是基区，两侧部分是发射区和集电区，排列方式有PNP和NPN两种。

晶体管按材料分为锗管和硅管两种，而每一种又有NPN和PNP两种形式。应用最广泛的是硅NPN和锗PNP两种晶体管，两者除了电源极性不同外，其工作原理都是相同的。NPN管由两个N型半导体中间夹着一个P型半导体组成，发射区与基区之间形成的PN结称为发射结，而集电区与基区形成的PN结称为集电结，三条引线分别称为发射极E（Emitter）、基极B（Base）和集电极C（Collector），如图3-31所示。

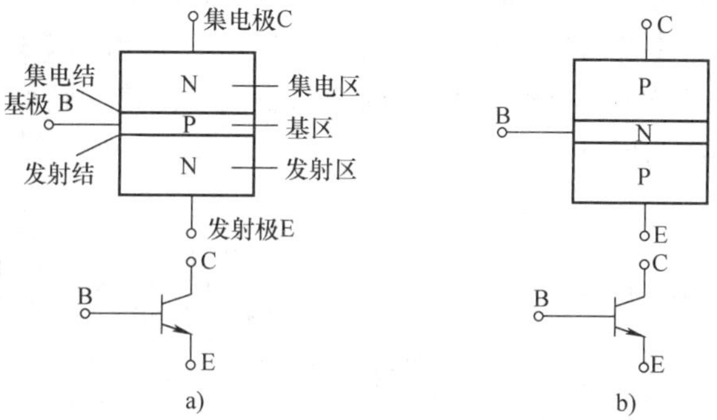

图3-31　晶体管的结构

1）晶体管的工作原理。

① 发射区向基区发射电子。在电源经过电阻加在发射结上后，发射结正向偏置，发射区的多数载流子（自由电子）不断地越过发射结进入基区，形成发射极电流I_E。同时基区多数载流子也向发射区扩散，但由于多数载流子浓度远低于发射区载流子浓度，可以不考虑这个电流，因此可以认为发射结主要是电子流。

② 基区中电子的扩散与复合。电子进入基区后，先在靠近发射结的附近集中，渐渐形成电子浓度差，在浓度差的作用下，促使电子流在基区中向集电结扩散，被集电结电场拉入集电区形成集电极电流I_C。也有很小一部分电子（因为基区很薄）与基区的空穴复合，扩散的电子流与复合电子流之比决定了晶体管的放大能力。

③ 集电区收集电子。由于集电结外加反向电压很大，这个反向电压产生的电场力将阻止集电区电子向基区扩散，同时将扩散到集电结附近的电子拉入集电区从而形成集电极主电流I_{CN}。另外集电区的少数载流子（空穴）也会产生漂移运动，流向基区形成反向饱和电流，用I_{CBO}来表示，其数值很小，但对温度却异常敏感。

2）晶体管基本放大电路（图3-32）。基本放大电路是放大电路中最基本的结构，是构成复杂放大电路的基本单元。它利用晶体管输入电流控制输出电流的特性，实现信号的放大。基本放大电路知识是学习电子技术的重要基础。从电路的角度来看，可以将基本放大电路看成是一个双端口网络。放大的作用体现在以下方面：

① 放大电路主要利用晶体管的控制作用放大微弱信号，输出信号在电压或电流的幅度上得到了放大，输出信号的能量得到了加强。

② 输出信号的能量实际上是由直流电源提供的，只是经过晶体管的控制，使之转换成信号能量，提供给负载。

3）放大电路的组成原则。

① 保证放大电路的核心器件晶体管工作在放大状态，即有合适的偏置。也就是说发射结正偏，集电结反偏。

② 输入回路的设置应当使输入信号耦合到晶体管的输入电极，形成变化的基极电流，从而产生晶体管的电流控制关系，形成集电极电流的变化。

③ 输出回路的设置应保证将晶体管放大以后的电流信号转变成负载需要的电量形式（输出电压或输出电流）。

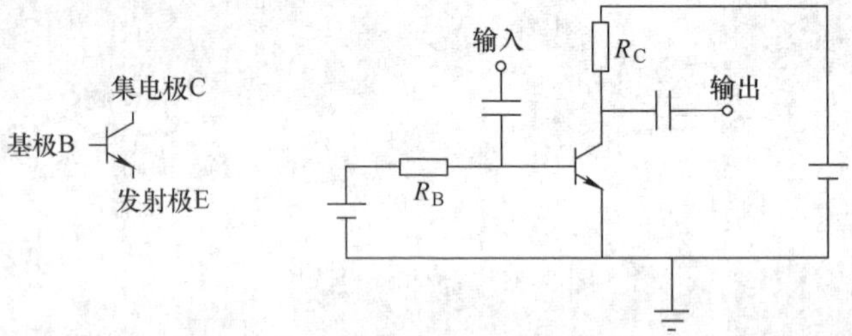

图3-32　晶体管基本放大电路

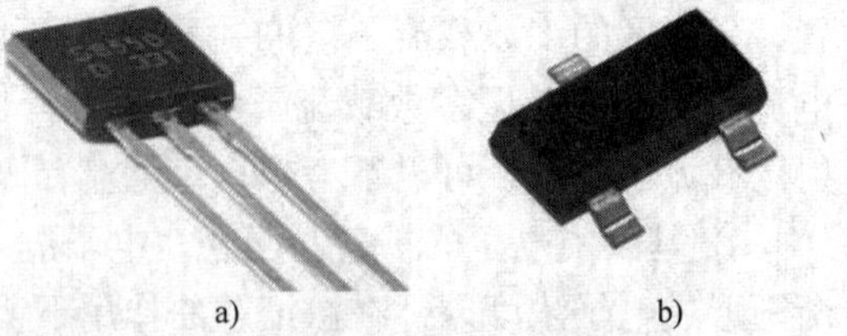

图3-33　三极管实物图
a）插件式　b）贴片式

4）晶体管的分类。晶体管的分类方法有很多，按材料不同可分为硅管和锗管，按封装方式不同可分为插件式和贴片式，如图3-33所示。在电动汽车控制单元中应用较多的是塑料封装的大功率晶体管（通常把最大集电极电流 $I_{CM}>1A$，或最大集电极耗散功率 $P_{CM}>1W$ 的晶体管统称为大功率晶体管）。因大功率晶体管常工作在大电流状态下，所以使用时应按要求贴加适当的散热片。贴片晶体管体积更小，节省空间且免去人工插件。

（5）绝缘栅双极型晶体管（图3-34）　绝缘栅双极型晶体管（Insulated Gate

Bipolar Transistor，IGBT）是由双极型晶体管 BJT 和绝缘栅型场效应晶体管 MOS 组成的复合全控型电压驱动式功率半导体器件，兼有 MOSFET（Metal · Oxide – Semiconductor Field – Effect Transistor，金属 – 氧化物半导体场效应晶体管）的高输入阻抗和 GTR（电力晶体管）的低导通压降两方面的优点。GTR 饱和压降低，载流密度大，但驱动电流较大；MOSFET 驱动功率很小，开关速度快，但导通压降大，载流密度小。IGBT 综合了以上两种器件的优点，即驱动功率小而饱和压降低，非常适合应用于直流电压为 600V 及以上的变流系统，如交流电机、变频器、开关电源及牵引传动等。IGBT 功率模块采用集成电路驱动、各种驱动保护电路、高性能 IGBT芯片、新型封装技术，从复合功率模块 PIM 发展到智能功率模块 IPM、电力电子积木 PEBB 及电力模块 IPEM。IGBT 的等效电路如图 3-35 所示。

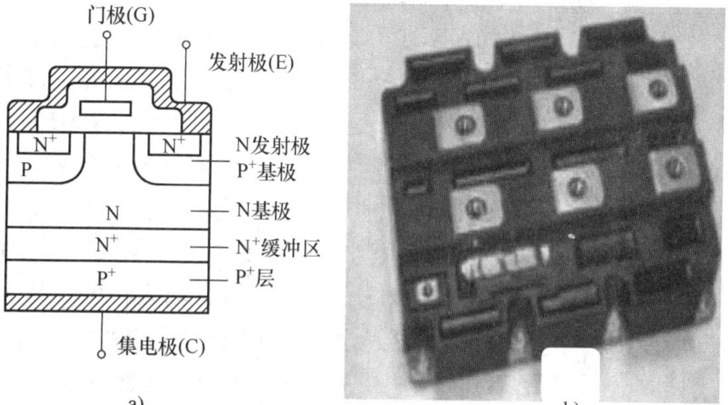

a)　　b)

图 3-34　IGBT 的结构及实物

a）结构图　b）实物

IGBT 的静态特性主要有伏安特性、转移特性和开关特性。

1）伏安特性。IGBT 的伏安特性是指以栅源电压 U_{GS}为参变量时，漏极（即集电极）电流与栅极电压之间的关系曲线。输出漏极电流受栅源电压 U_{GS}的控制，U_{GS}越高，输出漏极电流 I_D 越大。它与 GTR 的输出特性相似，也分为饱和区、放大区和击穿特性 3 部分。在截止状态下的 IGBT，正向电压由 J_2 结承担，反向电压由 J_1 结承担。如果无 N + 缓冲区，则正反向阻断电压可以做到同样水平。

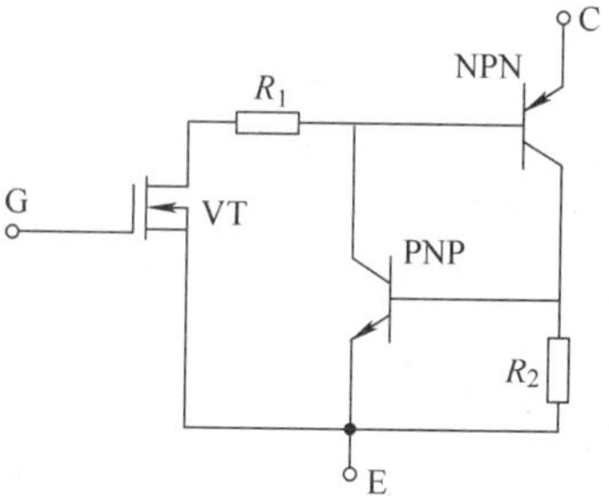

图 3-35　IGBT 的等效电路

2）转移特性。IGBT 的转移特性是指输出漏极电流 I_D 与栅源电压 U_{GS}之间的关系曲线。它与 MOSFET 的转移特性相同，当栅源电压小于开启电压时，IGBT 处于关断状态。在 IGBT 导通后的大部分漏极电流范围内，I_D 与 UGS 呈线性关系。最高栅源电压受最大漏极电流限制，其最佳值一般为 15V 左右。

3）开关特性。IGBT 的开关特性是指漏极电流与漏源电压之间的关系。IGBT 处于导通状态时，由于它的 PNP 晶体管为宽基区晶体管，其 β 放大值极低。尽管等效电路为达林顿结构，但流过 MOSFET 的电流成为 IGBT 总电流的主要部分。

（6）集成电路　集成电路（Integrated Circuit，IC）是一种微型电子元器件或部件。采用一定的工艺，把一个电路中所需的晶体管、电阻、电容和电感等元器件及布线联一起，制作在一小块或几小块半导体晶片或介质基片上，然后封装在一个管壳内，成为具有所需电路功能的微型结构。其中所有元器件在结构上已组成为一个整体，使电子元器件向着微小型化、低功耗、智能化和高可靠性方面迈进了一大步。它在电路图中用 IC 表示。在电动汽车的控制器电路中应用了大量的集成电路。

集成电路按其功能、结构的不同，可以分为模拟集成电路、数字集成电路和数/模混合集成电路三大类；集成电路按运算放大器不同，可分为单运放、双运放、三运放及四运放等多种类型。不同厂家生产的多种类型的运算放大器虽然参数不同，但内部结构有许多相似之处，通常把运用范围广、互换性好的运算放大器称为通用运放。通用运放大致分为两类：一类是由双极型晶体管 BJT 组成的运放；另一类是由结型场效应晶体管 JEFT（或 MOSJEFT）作差分输入级的单片相容运放。

在电动汽车控制器中使用的运算放大器主要用于信号的处理、运算、变换和测量，常见的运算放大器有 LM2902（图 3-36）和 LM2904（图 3-37）。

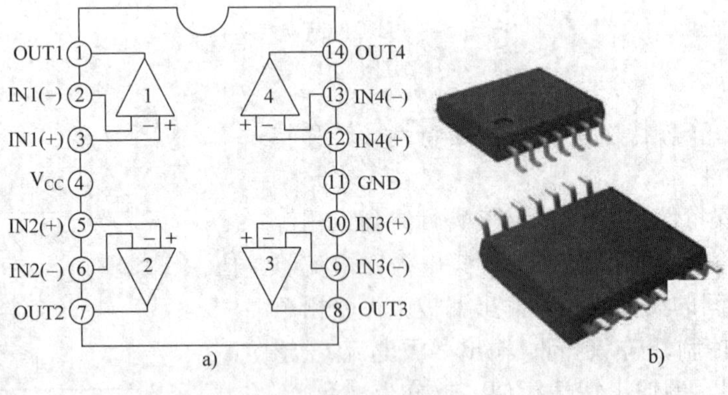

图 3-36　LM2902 运算放大器

a）内部结构及引脚排列　b）实物

LM2902 和 LM2904 的主要特征如下：①短路保护输出；②真正的差动输入级；③单电源工作（3～26V）；④低输入偏置电流（100nA）；⑤内部频率补偿；⑥输入共模范围扩展到负极电源；⑦高直流电压增益。运算放大器主要应用在线性电路

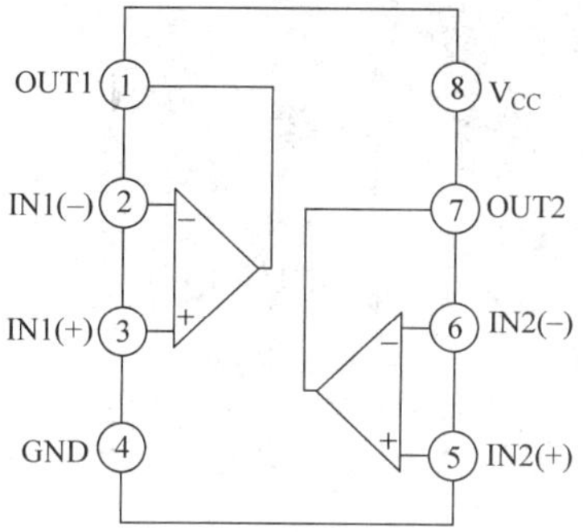

图 3-37　LM2904 运放
a）内部结构及引脚排列　b）实物

中，对微小的模拟电压信号进行放大。对于汽车电控系统应用的大部分运算放大器，因为受汽车供电系统的制约，多为单电源供电产品。

数字集成电路是基于数字逻辑（布尔代数）设计和运行的，用于处理数字信号的集成电路。根据集成电路的定义，也可以将数字集成电路定义为：将元器件和连线集成于同一半导体芯片上而制成的数字逻辑电路或系统。根据数字集成电路中包含的门电路或元器件数量，可将数字集成电路分为小规模集成（SSI）电路、中规模集成（MSI）电路、大规模集成（LSI）电路、超大规模集成（VLSI）电路、特大规模集成（ULSI）电路和巨大规模集成（GSI）电路。小规模集成电路包含的门电路在 10 个以内，或元器件不超过 10 个；中规模集成电路包含的门电路在10 ~ 100 个之间，或元器件在 100 ~ 1000 个之间；大规模集成电路包含的门电路在 100 个以上，或元器件在 1000 ~ 10 000 个之间；超大规模集成电路包含的门电路在 10 000个以上，或元器件在 100 000 ~ 1 000 000 个之间；特大规模集成电路的门电路在 100 000 个以上，或元器件在 1 000 000 ~ 10 000 000 个之间。随着微电子工艺的进步，集成电路的规模越来越大，简单地以集成元器件数目来划分类型已经没有太大的意义，目前暂时以“巨大规模集成电路”来统称集成规模超过 1 亿个元器件的集成电路。

在电动汽车各种控制单元中，应用了许多数字集成电路，特定功能的数字集成电路配合微控制单元来完成一些重要功能。数字集成路总体可分为 TTL（晶体管 - 晶体管逻辑）电路与 CMOS/HC - MOS 电路，主要差别在于供电电压与输出电平的不同。TTL 电路典型供电电压为 5V，而 CMOS 的供电范围在 3V ~ 18V 之间，同时 CMOS 电路具有功耗低的优点，因此目前应用多以 CMOS 电路为主。电动汽车驱动电机控制器内的各种集成电路如图 3-38 所示。

图3-38　电动汽车驱动电机控制器内的各种集成电路

问题47　电动汽车上的CAN总线具有什么特点？

答：控制器局域网络（Controller Area Network，CAN），是由研发和生产汽车电子产品的德国博世公司开发的，并最终成为国际标准（ISO 11898）。CAN总线是国际上应用最广泛的现场总线之一，是为解决现代汽车中众多的控制与测试仪器之间的数据交换而开发的一种串行数据通信协议，是一种多主总线。CAN总线的通信介质可以是双绞线、同轴电缆或光导纤维，通信速率最高可达1Mbit/s。在北美和欧洲CAN总线协议已经成为汽车计算机控制系统和嵌入式工业控制局域网的标准总线，并且拥有以CAN为底层协议专为大型货车和重工机械车辆设计的SAE J1939协议。近年来，其所具有的高可靠性和良好的错误检测能力受到重视，被广泛应用于汽车计算机控制系统中。

（1）CAN总线的特点

1）数据通信没有主从之分，任意一个节点可以向任何其他一个或多个节点发起数据通信，靠各个节点信息的优先级先后顺序来决定通信次序，高优先级节点信息在134μs通信。

2）多个节点同时发起通信时，优先级低的避让优先级高的，不会对通信线路造成拥堵。

3）通信距离最远可达10km（速率低于5kbit/s），速率可达到1Mbit/s（通信距离小于40m）。

4）CAN总线只有2根线双绞线与外部相连，并且内部集成了错误探测和管理模块。CAN总线适用于大数据量短距离通信或者长距离小数据量通信、实时性要求比较高、多主多从或者各个节点平等的情况。

（2）技术介绍　CAN总线以报文为单位进行数据传输，这些数据由一串长的二进制数字（01001011011）组成，称为数据列，包括开始区、状态区、校验区、数据区、安全区、确认区和结束区7部分。

1）开始区。标志数据列传输的开始。

2）状态区。确认数据列的优先级别，优先级别高的先传输。

3）检验区。数据区中包含的数据数目，使接收者检验其是否收到传输来的全部信息。

4）数据区。传给其他控制单元的信息。

5）安全区。检验传输的数据是否有误，若有误则接收者迅速通知发送者，发送者将再次发送该数据列。

6）确认区。包含接收者发给发送者的信息，用来告知已正确地收到数据列。

7）结束区。标志数据列传输的结束，显示这是一组完整的数据列。

（3）CAN 总线的数据传输过程　CAN 总线的数据传输包括以下五步：

1）提供数据。即控制单元向 CAN 控制器提供数据用于传输。

2）发出数据。CAN 收发器从 CAN 控制器处接收数据并将其发出。

3）接收数据。所有与 CAN 数据总线一起构成网络的控制单元称为接收器，用来接收数据。

4）检验数据。控制单元对接收到的数据进行检验，看其是否为功能所需。

5）认可数据。如果接收到的数据是重要的则被认可处理，否则将被忽略。

CAN 协议支持两种报文格式，区别在于标识符（ID）长度不同，标准格式为 11 位，扩展格式为 29 位。报文的尾部由帧结束标出。在相邻的两条报文间有一很短的间隔位，如果这时没有站进行总线存取，总线将处于空闲状态。CAN 具有较高的效率是因为总线仅仅被那些请求总线悬而未决的站利用，这些请求是根据报文在整个系统中的重要性按顺序处理的。这种方法在网络负载较重时有很多优点，由于总线读取的优先级已按顺序放在每个报文中，可以保证实时系统中较低的个体隐伏时间。

CAN 通信网络系统在汽车通信系统中的应用分为高速和低速通信。其中高速 CAN 通信网络系统的速度为 500kbit/s，主要用于发动机/变速器 ECU，转向、制动等底盘系统控制，气囊和安全带的控制以及故障诊断的通信中。低速 CAN 通信网络系统的速度为 125kbit/s，主要用在仪表、灯光、空调、门窗等信息和车身系统控制通信中，如图 3-39 所示。

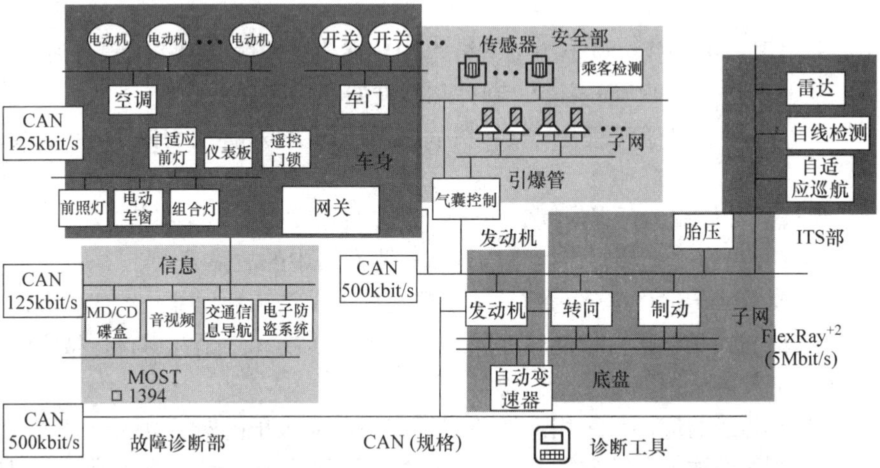

图 3-39　CAN 通信网络系统示意图

问题48 电动汽车上的LIN总线具有什么特点？

答：LIN（Local Interconnect Network）总线是一种串行通信总线，是单主节点带一组从节点的多点总线，其系统结构如图3-40所示。

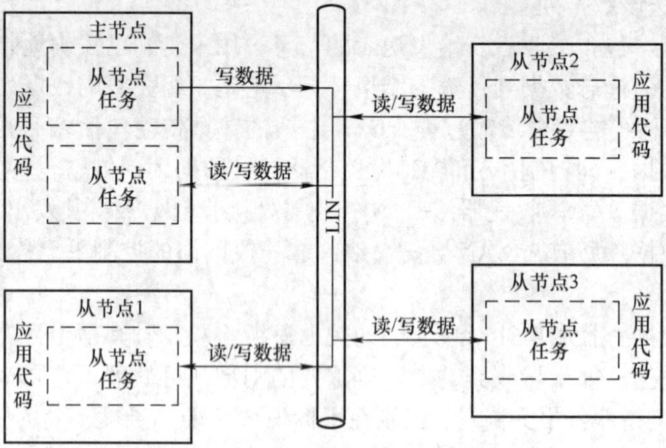

图3-40 LIN总线系统的结构

（1）LIN总线的结构特点 总线采用上拉电阻作为终端，主节点的上拉电阻为1kΩ，从节点的上拉电阻为30kΩ。电阻须串联一个二极管以防止由于本地电源泄漏对总线产生的干扰。从节点的终端电容一般为220pF，主节点的电容应更高，以使整个总线的电容小于从节点的值。

由于采用单线媒质传输，最大的传输速率被限定在20kbit/s以内，该值为从满足信号同步而不产生冲突的最高值到为满足电磁兼容性要求，要达到的传输最低值之间的实验中间值。LIN总线最小的传输速率为1kbit/s。LIN总线系统的主要特点如下：

1）采用单主机多从机系统的组织结构，没有总线仲裁机构，配置灵活。

2）基于普通UART/SCI接口，硬件和软件协议均实现低成本。

3）带时间同步的多点广播接收，从节点无需石英或陶瓷谐振器，可以实现自同步。

4）保证信号传输的延迟时间，可选的报文帧长度为2/4/8字节。

5）数据校验，安全和错误检测，自动检测网络中的故障节点。

通过LIN总线传输的实体为帧，一个报文帧由帧头和数据部分组成，如图3-41所示。报文帧的帧头包括一个同步间隔场、一个同步场和一个标识符。报文帧数据包括2/4/8字节的数据场和一个校验场。

（2）LIN总线的应用 采用LIN总线可实现电动汽车内网络分级，是实现车辆更高的质量及更低成本的重要因素。LIN总线可以简化很多现有的低端复合解决方

图 3-41　LIN 总线报文帧

案，并且可以降低车辆电子系统的开发、生产及服务成本。采用配备 LIN 总线的电动轿车生产线正在快速增长，简捷而完整的 LIN 规范包含了完整的网络概念，极高的自动化程度已经使 LIN 总线和 CAN 总线成了现代汽车车内网络通信的主干。

问题 49　电动汽车上的 MOST 总线具有什么特点？

答：MOST（面向多媒体的系统传输）总线将光纤数据传输的许多优点带给汽车。DVD 屏是 MOST 总线在车内最常见的应用。MOST 总线还可以处理数字音频信号，用于娱乐系统和免提电话以及传送如 GPS 这类信息系统的数据。MOST 总线能够在车内的噪声环境中传送高位率的数据，防止数据流遭受电气电磁干扰。它有快速的边沿速率，消除了数据产生干扰的任何风险——这种干扰在车内电子总线传输的信号中是复杂的、不可避免的，尤其是在电动汽车的系统环境中。

（1）结构特点　MOST 总线在物理层上，由塑料保护套和内芯为 1mm 的 PMMA（聚甲基丙烯酸甲酯）光纤组成。零部件供应商可以将一束光纤像捆电线一样捆成光缆。光纤传输采用 650nm（红色）的 LED 发射器，数据以双相编码的方式发送，最高数据速率为 24.8Mbit/s。

MOST 总线采用的拓扑结构有星形和环形两种。大多数汽车装配的 MOST 总线都是采用环形结构。一个 MOST 网络中最多可以有 64 个节点。一旦汽车接通电源，网络中的所有 MOST 节点就全部激活，这对低功耗、停电模式设计是重点，包括系统处在该种状态下的功耗量以及如何进入状态。MOST 节点在通电时的默认状态是直通（Pass - Through）的，即进入的数据从接收器直接传送至发射器，以保持环路的畅通。

MOST 总线控制器的主要部分包括光电接口（FOT）、发射接收机微型控制器诊断设备、电气插头等，提供 650nm 的接收/发射功能，如图 3-42 所示。接收控制器将一个光敏二极管与信号处理和激活功能结合在一起，做在同一 IC 芯上。

（2）工作及应用　MOST 总线的数据传送使用 512 帧，帧的重复率为 44.1kHz（每帧 22.67ms）。每个帧内除了前导码和其他内部管理位以外，还包含同步、异步和控制数据。总线是完全同步的，将网络内的任何设备指定为主设备，其他所有节点都从主设备处获得自己的时钟。网络完全是即插即用的，当上电或有连接方式改变时，有一个寻找设备的工作过程。

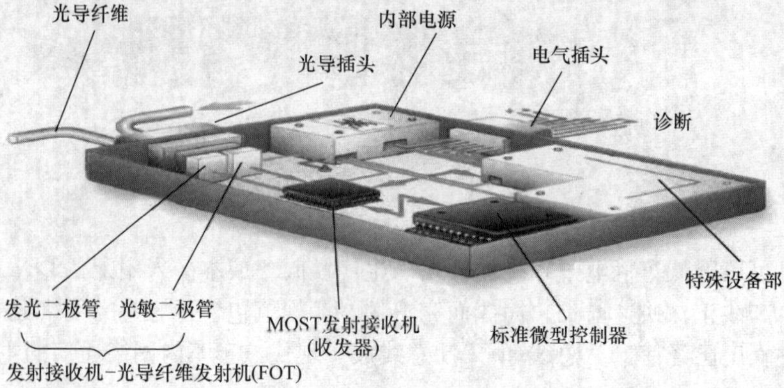

图 3-42 MOST 总线控制器

问题 50 电动汽车上的 Flex Ray 总线具有什么特点?

答：在现代汽车的电子控制系统中独立控制难以满足要求，集成控制成为发展趋势的大背景下，Flex Ray 作为新一代车载总线，具有传输速率高、实时性好、安全性好和灵活性好的特点，是适应电动车辆控制性能需求的高性能总线。Flex Ray 总线采用周期通信的方式，一个通信周期可以划分为静态部分、动态部分、特征窗和网络空闲时间 4 个部分。静态部分和动态部分用来传输总线数据，即 Flex Ray 报文；特征窗用来发送唤醒特征符和媒介访问检测特征符；网络空闲时间用来实现分布时的时钟同步和节点参数的初始化。

（1）Flex Ray 特点　Flex Ray 协议标准中规定了同步/异步帧传输，同步帧传输中保证帧的延迟和抖动；异步帧传输中有优先次序，还有多时钟同步、错误检测与避免、编码解码及物理层的总线监控设备等。Flex Ray 总线通过两条分开的总线通信，具有高速、可靠及安全的特点。每一条的数据传输速率是 10Mbit/s。Flex Ray 总线的冗余通信能力可实现通过硬件完全复制网络配置，并进行进度监测。它同时提供灵活的配置，可支持各种拓扑结构，如线形结构（图 3-43）、星形结构（图 3-44）和混合拓扑结构。Flex Ray 总线具有大量功能支持以安全为导向的系统（如线控系统等），多用于电动汽车的动力转向系统、制动控制系统和高压及被动安全系统等。

（2）Flex Ray 总线的数据传输　Flex Ray 节点的核心是接入车载网络中的独立完成相应功能的控制单元（ECU），主要由电源供给系统、主处理器、Flex Ray 通信控制器、总线监控器和总线驱动器组成。主处理器用于提供和产生数据，并通过 Flex Ray 通信控制器传送出去；总线驱动器连接着 Flex Ray 通信控制器和总线，或是连接总线监控器和总线。主处理器把 Flex Ray 通信控制器分配的时间槽通知给总线监视器，总线监视器允许 Flex Ray 通信控制器在这些时间槽中传输数据。数据可以在任何时候被接收。

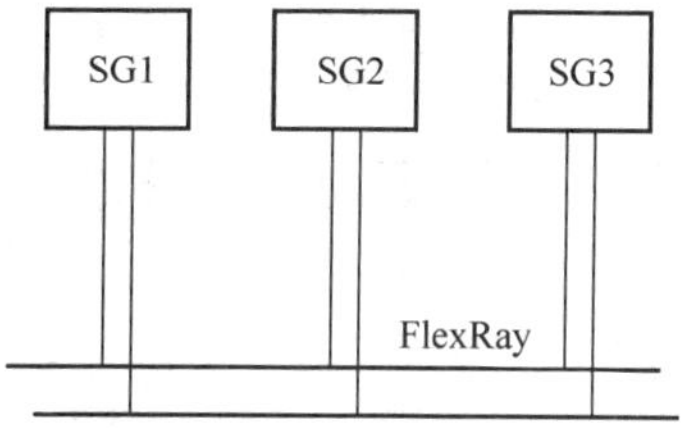

图 3-43　线形结构

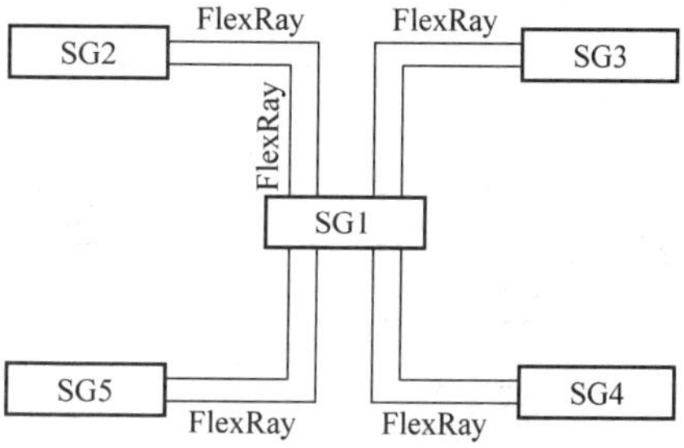

图 3-44　星形结构

Flex Ray 总线是具有冗余数据传输能力的总线系统，使用两个相互独立的信道。每个信道都由一组双绞线导线组成。当一个信道总线导线断路造成失效时，该信道传输的信息可通过第二个数据信道继续可靠传输。这就是总线的冗余数据传输，如图 3-45所示。当系统接通无通信时，Flex Ray 总线的电压为 2.5V；当通信时，高电平信号是 2.5V，低电平信号是 1.9V。该电压值是相对于蓄电池负极为 0V 测量所得。

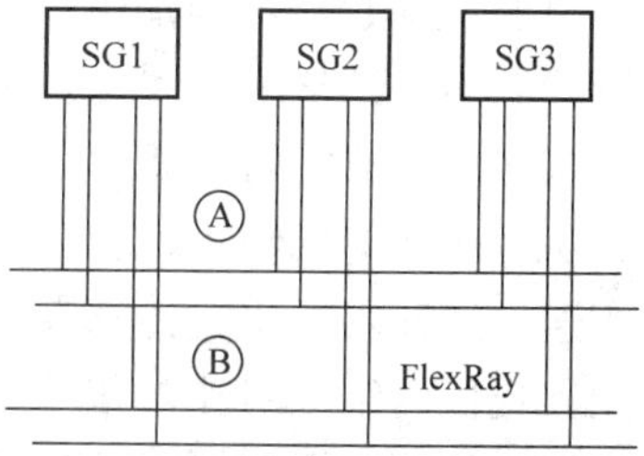

图 3-45　冗余数据传输
A—信道 1　B—道信 2

四种不同总线的通信比较见表 3-3。由表可以看出各总线的通信传输速率不同，这可通过网关进行数据交换。

表 3-3　四种不同总线的通信比较

	CAN	LIN	MOST	Flex Ray
应用领域	动力、车身	速率低、安全性要求不高的系统	信息娱乐系统、多媒体系统	安全相关系统、X – By – Wire
最大传输率	1Mbit/s	20kbit/s	25Mbit/s	10Mbit/s
费用	中等	低	非常贵	贵
实用性	很好	很好	好	2005 年推出产品化芯片
第一辆产品化车辆的年份	1991 年	2001 年	2000 年	2010 年

问题 51　整车控制器与各系统控制器之间具有怎样的关系？

答：整车控制器对充电机、驱动电机、空调压缩机以及动力电池组内的正负极继电器和预充电继电器等各主要控制对象实施分级控制，其分级关系如图3-46所示。各子系统在整车控制器的控制下，依据各自的程序和数据独立控制管理其系统的工作部件。

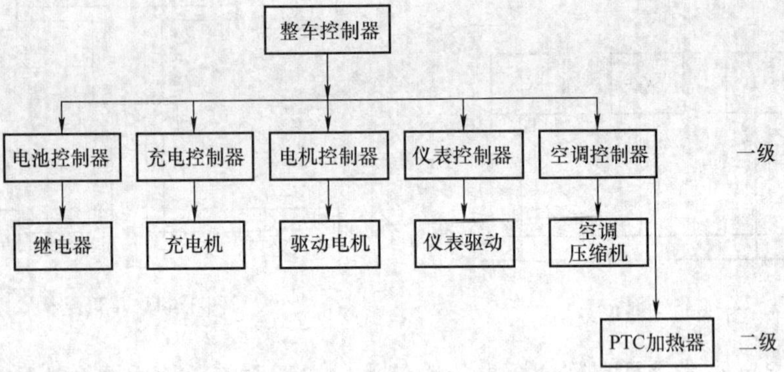

图3-46　整车控制器系统分级关系

（1）整车控制器与加速踏板位置传感器的连接　整车控制器根据加速踏板位置传感器的信号获得加减速信息，从而改变电机转矩、转速进而控制车速。加速踏板位置传感器为整车控制器提供两组能对比的信号。整车控制器与加速踏板位置传感器的连接电路如图3-47所示。

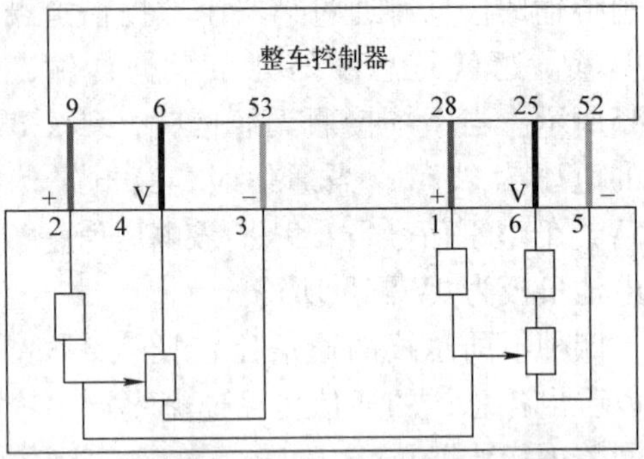

图3-47　整车控制器与加速踏板位置传感器的连接电路

踩下加速踏板，当节气门开度从0～100%变化时，用万用表检测4号端子与3号端子搭铁之间应有0.74～4.8V的电压；用万用表检测6号端子与5号端子搭铁之间应有0.37～2.4V的电压。否则应检查传感器电源和搭铁之间的线路连接，以分辨是线路故障还是传感器故障。

（2）整车控制器与档位传感器的连接　整车控制器通过档位传感器获取驾驶人操作变速杆位置的信息，二者之间的连接电路如图3-48所示。图中N表示空档，R表示倒档，F表示前进档。

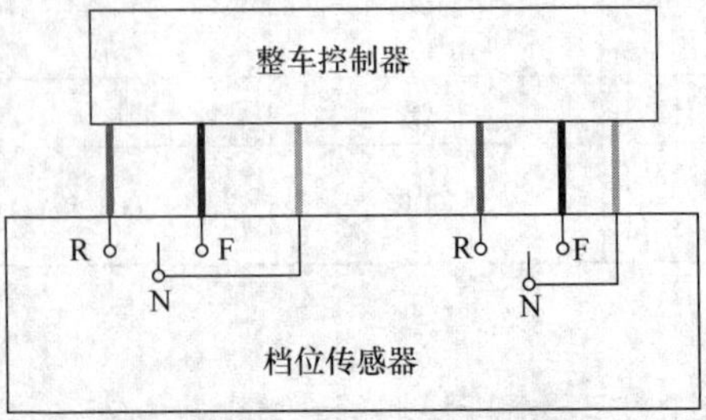

图3-48　整车控制器与档位传感器连接关系电路

（3）整车控制器与车载充电机的连接　车载充电机在充电过程中与整车控制器的通信关系如下：当

车身充电口接入充电枪后，充电连接确认信号 CC 与 PE 导通，此时车载充电机向整车控制器发出信号，整车控制器再向仪表发出信号使仪表充电指示灯点亮；同时车载充电机向整车控制器发出充电唤醒信号，车辆不能行驶。整车控制器与车载充电机的连接原理框图如图 3-49 所示。

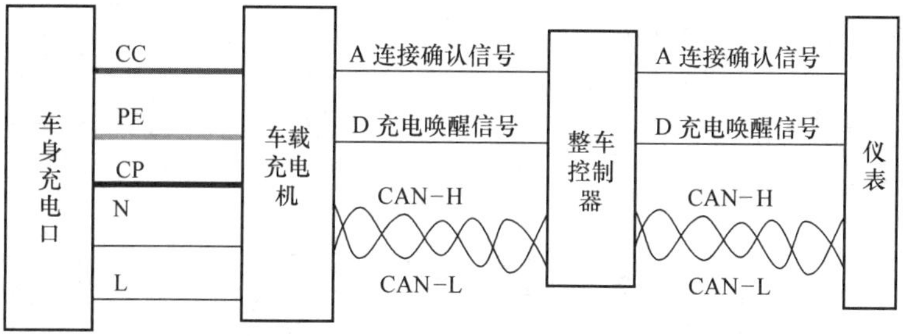

图 3-49　整车控制器与车载充电机的连接原理框图

（4）整车控制器与高低电压转换器（DC/DC）的连接　在车辆充电或运行时，DC/DC 向整车控制器发出使能信号，之后 DC/DC 开始工作向低压蓄电池充电。同时整车控制器对 DC/DC 进行监控。当 DC/DC 有故障时，会及时通过仪表报警。整车控制器与 DC/DC 的连接电路如图 3-50 所示。

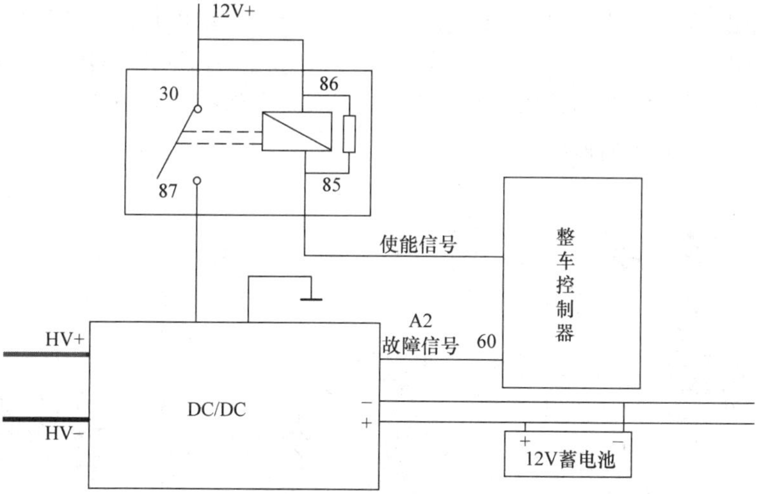

图 3-50　整车控制器与 DC/DC 的连接电路

（5）整车控制器与驱动电机控制器的连接　整车控制器向驱动电机控制器发出转矩需求和故障通信，驱动电机控制器通过 CAN 总线向整车控制器反馈电机转速、电机温度和控制器温度等信息。整车控制器与电机控制器共同负责控制制动能量回馈的启动与停止。整车控制器与驱动电机控制器的连接关系如图 3-51 所示。

（6）整车控制器与电池管理系统（BMS）的连接　整车控制器向 BMS 发出电能需求和故障通信，BMS 通过 CAN 总线反馈 SOC、温度、电压和电流等信息给整车控制器，如图 3-52 所示。动力电池内的总负继电器一般由整车控制器控制，总正继电器由 BMS 控制。

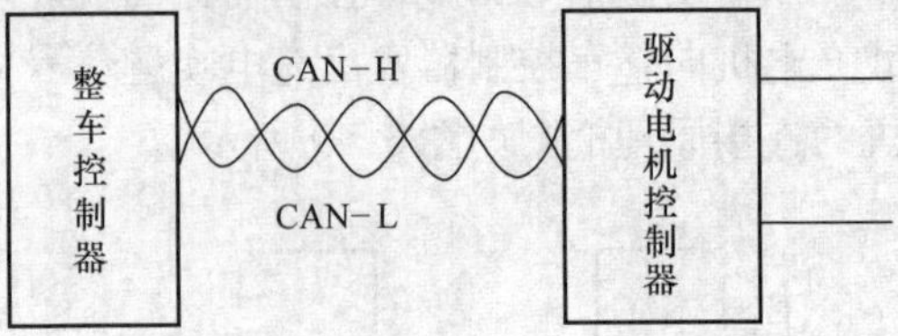

图 3-51　整车控制器与驱动电机控制器连接关系

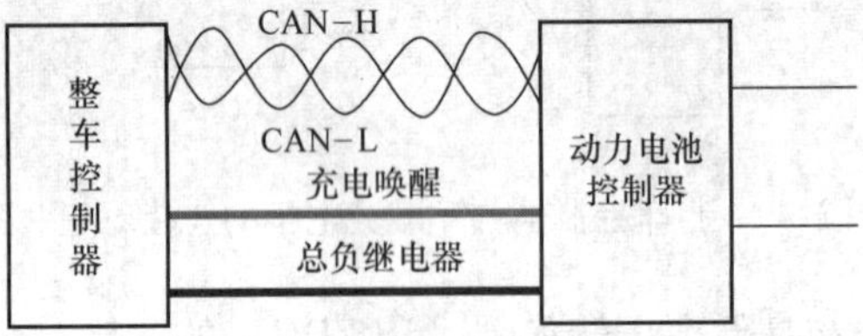

图 3-52　整车控制器与 BMS 的连接示意图

（7）整车控制器与高压控制器盒的连接　高压控制器盒是负责动力电池电源的输出与分配、实现对支路用电器的保护与切断的部件，其内设置有快充继电器、空调压缩机继电器、PTC 加热器继电器，还有空调压缩机的熔断器、PTC 加热器的熔断器和 DC/DC 的熔断器。在车辆实施快速充电时，高压控制器盒内的两个快充继电器闭合，其基本控制其原理如图 3-53 所示。在驾驶人按下空调 A/C 开关后，整车控制器使空调压缩机继电器闭合。

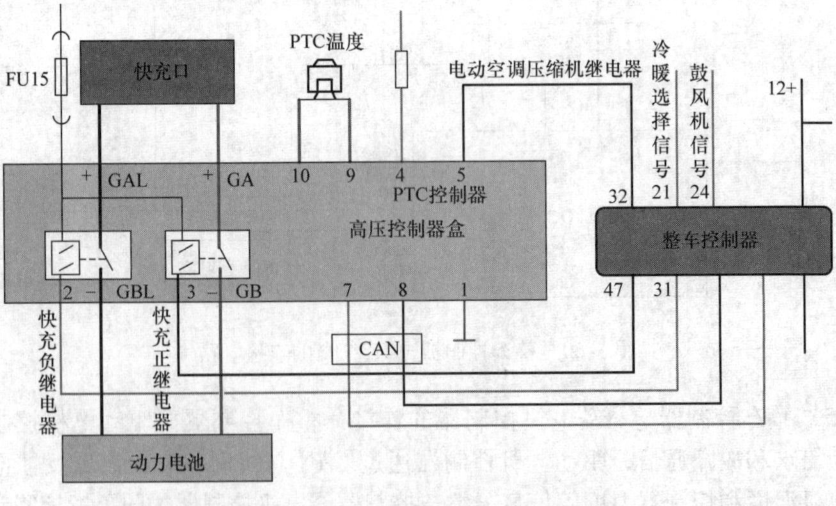

图 3-53　整车控制器与高压控制器盒的基本控制原理

（8）整车控制器与空调压缩机控制器的连接　纯电动汽车采用电动空调压缩机，这与传统燃油汽车的空调压缩机控制方式不同。整车控制器在收到空调 A/C 开关请求信号后，确认空调系统压力信号、蒸发器温度信号、冷暖选择信号、鼓风机信号是否满足起动压缩机的要求。当满足以上条件时，整车控制器发出起动压缩机指令，通过 CAN 总线传递给空调压缩机控制器，空调压缩机控制器根据整车控制器发出的指令控制空调压缩机的驱动电路，从而控制空调压缩机的工作和转速。其基本控制原理如图 3-54 所示。

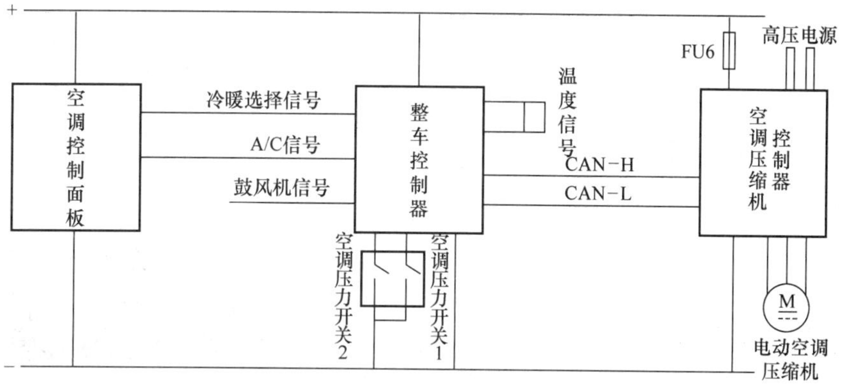

图 3-54　整车控制器与空调压缩机控制器的基本控制原理

第四篇

电动汽车的充电技术

问题 52 什么是电动汽车的传导式充电？

答：所谓传导式充电，就是电网的电能通过导线或设备连接，传输到动力电池中的一种充电方式。电动汽车的传导式充电一般可分为交流传导式充电和直流传导式充电。

（1）交流传导式充电 是指电网的交流电通过导线进入充电机，经充电机整流、滤波后转变为直流电对车上的动力电池进行充电的方式。这种充电方式所使用的充电机一般安装在电动汽车上，称为车载式充电机，如图 4-1 所示。

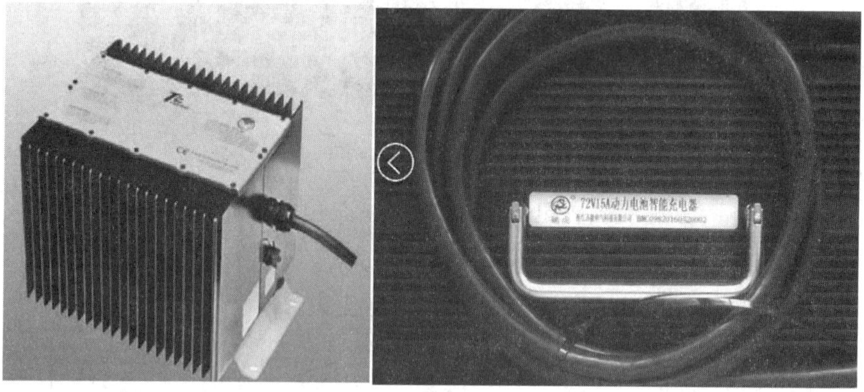

图 4-1 车载式充电机

交流传导式充电常见的充电形式有两种：一种是家用三孔插座充电；另一种是交流充电桩充电。家用 220V 单相三孔插座充电功率较小，一般充电电流控制在 25A 以下。三相交流充电桩输入电流一般最大为 32A（GB/T 20234. 2—2015《电动汽车传导充电用连接装置 第 2 部分：交流充电接口》）。在车辆需要充电时，只需将充电连接导线的插头插入家用三孔插座或交流充电桩的插座即可。该充电模式充电时间较长，一般为 6 ~ 10h，对电网的负荷要求较低，可由客户独立完成。一般利用夜间电网负荷较低时充电还能对电网起到削峰、调频、改善电能品质的作用。

（2）直流传导式充电 直流充电又称为快速充电或应急充电，主要通过地面直流充电桩将电网的交流电转变为直流电后，再通过充电连接器对电动汽车的动力电池进行充电，如图 4-2 所示。

这种直流充电桩能在短时间内对电动汽车充入大量的电能，主要针对长距离运行的途中或其他需要快速补充电能的车辆。典型的充电时间为 10 ~ 30min，充电电压为直流 400V 或 750V，充电电流最高可达 125A 和 250A。直流充电桩的充电过程如图 4-3 所示。由于这种直流充电的装置充电速度快，充电功率较大，对电网的负荷有较高的要求，需电网公司规划配置。

图 4-2　直流传导式充电

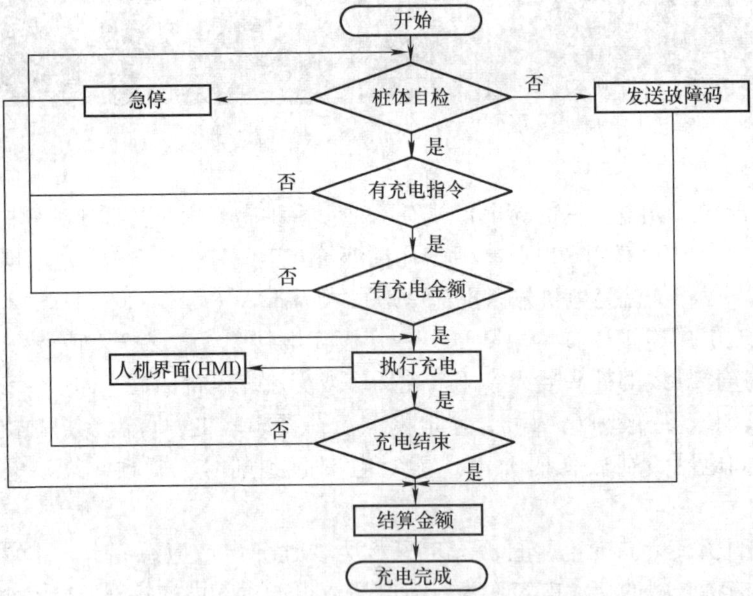

图 4-3　直流充电桩的充电过程

为了更好地适应充电环境，方便人们使用，一辆电动汽车在生产制造时往往会设置交流充电接口和直流充电接口各一个，两接口的同时存在会大大方便用户使用家用插座慢速充电和旅行途中快速充电的需要。用户在使用快速充电时，应在车辆的动力电池电量为 30% ~ 70% 进行，且最高充电量不宜超过动力电池存电量的 80%。

问题 53 充电机常用的控制方式有哪些？

答：为了能精确地按照充电控制曲线对动力电池进行充电，设计一个高质量的充电电源设备是必不可少的。现在常用的充电电源可以分为线性电源和开关电源两类。线性电源功耗大、效率低、体积大，不适合大功率输出、小型化的要求。与线性电源相比，对于相同的输出功率，开关电源的散热要小得多，且效率高、体积小，因此电动汽车充电机一般采用开关电源方式。

根据控制方式的不同，开关电源又可以分为电压型和电流型两种。电压型控制方式只检测输出电压，并直接对其控制，系统有一个反馈环。电流型控制方式的特点是同时控制输入电流和输出电压，系统有两个反馈环：一个是检测输出电压的电压外环；另一个是检测流过功率管的电流内环。

对电池终止充电的判断方法有多种，最主要的方法有定时控制法、最高电压控制法、最小电流控制法、容量控制法、最高温度控制法、温度变化率控制法和电压变化率控制法等。

1）定时控制法只要确定一个充电时间即可，利用定时器进行充电计时即可控制停止充电，控制方法简单易行，但这种控制方法不能根据电池的充电状态自动调整，极易出现过充或欠充等现象。

2）最高电压控制法一般用于恒流充电，只要确定一个电压值，当充电过程中电池的电压达到此数值时即认为电池已充满，立即停止充电。实际上随着电动汽车电池寿命的增加，电池充满时所对应的电压也是不确定的。此外，对应不同厂家、不同型号的电池，其最高电压也是不同的。因此，如果单纯采用一个最大电压值对充电是否完成进行判断，也可能存在较大误差。

3）最小电流控制法一般用于恒压充电，当对电池施加一定电压进行充电时，充电电流将逐渐减小，当充电电流减小到一定值时，认为电池已充满，立即停止充电。

4）容量控制法是在充电过程中对充入电池的电量进行计算。当充入的电量达到设定的电量值时，充电过程结束。因为每次进行充电前电池的初始电量都不一定，所以需要充入的电量必须由人为进行设定。在电动汽车中，初始电量可以由电池管理系统提供，因此这种控制方式在车载充电机的充电控制方法中是可行的。但电池管理系统提供的电池荷电状态（SOC）信息的准确性以及随着时间推移电池容量的减小都将影响容量控制法的可靠性。

5）温度是电池充电过程中的重要参数，能反映电池内部的电化学变化过程，且电池温度比较容易测取，因此最高温度控制法和温度变化率控制法也是比较常用的两个充电终止控制方法。但温度容易受环境温度、充电方式、温度传感器精度和温度滞后性等因素的影响，容易导致误判。因此，这两种充电终止控制方法通常作为充电停止的辅助判断因素，配合其他的控制方法使用。

6）电池端电压随充电过程的进行而发生变化，存在电压升高、最大值、电压平台、电压负增长等现象。电压变化率控制法根据不同电动汽车电池的特性，利用这种电压的变化率对充电终止进行判断，当电池电压的变化达到预期设定的变化率时，即视为充电完成。该控制方法受不同电池厂家等因素的影响较小，其判断结果也比较可靠。

问题54　车载充电机的作用及主要组成是什么?

答：车载充电机的作用是将220V的交流电转变成110～420V的高压直流电，供给电动汽车动力电池补充电能。车载充电机在充电过程中需要协调充电桩和电池管理系统的部件的工作，有风冷和水冷两种冷却方式。车载充电机是电动汽车的必备设备，具有效率高、体积小和耐受恶劣工作环境等特点。车载充电机对外有三组线束连接端子，分别是交流输入端、直流输出端和低压控制输入端。

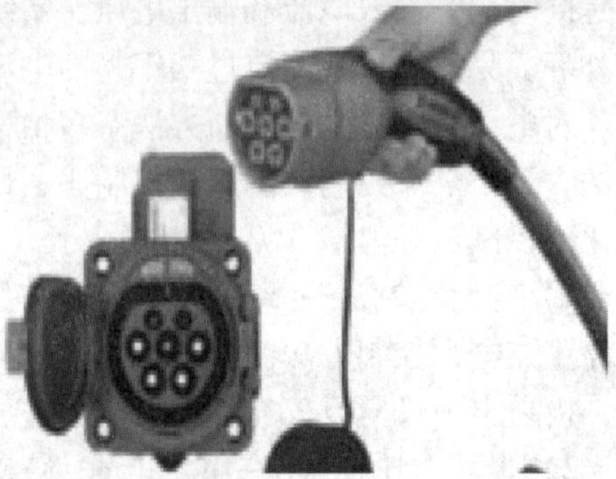

图4-4　车载充电机的交流输入端

（1）交流输入端　交流输入端是连接慢充线束的一端，用于将220V的交流电通过线束输入车载充电机，其端口如图4-4所示，端子定义见表4-1。

表4-1　电动汽车车载充电机交流输入端的电气参数值及功能定义

触头编号/标识	额定电压/V	额定电流/A	功能定义
1/L	250/440	16/32	交流电源
2/NC1			备用触头
3/NC2			备用触头
4/N	250/440	16/32	中线
5/			保护搭铁（PE）
6/CC	30	2	充电线连接确认
7CP	30	2	控制确认

（2）直流输出端　直流输出端连接正负极高压线缆，将车载充电机输出的高压电通过此端口连接导出。车载充电机的直流输出端，其端口定义是A脚为高压输出负极，B脚为高压输出正极。

（3）低压控制端　其端口定义是：1脚为CAN－L，2脚为GND，3、4脚为空脚，5脚为高低压互锁信号，6、7脚为空脚，8脚为蓄电池负极，9脚为CAN－H，

10 脚为 CC 信号输出，11 脚为充电确认，12 脚为空脚，13 脚为高低压互锁信号，14 脚为空脚，15 脚为 12V 慢充唤醒信号，16 脚为 12V 常电、经由 FB02 熔丝供电。

车载充电机及其相关部件的连接电路原理图如图 4-5 所示。

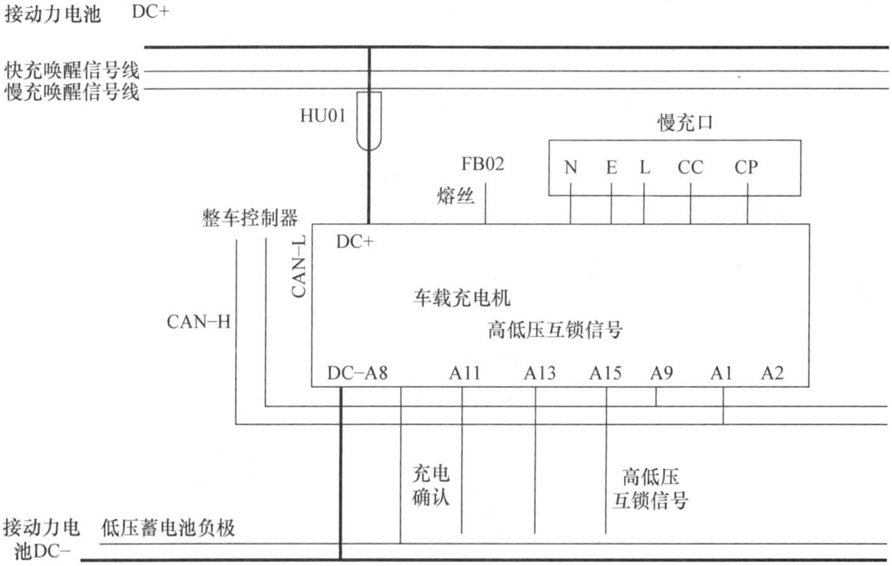

图 4-5　车载充电机及其相关部件的连接电路原理图

（4）车载充电机的工作状态　在车载充电机上有三个指示灯，在车辆充电工作时应有两个灯点亮。三个指示灯分别如下：①POWER 灯为电源指示灯，接通交流电后该灯点亮；②RUN 灯为充电机工作指示灯；当充电机输入输出端完全接通，充电机进入工作状态后完全点亮，有的充电机在工作时该灯闪烁；③FAULT 灯为故障警告灯，当充电机内部出现故障时该灯点亮。在电动车辆充电正常时，POWER 灯和 RUN 灯点亮，当电池充满时 RUN 灯熄灭。

问题 55　电动汽车的漏电保护及其工作原理是什么？

答：电动车辆充电时有接地要求，须在供电端安装漏电保护器。GB/T 18384.3—2015《电动汽车　安全要求　第 3 部分：人员触电防护》中的 6.9 规定，电动车所有组成电位均衡电流通路的组件（导体、连接部分）应能承受单点失效情况下的最大电流。电路均衡通路中任意两个可以被人同时触碰的外漏可导电部分之间的电阻应不超过 0.1Ω。

（1）漏电保护器的工作原理　由图 4-6 ~ 图 4-8 可以看出电动汽车充电时，漏电保护器（RCD）监控的是除地线之外的所有供电线的电流矢量和。正常充电且不漏电时，进入漏电保护器的电流和流出漏电保护器的电流矢量之和为0，当发生漏电时漏电电流从漏电支路流走（产品PE接地线或经人体流入大地），导致流入和流出漏电保护器的电流矢量和不为0。当漏电的电流超过设定的阈值时，漏电保护器将采集的信号放大并转换成驱动指令，驱动执行元件动作，切断供电电源以保证安全。

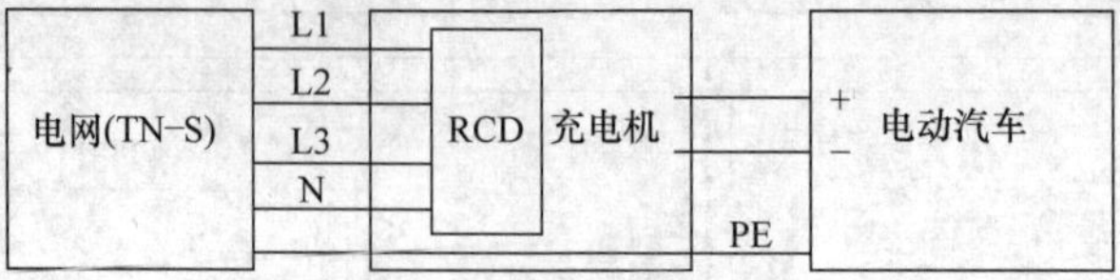

图4-6　三相充电机充电示意图

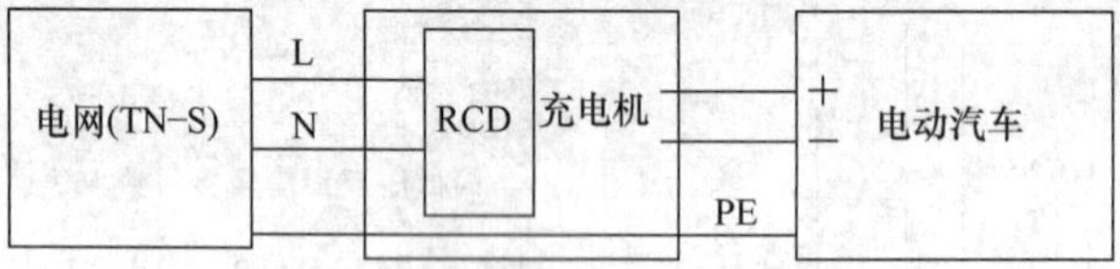

图4-7　单相充电机充电示意图

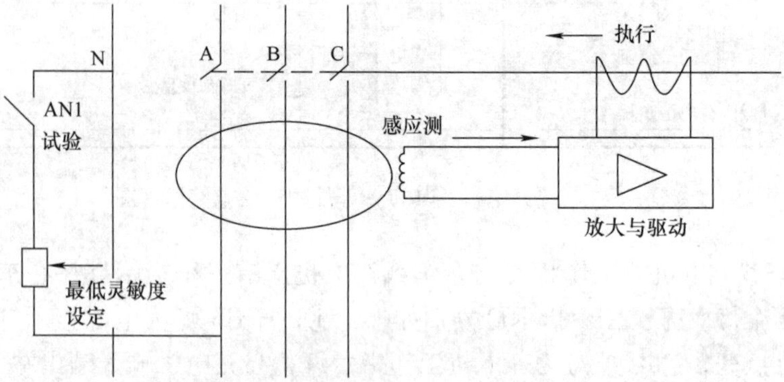

图4-8　漏电保护原理

（2）PE接地线正常连接下的漏电保护　在接地线连接正常的情况下，若相线绝缘破损与车身钣金接触，因为存在连接车身的接地线，可将较大电流经过地线流入大地。这时流入和流出漏电保护器的电流矢量之和若大于额定漏电电流动作值$I_{\Delta N}$，漏电保护器会在设计的时间内（一般≤40ms）动作，切断给车辆充电的供电电源使车身不再带电，消除人员接触车身触电的危险，如图4-9所示。

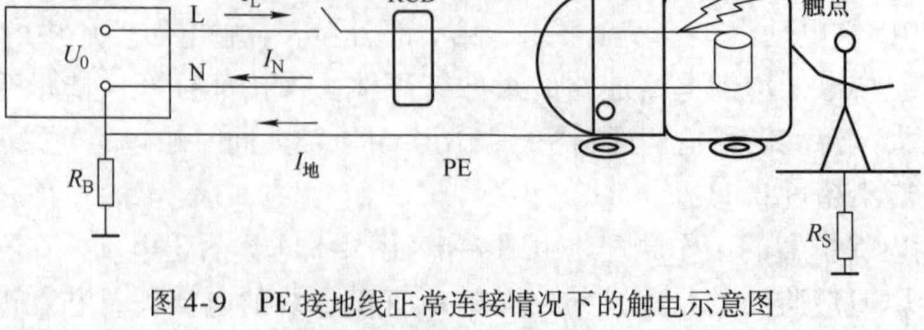

图4-9　PE接地线正常连接情况下的触电示意图

（3）PE 接地线故障下的漏电情形　在 PE 接地线故障的情况下，车身没有接地，若发生相线绝缘损伤接触车身钣金，因为车身与大地间有较大的绝缘阻值，所以车身与大地间会有 AC 220V 的电压差。当人员接触车辆时形成触电回路，在安装了漏电保护器的情况下，一旦流过人体的触电电流达到漏电保护器的额定漏电电流动作值，漏电保护器即会在规定的时间内动作，切断充电电源使人员脱离触电危险。

通过以上分析可知，漏电保护器是通过监控供电导线电流，并进行矢量和的计算来发现漏电电流从而实现漏电保护的。为什么不通过监控 PE 接地线的电流来实现触电保护呢？因为漏电电流不等同于 PE 接地线电流，漏电电流并不都是通过 PE 接地线流入大地的。充电机在车身和大地之间会形成等效电容的两极，在充电系统不漏电的情况下，由于感应的作用在 PE 接地线上也会形成电流。在试验实测中车辆充电正常不漏电，PE 接地线上也有两三百毫安的感应电流。若在 PE 接地线上安装异常电流监控装置，极易受到车载电器的电磁干扰引起误动作；若地线断开失效，则会失去保护。因此不能用 PE 接地线方法来作为漏电保护器的监控线，来预防触电保障安全。

在实际的电动车辆充电设置中，通过 PE 接地线车身接地、车身等电位、充电供电装置安装保护器等多种措施相结合，才能最大限度地防止触电保证人员安全。

问题 56　电动汽车的无线充电技术是怎么回事？

答：电动汽车除采用连接导线传导式充电外，还有正在开发试用的无线充电技术。无线充电技术源于无线电力传输技术，是利用电磁波感应原理及相关交流感应技术，在发送和接收端用相应的线圈发送和接收产生感应的交流信号来进行充电的。

无线充电系统基本由两部分构成，即地面部分和车载部分。地面部分包括整流逆变装置、通信单元和发射线圈。整流逆变装置将电网的交流电转换为直流电，再传输给发射线圈；发射线圈受到感应产生磁场，再以磁能的形式散发出去。车载部分包括接收线圈、整流装置和通信单元。接收线圈与地面发射线圈耦合将磁场能转化为电能，或两线圈通过磁场共振将磁场能转化为电能，再经过整流装置转换为适当电压的直流电为车载动力电池充电。两部分的通信单元负责地面与车辆的控制信息交换，实现充电的智能控制。

无线充电技术的实施主要有 3 种方式，即电磁感应（ICPT）、微波（MPT）、电磁共振（ERPT）。

（1）电磁感应无线充电　对初级线圈通过一定频率的交流电，变化的电场将产生变化的磁场，由于电磁感应现象在次级线圈会产生一定的电流，将能量从传输端转移到接收端，属于短程传输。由于电磁感应原理受供电端和受电端距离的约束，在传输距离上仅限于100mm的短距离传输，但电磁感应式无线充电传输功率大（可达数百千瓦）、能量转换效率高（可达到90%以上）。电磁感应无线充电示意图如图4-10所示。

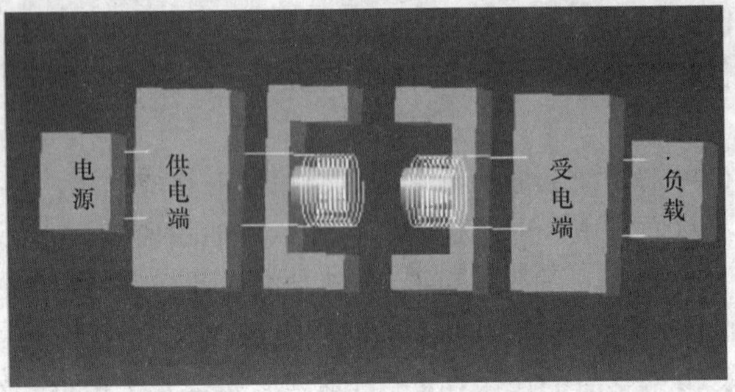

图4-10　电磁感应无线充电示意图

（2）微波无线充电　微波无线充电采用微波作为传递能量的介质，接收设备接收到微波能量后，再经过共振电路和整流电路，将其还原为设备可用的直流电，如图4-11所示。这种方式相当于日常使用的无线网络，双方各自有一个专门的天线，区别在于这里传递的不是电信号而是电能量。微波的频率为300MHz～300GHz，微波传输的能量非常强大，这也就是能运用于电动汽车等设备进行无线充电的原因之一。这项技术最大的缺点是效率低，最大的优点是空间自由度高。

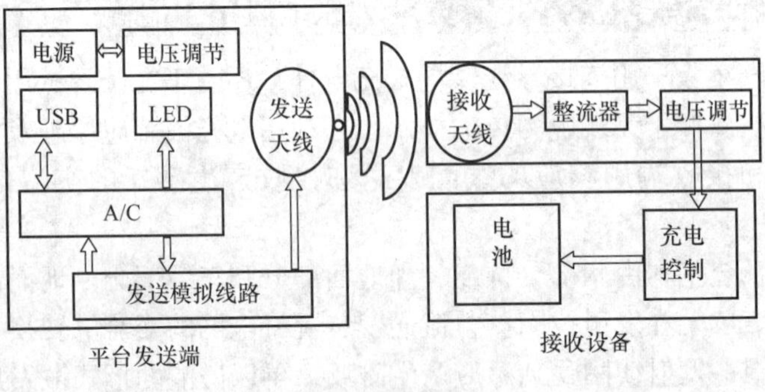

图4-11　微波无线充电

（3）电磁共振无线充电　由能量发送装置和能量接收装置组成，利用接收装置频率和发送装置频率相一致时产生的磁场耦合形成共振，交换传递能量，如图4-12所示。电磁共振无线充电在传输距离上可以做到几厘米到几米，使其在使用上更加灵活。但传输效率和功率会因距离增加而有所降低。

电磁共振式无线充电对设备的使用位置没有严格的限制，并且可以同时对多个设备进行无线充电，使用灵活度在各种方式中居首位。在传输效率方面可以达到40%～60%。虽然这种充电方式目前效率较低，但已实现商业化，并且随着研发的深入，在效率方面还可继续提高。

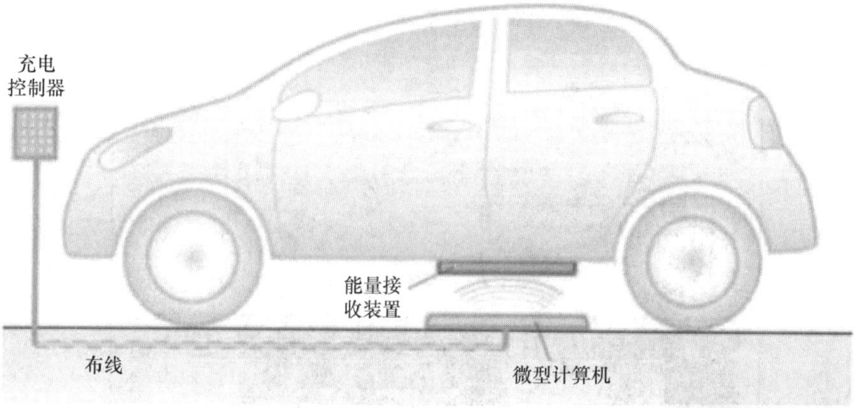

图 4-12　电磁共振无线充电

问题 57　无线充电技术的应用范围及工作原理是什么？

答：电动汽车无线充电技术是一个刚刚起步的新领域，目前产品成本过高，是车载充电机的数倍甚至数十倍。主要是因为研发成本、人员成本、设备成本占据了相当比例，随着产量的提升，这些成本将会有大幅度的下降，而由通信设备、线圈、控制芯片和 MOS 管等构成的材料成本则下降不多。据预测，电动汽车无线充电设备量产后价格将会高于车载充电机两倍左右，但带来的方便性是不可比拟的。用户停车后即可自动充电，特别适合于汽车租赁公司。用户需要用车时直接刷卡取车，用完后驶入空闲的停车位直接刷卡还车。车辆在这种设立了无线充电设备的停车位即可实现自动充电，整个过程无需人员看管，大大降低了人员看管维护的成本。电动汽车无线充电技术的另外一个问题是行业标准的缺失。目前国际上无线充电电磁辐射标准主要参照国际非电离辐射防护委员会（ICNIRP）的导则，要求电磁辐射量小于 100μT，而针对无线充电的标准还没有。因为标准的缺失，使产品的设计试验缺乏依据，这也是造成目前市场上无线充电设备不成熟的原因之一。不过有信息表明，美国汽车工程师协会正在主导 SAE J2954 无线充电标准的编制，我国无线充电标准编制工作也已启动，相信不久的将来这类标准肯定会发布。

（1）无线充电系统　电动汽车无线充电系统主要由地面部分和车载部分构成。两部分通信单元负责地面与车辆端的控制原理前文已叙述，此处不再赘述。电动汽车无线充电系统示意图如图 4-13 所示。

电动汽车无线充电系统的特点如下：

1）效率与线圈距离。无线充电的效率和距离是紧密相关的，随着接收与发射两线圈间距离的增大，能量传输效率会逐渐降低。现阶段只有两线圈在（20 ± 5）cm的距离范围内，充电设备的效率才能达到 90%。

2）效率与发热量。电动汽车无线充电装置的线圈距离增大，会导致传输效率

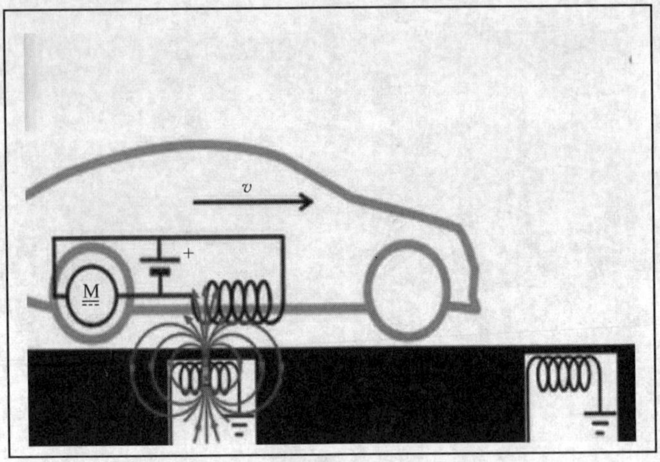

图4-13　电动汽车无线充电系统示意图

降低，同时线圈发热量增加，进而影响转换效率和产品寿命。为避免线圈发热量过大，需要采取技术措施控制线圈间的距离。

3）功率和线圈尺寸。电动汽车无线充电装置的功率和线圈尺寸呈对应关系，功率越大线圈的尺寸就越大。

4）电磁干扰。电动汽车无线充电装置是以磁能方式传输能量的，需考虑电磁辐射对人体健康的影响。众所周知，电动汽车是由金属车壳构成的，由于金属车壳的屏蔽作用，电动汽车内磁场强度是很小的。电动汽车外磁场强度很大，但随着距离的增加而会迅速衰减，这意味着离开一定距离后辐射的影响就可以忽略不计，目前需要组织试验和官方数据。

（2）无线充电技术的发展

未来无线充电系统可分为四个部分：电源、充电板、接收板和系统控制器，有三种应用场合：

1）静态充电。安装在家用停车位或者公共停车位，停车即充电，可以通过云端大数据获取车位信息。

2）半动态充电。如在路口等待红绿灯，或出租车排队候客时，可以充分利用等待时间给电动车补充电能。

3）动态充电。这是无线充电的终极目标，边开边充，永远无需担心电池电量问题。

无限充电技术彻底解决了原始电网用线连接、车位占地面积大以及人工操作繁琐等诸多弊端。随着无线充电相关技术的逐步完善，其优势将突显出来，必将为电动汽车充电带来革命性的发展。未来汽车将会实现无线供电，即随时使用随时供电。

问题58　直流快速充电是怎样的一种充电模式？

答：电动汽车的直流快速充电系统主要由快速充电桩（供应车辆高压直流电

的设备)、快速充电接口、快速充电线缆及电动汽车上的高压电池和控制器盒等组成。快速充电桩类似加油站里的加油机，可为各种型号的电动汽车充电。直流快速充电桩匹配直流充电接口，其上带有刷银行卡缴费、计量、打印和上传信号等功能，主要适用于路边充电站、停车场等公共场所对电动汽车充电。快速充电桩的结构由充电机和壳体立桩两部分组成，适用于锂离子蓄电池和铅酸蓄电池充电，如图4-14所示。

直流快速充电桩采用交流380V三相输入，直流输出，充电机可以通过电池管理系统自动对车载电池充电，也可以手动充电，触摸屏设有手动充电方式。在自动充电方式中，充电桩可以根据电池提供的数据动态调整充电参数输出相应的电流和电压，完成充电过程。充电桩采用分立、落地安装，外形美观，操作方便，充电机放置在充电机箱内。人机界面为7寸真彩触摸屏，可以设定充电方式、计量方式、查看充电状态并记录充电数据。充电桩采用刷卡操作，充电时刷卡结束时再刷卡。计量可选择时间差别电费，用户可在触摸屏上设定。充电桩可在结束充电时，打印数据，如图4-15所示。

充电桩提供国标通用充电插座，可供国内全部车型充电。车载充电机采用CAN通信，满足CC、CP充电通信检测，电池充满后自动停机。

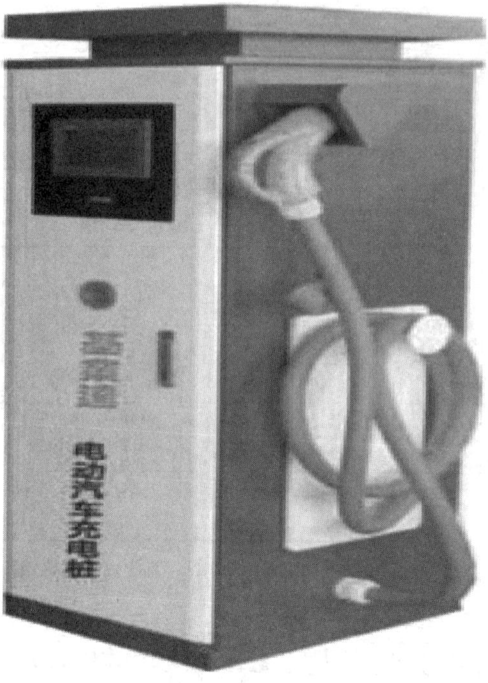

图4-14　电动汽车直流快速充电桩

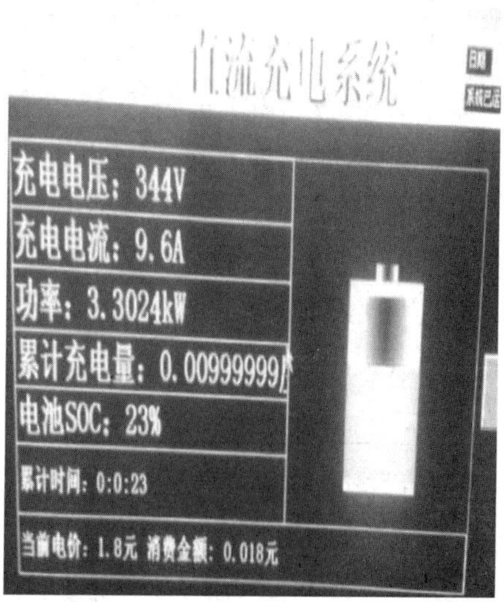

图4-15　直流快速充电桩工作界面

电动汽车的直流快速充电接口如图4-16所示，分为插头和插座两部分，各部分分别包含9对触头，其布置方式如图4-17和图4-18所示。图中各触头的电气参数及功能定义见表4-2。

图4-16　直流快速充电接口

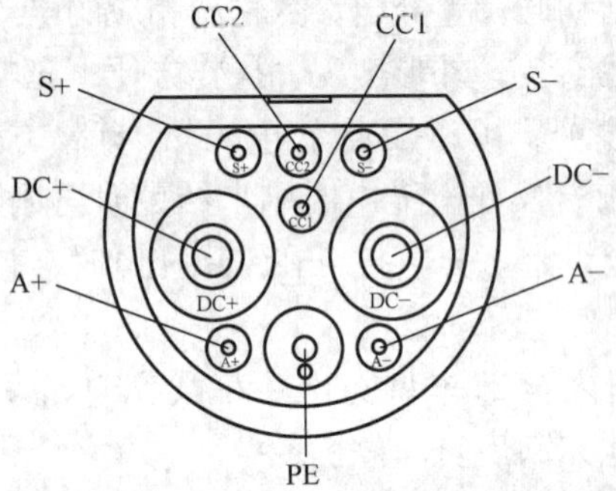

图4-17　直流快速充电插头触头布置图

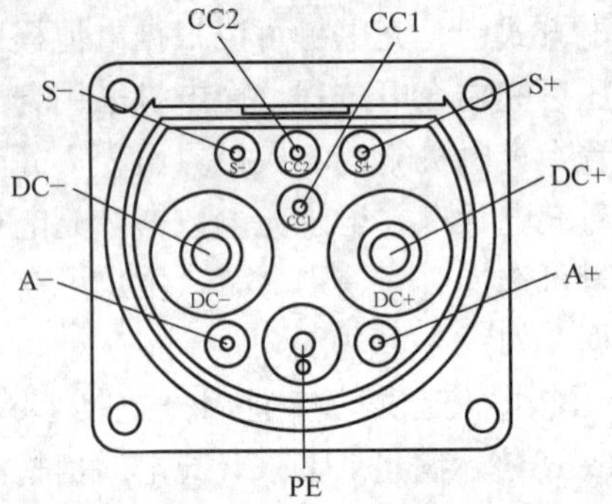

图4-18　直流快速充电插座触头布置图

表4-2　电动汽车直流快速充电触头的电气参数及功能定义

触头编号/标识	额定电压/V	额定电流/A	功能定义
1/DC +	750	125/250	直流电源 +，连接电源 + 与电池 +
2/DC −	750	125/250	直流电源 −，连接电源 − 与电池 −
3/			保护搭铁（PE）
4/S +	30	2	充电通信 CAN − H
5/S −	30	2	充电通信 CAN − L
6/CC1	30	2	充电连接确认1
7/CC2	30	2	充电连接确认2
8/A +	30	20	低压辅助电源 +，连接非车载充电机为充电车辆提供低压辅助电源
9/A −	30	20	低压辅助电源 −，连接非车载充电机为充电车辆提供低压辅助电源

注：非车载充电机控制装置与车辆控制装置应有CAN总线控制电阻，建议为120Ω，通信线采用屏蔽双绞线，在充电机端屏蔽层接地。

电动汽车直流快速充电系统与交流慢速充电系统相比工作电压高，工作电流大，对于充电接口和充电插座标准要求也较高。直流快速充电插头和插座的另外一个特点是体积大且成本高。

在电动汽车直流快速充电接口的插头和插座连接过程中，触头耦合的顺序依次为保护接地、充电直流电源 +、充电直流电源 -、充电连接确认、低压辅助电源 +、低压辅助电源 -、充电通信与供电段连接确认；在脱开过程中则顺序相反，依次为充电通信与供电段连接确认、低压辅助电源 +、低压辅助电源 -、充电连接确认、充电直流电源 +、充电直流电源 -、保护接地。直流快速充电接口的连接界面如图 4-19 所示。

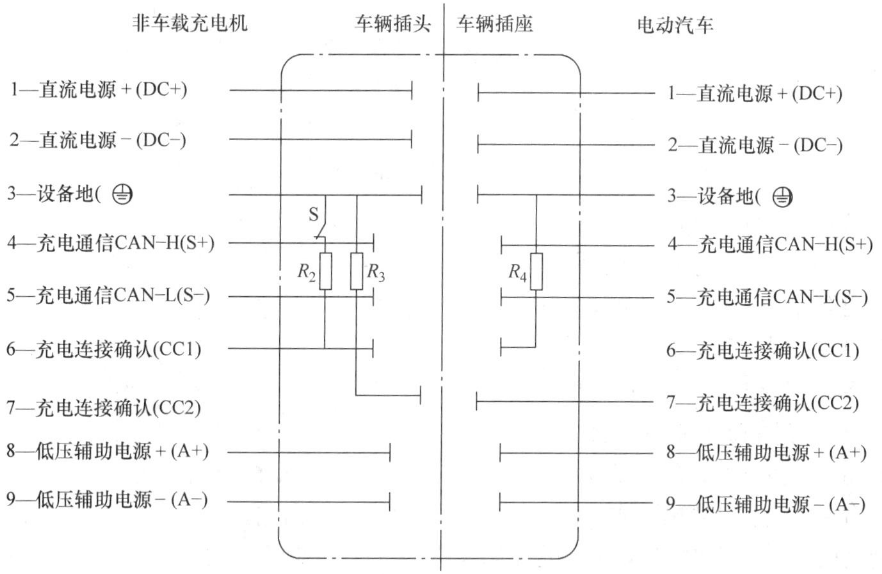

图 4-19　直流快速充电接口的连接界面

问题 59　电动汽车上的高低电压是怎样转换的？

答：电动汽车上的低压电源一般是由高低电压转换器 DC/DC 和蓄电池共同提供的，而高低电压转换器（DC/DC）是电动汽车辅助电源系统的主要供电设备，相当于传统燃油汽车的发电机，向除驱动电机之外的所有用电设备供电，同时向辅助蓄电池充电。其效率远高于发电机，且输出稳定、体积小、重量轻。DC/DC 的转换效率较高，最低要求应在 85% 以上且电压波动性要小于 150mV；DC/DC 要具有过温、过电压或欠压保护功能；DC/DC 要具有过电流、低压端正负极反接和漏电保护等功能；DC/DC 至少要到达防水等级 IP67 标准，符合 GB/T 24347—2009 中规定的电动汽车高低电压转换器 DC/DC 的相关技术要求。

（1）基本组成　DC/DC 主要由滤波器、逆变电路、输出高频整流滤波、输出二级滤波及 CPU 控制系统电路等组成。其原理框图如图 4-20 所示。其中输入滤波器对电磁兼容有很大的作用，可有效抑制传导的干扰；高频整流滤波和二级滤波共同起作用使电源的输出波纹大大降低；CPU 控制系统用于控制在各种负载变换情况下的稳定输出。

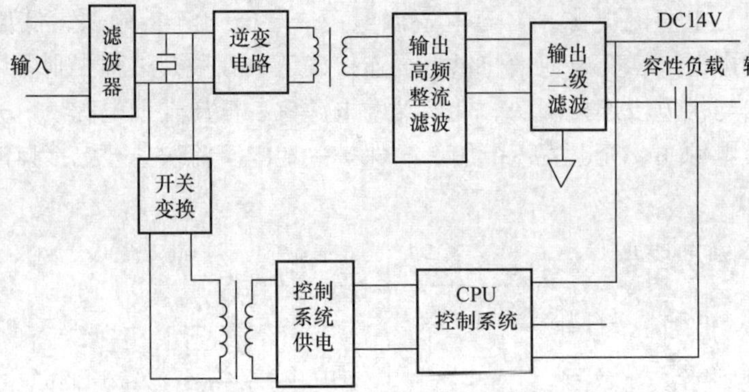

图4-20　DC/DC原理框图

(2) 控制原理　当打开点火开关或低压电池管理系统检测到低压辅助电池的电压低于某一设定值时，向DC/DC的CPU提供信号，使其开始工作。由动力电池组提供电能为车辆除驱动系统之外的所有用电设备供电，同时为辅助低压电池充电。DC/DC的控制原理如图4-21所示。

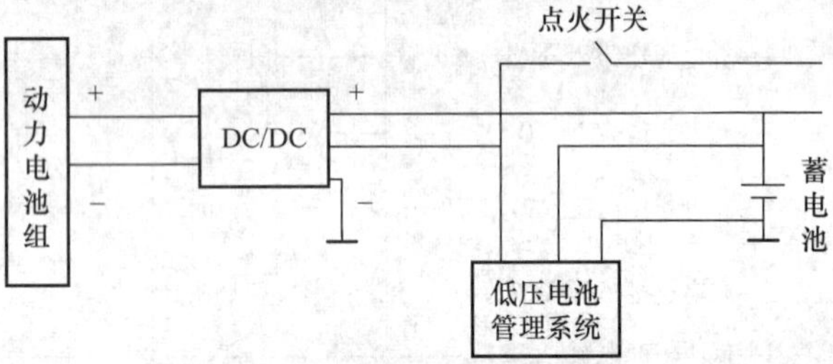

图4-21　DC/DC的控制原理

(3) 工作电压　以某款纯电动车为例，其设计动力电池（磷酸铁锂电池）标称电压为320V，单体电池电压下限为2.5V，上限为3.65V；整个动力电池组电压下限为250V，上限为365V。由此可见高低电压转换器DC/DC的输入电压范围应至少在250～365V之间。实际上在某些输出电流大的DC/DC上采用两个IGBT整流桥，已实现100～400V的宽电压范围输入。

问题60　现用电动汽车的充电方式有哪几种？

答：在电动汽车充电时，可以使用快充和慢充两种充电方式。快充又称为应急充电，需用专用的直流快速充电机，一般充电时间在30min左右，即可充满动力电池的80%。快速充电的特征是充电电压高、充电电流大，是一般常规充电电流的数十倍，对动力电池组会产生一定的影响，是一种应急充电方式。而且这种方式对电网电压稳定也会造成较大的冲击。慢充是采用家用或公用220V交流电为动力电池充电，充电时间较长，多为6～8h，充电电流和充电功率较低，需要长时间占用固定的停车位进行充电。目前电动汽车的充电方式主要使用家用个人固定充电桩进行充电，在车辆使用过程中，不方便使用家用个人固定充电桩充电，可使用公共充电桩和快速直流充电桩充电。现在有不少关于电动汽车智能平台的手机客户端，可以非常方便地查找附近公用充电桩的位置和导航信息。

第五篇

电动汽车的高压电

问题61　电动汽车整车供断电的内容和要求包括哪些？

答：电动汽车整车供断电内容包括高压电路的供电与断电、控制器的唤醒与取消及低压供电与断电，其控制功能涉及整车所有控制单元，如整车控制器、电机控制器、电池管理系统（BMS）、空调系统、高低电压转换器（DC/DC）、组合仪表系统、远程终端控制系统（RMS）及充电机（CHG）等。整车供断电过程是由整车控制器协调各个控制器，使各控制器按顺序合理地接通与切断控制信号，使动力电池继电器接通或断开，从而使车辆能够正确地完成“起动”和“停止”动作，同时进行信息交互和故障检测。整个过程必须保证逻辑正确、顺序正确和故障检测的合理有效。

问题62　在电动汽车整车供断电过程中低压供电和唤醒模式是如何工作的？

答：电动汽车要想正常起动行驶，动力电池就必须能对外供电。为了保证供电安全，整车控制器被唤醒之后将对各子系统进行一系列的唤醒，检测高低压部件工作，确定正常之后才会使动力电池的正、负极继电器闭合而对外供电。电动汽车唤醒整车控制器的方式有四种，即上电开关模式唤醒、快充模式唤醒、慢充模式唤醒和远程模式唤醒。

（1）上电开关模式唤醒　如图5-1所示，上电开关模式接通唤醒后，车辆低压控制器的供电途径有三种，具体如下：

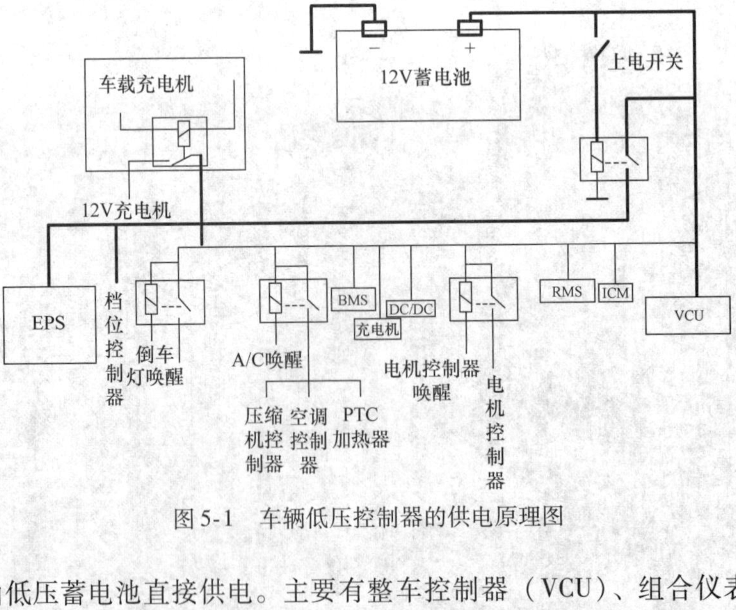

图5-1　车辆低压控制器的供电原理图

1）由低压蓄电池直接供电。主要有整车控制器（VCU）、组合仪表（ICM）、远程终端控制器（RMS，即数据采集终端）、高低电压转换器（DC/DC）和电池管理系统（BMS）。

2）由 ON 档继电器供电。当上电开关转换到 ON 位后，ON 档继电器线圈被接通，从而将 12V 电压送到档位控制器和电动动力转向控制器（EPS）。

3）由整车控制器控制低压继电器供电。当整车控制器由低压蓄电池直接供电后，再由整车控制器控制 A/C 继电器、电机控制器和倒车灯继电器。

（2）快充模式唤醒　快充模式下的控制器唤醒主要有快充唤醒（直流充电桩输出）和整车控制器唤醒，如图 5-2 所示。当车辆与快速充电桩建立充电关系后，由快速充电桩送出唤醒信号给 VCU 和数据采集终端 RMS；当整车控制器唤醒后送出唤醒信号电压给 BMS、DC/DC 及 ICM。

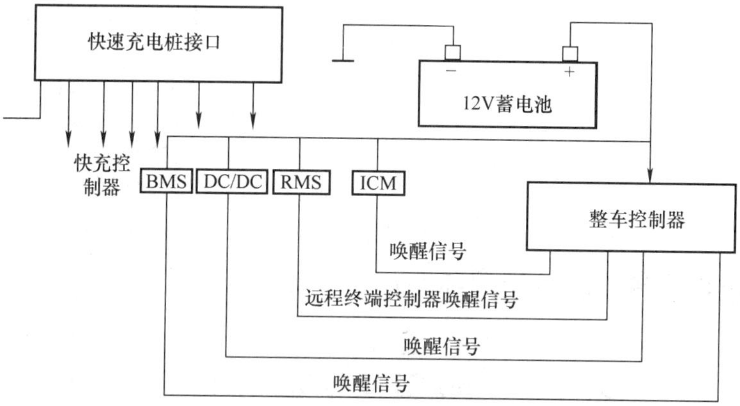

图 5-2　快冲模式下各控制器的唤醒原理

（3）慢充模式唤醒　慢充模式下的控制器唤醒主要有慢充唤醒和整车控制器唤醒，如图 5-3 所示。当连接充电桩与车载充电机的接口后，车载充电机控制器内部继电器接通充电并送出唤醒信号，送至整车控制器和数据采集终端 RMS。整车控制器被唤醒后将唤醒信号送给 BMS、ICM 和 DC/DC。

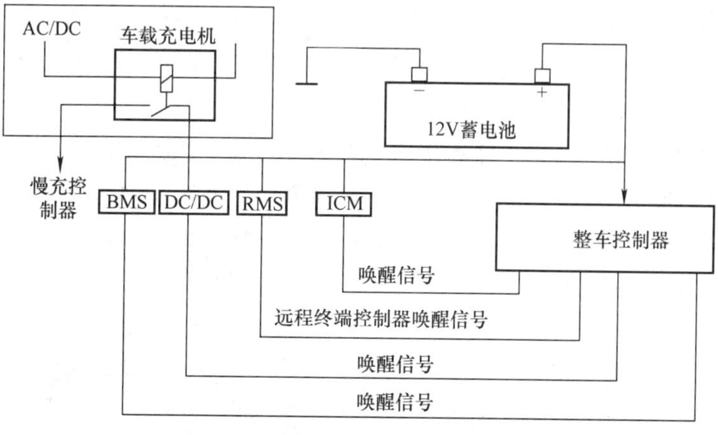

图 5-3　慢充模式下各控制器的唤醒原理

（4）远程模式唤醒　远程模式下车载充电机通过 BMS 向数据总线发送报文的唤醒形式，称为远程模式唤醒。远程模式下的控制器唤醒主要有远程唤醒、远程 APP 唤醒和整车控制器唤醒，如图 5-4 所示。

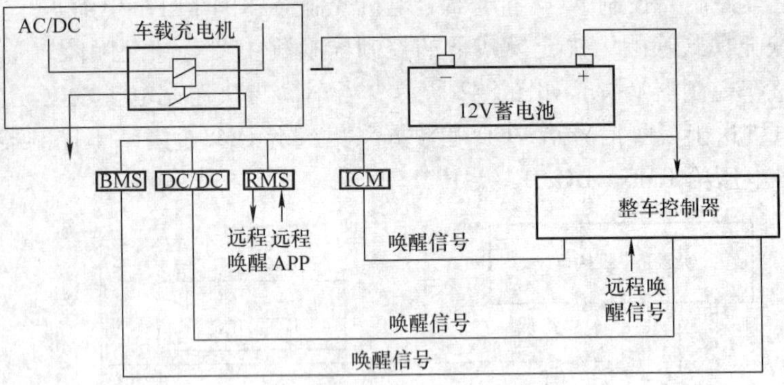

图 5-4　远程模式下各控制器的唤醒原理

问题 63　电动汽车高压供电的原理是什么？

答：电动汽车高压部件主要包括动力电池、高压控制盒、驱动电机及控制器、车载充电机、空调压缩机、PTC 加热器和高低电压转换器（DC/DC）等，在这些高压部件中只有动力电池是供电部件，其他是高压用电部件。在动力电池内部的管理系统中包含多个高压检测点（V1、V2、V3）、预充电电路、负极继电器、正极继电器、电流传感器、手动维修开关、MSD 熔断器和绝缘检测电路等。

高压检测点的位置和作用分别如下：①高压检测点 V1 位于高压正极（总正）和负极（总负）继电器内侧，测量动力电池总电压，用于判断 MSD 熔断器是否短路；②高压检测点 V2 一点位于总负继电器外侧，另一点位于预充电阻和预充继电器之间，用于判断预充继电器是否粘连、总负继电器是否断路、预充电阻是否短路以及预充继电器是否断路；③高压检测点 V3 位于动力电池直流母线输出两端，用于判断正极继电器是否粘连。

预充电电路的作用是防止在高压接触器闭合瞬间形成强电流，以及高压电对驱动电机系统中的高压部件形成冲击，导致接通高压电路瞬间造成器件损坏。预充电电路通过整车控制器在供电过程中，控制相应的高压接触器的通断时序，以达到对高压系统安全供电的目的。

高压接触器的控制顺序是在整车控制器控制负极接触器接通后，再由电池管理系统控制预充电继电器闭合。当预充电结束后，再由电池管理系统控制正极接触器闭合，同时预充电继电器断开形成动力电池高压供电。

问题64 电动汽车整车供电、断电的流程是怎样的?

答:(1)电动汽车整车供电流程

1)当上电开关旋至ON位时,整车开始进行高压供电检测。所有控制器进行初始化,整车控制器进行模式判断。若判断为行车模式,则整车控制器进行初始化并完成自检;之后整车控制器唤醒电机控制器、低压继电器和空调面板、PTC低压继电器,并唤醒电池管理系统(BMS),车辆低压供电开始。

2)汽车低压供电开始后,整车开始低压自检。在BMS和电机控制器完成自检后,自检计数器由0变为1并发给整车控制器。该步自检完成后,整车控制器闭合动力电池箱内的负极继电器,负极继电器闭合后BMS完成动力电池高压自检,此时整车计数器置于2的位置,并发给整车控制器。至此,各控制器检测高压并开始零功率输出。

3)BMS完成高压自检后,预充电闭合动力电池内的正极继电器,进行高压电池分布检测,检测成功后自检计数器置于3的位置,并发给整车控制器。预充电完成后,电机控制器、空调控制器(ECC)、空调面板系统和PTC加热器进行高压检测;检测通过后将高压检测完成标识符发给整车控制器;此时判断高压是否有故障。若有故障则及时断开动力电池正极继电器;若无故障,则高压检测通过,并标志着整车供电完成。此时车辆处于待行驶状态,绿色的Ready灯点亮。

4)当上电开关旋至ON位时,整车开始进行高压供电检测。如果此时充电接口连接了充电枪,则整车控制器判断为充电模式。这样后面的供电模式逻辑和整车控制器初始化将不能完成,车辆也不会进入行车模式。

(2)电动汽车整车断电的流程

1)当系统检测到高压总电流小于5A且持续600ms以上时,整车控制器进入断电流程,BMS断开动力电池正极继电器,自检计数器置于2的位置,并发给整车控制器,各高压电器检测高压,零功率输出;正极继电器断开后,BMS进行正极继电器是否粘连的检测,各高压电器零功率输出,进行高压回路放电。

2)在电机控制器检测到高压回路电压低于36V后,将放电完成标识符发给整车控制器,整车控制器断开动力电池负极继电器,各高压控制器检测高压,零功率输出;BMS进行高压断电检测(检测高压电器是否粘连),完成后自检计数器置于1的位置,并发给整车控制器。

3)当各运转部件数据存档时,BMS和各高压电器部件写入数据至电可擦除只读存储器(EEPROM),自检计数器置于0并发给整车控制器,电机控制器写入数据至EEPROM完成标识符;在存档完成后,整车控制器依次给BMS、电机控制器、空调控制器、PTC加热器进行高压电掉电,散热系统延时掉电;整车控制器写入数据至EEPROM,最后整车控制器掉电,至此整车高压系统断电完成。

问题65　什么是高压互锁？其作用是什么？

答：电动汽车一个重要的特点就是车内装有保证足够动力性能的高压系统，以及大量的高压部件，因此存在高压电的伤害隐患，有别于传统汽车。ISO 6469－3：2001《电动道路车辆　安全规范　第3部分：人员电气伤害防护》规定电动汽车上的高压部件应有高压互锁装置。高压互锁也就是危险电压互锁，是通过弱电压信号来检查整个高压产品、导线、连接器以及护盖的电气完整性或连续性，当识别到有回路异常时及时断开高压电。

高压互锁回路如图5-5所示。高压互锁回路的作用是当车辆发生碰撞事故时，碰撞传感器发出碰撞信号，触发HVIL控制器的断电信号。HVIL控制器使整车高压电源在毫秒级的时间内断开，以保障驾乘人员和车辆安全。

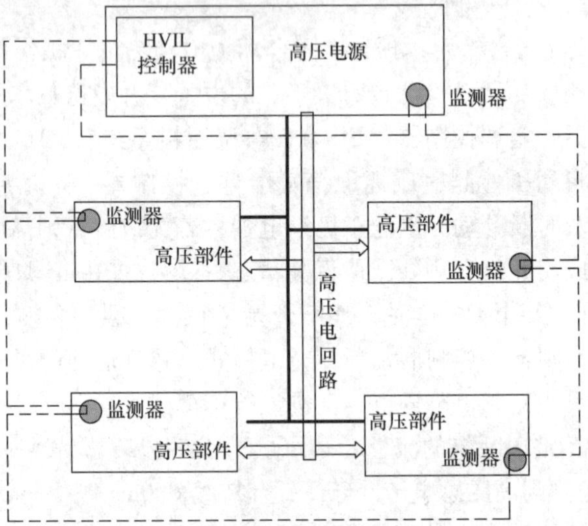

图5-5　高压互锁回路

问题66　高压互锁回路的组成部分有哪些？它遵循的原则和控制策略是什么？

答：高压互锁回路由高压互锁信号线路、互锁监测器和自动断路器三部分组成。

（1）高压互锁信号线路　高压互锁信号线路也称为动力母线，如图5-5所示，它由两部分组成，即图中所示虚线和粗实线的部分。图中粗实线部分用于检测高压供电回路的完整性，与高压电源线并联，接在所有高压插接器端，与高压插接器内的监测器连接，将所有的插接器串联起来构成一个完整的回路。一般利用高压线上的屏蔽网使整个系统变得简单和可靠，如图 5-6 所示。高压互锁信号线路为高压电池控制器提供插接器完全连接导通的信号，控制器收到此信号才允许接通高压电源。高压插接器中的监测器采用压接方法，在插接器自锁结构上增加电气连接，作为自锁回路短接信号。当断开高压插接器时，其信号线也随之断开，高压互锁回路就会触发高压断电信号，以保障用户的操作安全。

图 5-6　高压线及插接器

图 5-5 所示的虚线部分用来监测所有高压部件护盖是否非正常开启，利用信号线将所有高压部件上的监测器（图 5-7）串联起来，组成另外一条监测信号回路，为电池控制器提供高压部件端监测器完全连接导通的信号。控制器收到此信号并识别它与线路插接器的信号一样后，才允许接通高压电源。

（2）互锁监测器　互锁监测器分为两类：一类用于监测高压插接器的连接是否可靠；另一类用于监测高压部件的护盖是否开启。高压插接件监测器（图 5-7）的监测器与插接器设计在一起，为一体式结构。监测器利用高压导线的屏蔽网作为信号导线，利用高压插接件连接两高压导线外的屏蔽网作为监测器。

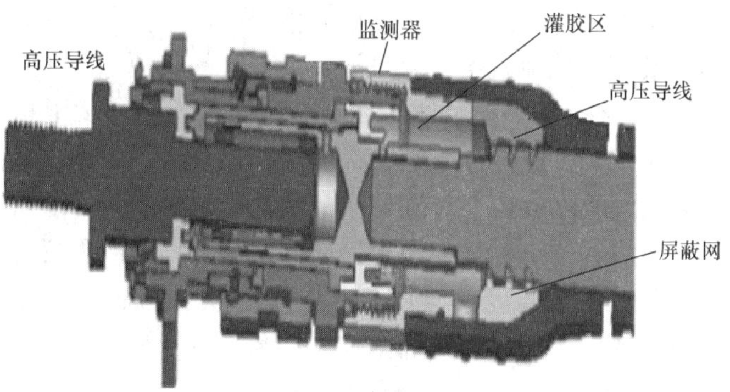

图 5-7　高压插接件监测器

高压部件开盖监测器（图 5-8）的结构类似于插接器，一端安装在高压部件的护盖上，另一端安装于高压部件的主体内部。当护盖开启时监测器断开，高压互锁回路信号中断。通常设置监测器的高压部件包括：①电机控制器；②高低电压转换器（DC/DC）；③高压配电箱；④车载充电机；⑤空调压缩机控制器；⑥高压动力电池管理器等。

（3）自动断路器　自动断路器又称为接触器，为互锁回路切断高压电源的执行元件。在高压互锁回路识别到危险情况时，能正确及时地断开高压电源是非常关键的，因此设置自动断路器格外重要。自动断路器应遵守以下原则：

图 5-8　高压部件护盖监测器

1）自动断路器的安装位置应在动力电池（高压电源）附近，以减少断电后继续蓄能的电路。

2）自动断路器的初始状态应是常开的，需要控制器给予安全信号方能闭合，以避免高压线路误接通。

3）复位自动断路器应要求作业人员提供额外的信号，确认高压危险情况已清除后方能复位。

4）自动断路器应具有自诊断能力，将其内部的故障检测出来并予以显示或报警。

5）自动断路器即使在互锁回路出现供电电压过低的情况下，也应能正常工作。

6）在车辆行驶过程中自动断路器不能强行断电，使全车陷入瘫痪状态。

高压互锁回路的控制策略是在识别到危险时，整个控制器应根据危险时的行车状态和故障危险程度执行合理的安全策略控制。高压互锁回路的控制策略分为三级，分别如下：

1）一级是故障报警。无论电动汽车处于何种状态，高压互锁回路在识别到危险后，控制器应立即通过仪表或指示器以声光报警的形式提醒驾驶人，高压系统出现异常状况请及时处理，以免发生安全事故。

2）二级是降低功率运行。电动汽车在高速行驶过程中，高压互锁回路在识别到危险情况后，不能立即切断高压电源，而是控制系统降低驱动电机的运行功率使车辆的速度降下来，使整个高压系统在较小的负荷工况下运行，尽量降低发生高压危险的可能性，同时也允许驾驶人将车辆行驶到安全的地方或附近的维修点修理。

3）三级是切断高压电源。当车辆处于行驶状态时，若高压互锁回路识别到危险状况，则除了进行故障报警外还应通知控制器断开自动断路器，使高压电源彻底被切断，避免发生高压危险，确保车辆和人身安全。

问题 67　高压互锁回路的控制原理及实施过程是怎样的？

答：为防止电动汽车在碰撞过程中有可能会发生严重的人员触电伤害，需要在整个高压互锁回路中接入碰撞保护开关，这样一旦发生严重车辆碰撞事故导致碰撞保护开关触发，高压互锁回路控制单元（HCU）收到信号后自动切断高压互锁回路，从而保障驾乘人员的安全。高压互锁回路的控制原理如图 5-9 所示。

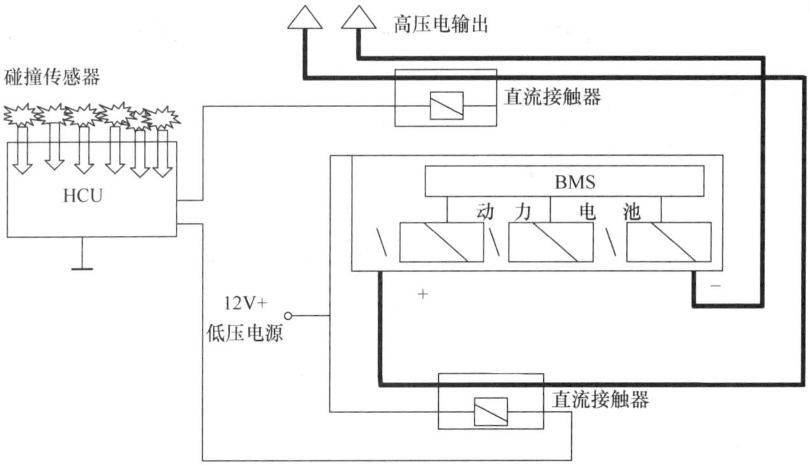

图 5-9　高压互锁回路的控制原理

（1）高压互锁回路的控制原理　高压互锁回路的控制原理是 HCU 控制两个直流接触器，当 HCU 收到任何一个碰撞传感器的碰撞触发信号时，立即切断直流接触器电路使高压电路断电，从而起到对驾乘人员的保护作用。高压互锁回路中设有两个功能完全一样的直流接触器，其目的是无论哪一个接触器发生粘连故障，HCU 仍能控制另一个接触器断开高压互锁回路，使得电动车辆不会因为个别元件失效导致严重的高压安全隐患，从而使高压安全隐患的风险大大降低，极大地提高了安全保险系数。

在高压互锁回路控制中，HCU 通过 0V 电压控制高压互锁回路的接通。即 HCU 发出回路接通的指令后，同时将与直流接触器相连接的 I/O 端口的电压置为 0V，接触器闭合回路接通。HCU 所有的 I/O 端口均有检测和判断是否悬空的电路，因此可以及时判断接触器的 I/O 连接端口是悬空还是被置于 0V，从而判断直流接触器是处于接通状态还是断开状态，不存在误判情况。

（2）高压互锁回路的工作过程　以某电动汽车公司的纯电动汽车为例，其动力电池额定总电压为 360V，车辆高压互锁回路的工作过程如下：

1）高压互锁回路的上电。在控制钥匙转到“KEY ON”上电位置的瞬间，HCU 和电池管理系统（BMS）启动开始自检。若自检通过且高压互锁回路状态正确，则 HCU 发出闭合继电器的指令给 BMS。至此开始了上电过程，电机控制器的电压开始逐渐上升。当电压达到动力电池额定总电压的 85% 时即判断上电成功，BMS 进入工作状态，如图 5-10 和图5-11所示。此时主继电器、直流接触器完全闭合，该纯电动汽车上电成功。整个上电过程也称为预充电过程，一般持续3～5s。

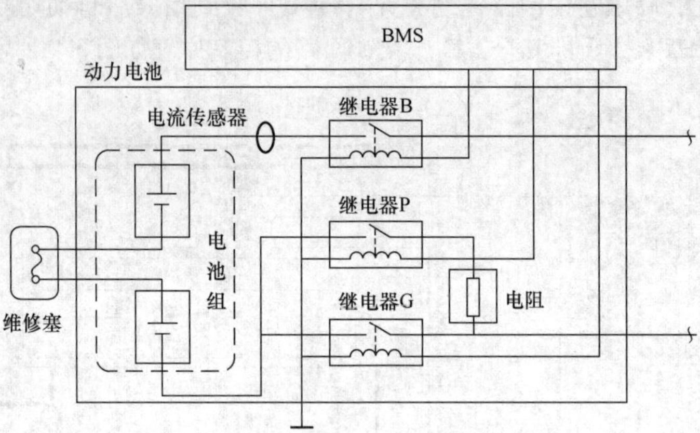

图5-10　BMS工作示意图

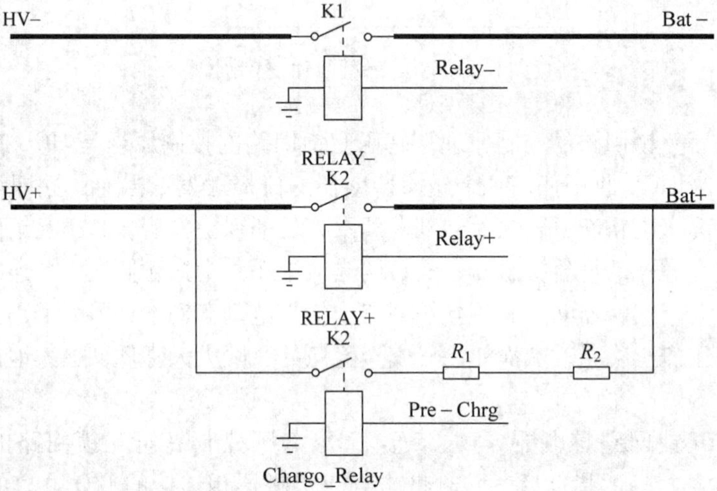

图5-11　预充电

2）高压互锁回路的断电。当控制钥匙转到“KEY OFF”位置后，HCU发出断开接触器的指令，同时发送高压互锁断开信号给BMS，BMS收到断开继电器的指令后，开始断电流程，电机控制器电压迅速下降到140V左右，然后逐渐降至0V，发送断开信号的高压互锁回路的电压被置为0V。整个断电过程持续时间略长于上电过程，约为5s，且受HCU和BMS的监控。

（3）高压互锁回路有断开接插件情况下的上电过程　故意将空调压缩机控制器的高压插接件断开，以模拟高压互锁回路故障断开情况下的上电过程。断开空调压缩机控制器的高压插接件后，将控制钥匙转到“KEY ON”上电位置，HCU和

BMS启动并自检。HCU自检完成后发送高压互锁回路闭合信号给BMS，待BMS自检完成进入等待状态后，HCU发送闭合继电器的指令给BMS。但BMS检测到高压互锁回路始终为断开状态，因此BMS不执行HCU的闭合继电器的指令。若HCU收到BMS回传的高压互锁回路状态信号，并识别其与HCU发送的高压互锁回路状态信号结果不一致，则设置故障码并储存故障信息，200ms后即发送断开继电器指令给BMS，BMS断开继电器。

（4）碰撞开关接通情况下的断电过程　在高压互锁系统完全正常的情况下，将控制钥匙转到“KEY ON”位置正常上电完成后，按压6个碰撞触发开关中的任意1个使其接通，测试紧急情况下高压互锁回路的断电过程。在压下碰撞触发开关瞬间紧急断电回路被触发，HCU立即切断直流接触器，高压互锁回路被强制断开。HCU和BMS几乎同时检测到了高压互锁回路由闭合状态变成了断开状态，并发出了断开报警信号，BMS发送了紧急断电故障信号，HCU存储了故障码和信息。这说明在车辆行驶发生碰撞事故时，只要车辆的碰撞触发开关有一个被接通触发了信号，高压互锁回路在HCU的控制下立即切断直流接触器，高压电路即被切断，以防止车辆碰撞事故后人员触电事故的发生。

问题68　电动汽车上使用的高压系统是如何进行电气安全防护的？

答：电动汽车上使用的是高压电，为了保证驾乘人员和维修、保养人员的安全，必须进行必要的电气防护。防护措施主要包括：高压电正极和负极使用各自独立的高压电缆；高压电系统带有等电位线，用于引开接触电压，插头和连接均有接触防护；在动力电池控制器上有可控的高压正极触点和高压负极触点；在动力电池上安装有维修开关，在拔下维修开关后高压电系统断电；在高压元器件内采用互锁安全线，在识别出碰撞故障时，动力电池控制器上的高压触点立即断开；在高压元器件上使用绝缘监控。

（1）电动汽车高压电气网络系统防护　对于电动汽车的高压部分采用双线制结构，其结构决定了从动力电池（供电元件）到驱动电机（用电元件）的电能传输路径。这种电动汽车使用的高压电气网络系统称为IT网络系统，如图5-12所示。电动汽车的高压电系统使用IT网络，高压电与壳体绝缘有单独的回路，因而不会有高压电流通过车身，保障了驾乘人员的安全。另外，即使高压电系统电源正极到壳体出现故障，IT网络系统也不会断电。IT网络系统正负极均出现故障时如图5-13所示。第一个故障在车上出现时，

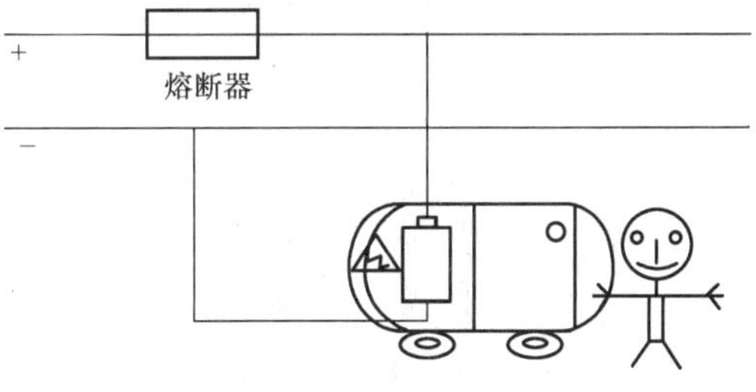

图5-12　IT网络系统

系统仍能工作，但会出现报警信息；第二个故障出现时，电池管理系统（BMS）会将高压电系统断电，同时系统内会短路，维修开关熔丝断开，切断高压电回路，组合仪表上有报警信息，车辆的高压电系统无法工作，车辆也无法起动运行。

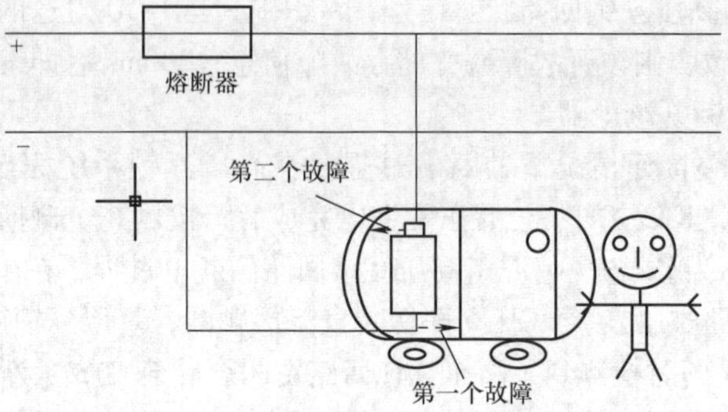

图5-13　IT网络系统出现等电位连接故障时

（2）高压电缆防护　电动汽车上的高压电缆一般采用橙色，高压电正极和负极均有各自单独的导线与高压部件连接，车身不用作搭铁。电动汽车上的高压电缆，俗称高压线，如图5-14所示。有单锌高压电缆和双芯高压电缆之分。

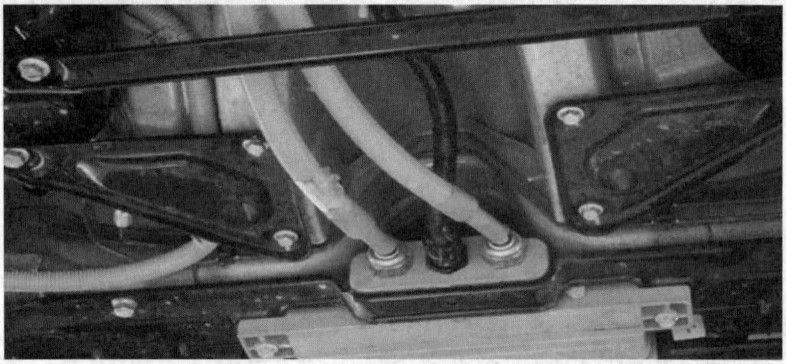

图5-14　电动汽车上的高压线

（3）插头和插座的接触防护　电动汽车高压电缆的插头和插座都具有特殊的结构形式，以进行高压电气防护。电动汽车的高压电缆插头结构如图5-15所示。

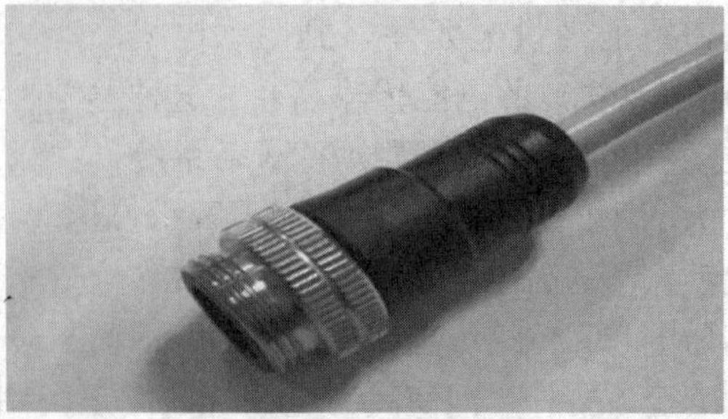

图5-15　电动汽车的高压电缆插头结构

（4）维修开关　在电动汽车上均安装有维修开关，其作用如下：①进行维修作业时拉开此插头，高压触点监控电路断开使高压电系统自动关闭切换到无电压状态；②进行维修作业时拉开此插头并固定住，以防止非人为作业需要而接通。宝马 i3 电动汽车高压维修开关如图 5-16 所示。图中高压维修开关 2 位于车辆正前方左侧冷却液补液罐 1 旁边。

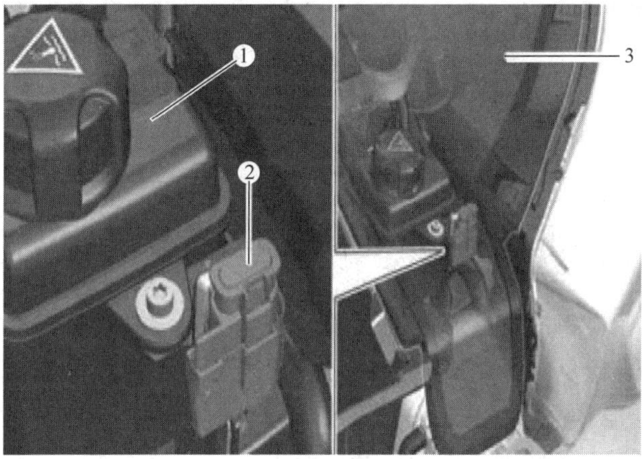

图 5-16 宝马 i3 电动汽车的高压维修开关

1—冷却液补液罐 2—高压维修开关 3—前照灯

（5）高压互锁 电动汽车上的高压互锁回路是个环形线路，通过低压电网来监控高压电网。不可在未断开维修开关的情况下拔下高压电插头，如果回路断路，会导致高压系统立即切断，以形成防触电保护。某电动汽车的高压互锁回路示意图如图 5-17 所示。

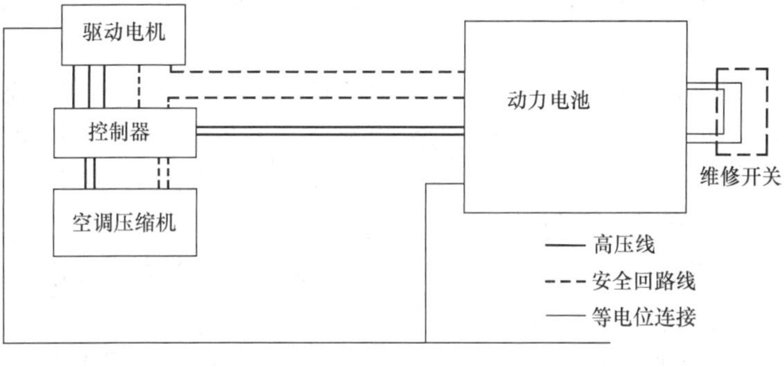

图 5-17 北汽电动汽车某车型的高压互锁回路示意图

（6）高低电压转换器（DC/DC）的安全防护 高低电压转换器（DC/DC）内的高压部分和低压部分隔离分开的，它的低压输出负极仍采用与车身搭铁的方式，这样可使其他低压用电设备的 12V 供电网络系统方式与传统燃油汽车一样，如图 5-18 所示。

（7）电容器放电防护 在电机控制器或其他功率电子装置内安装有电容器。通过电容器放电，可以消除功率电子装置内的电容器上的残余电压。由整车管理系

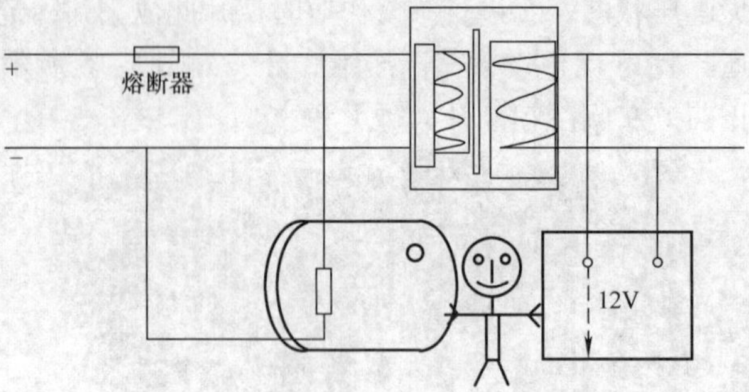

图5-18　高低电压转换器（DC/DC）内部的防护原理

统进行主动放电，在每次切断高压电系统或发生中断控制线时，都会发生这种使电容器主动放电的现象。在拆卸高压部件之前把残余电压卸掉称为被动放电。为了能可靠地把残余电压清除掉，在拔下维修开关之前，须等待一段时间（一般为10min），才可对高压部件进行拆卸检修工作。

问题69　高压熔断器的结构和工作原理是怎样的？

答：为了提高电动汽车的动力性能和增加续驶里程，电动汽车动力电池组的电压和能量越来越高，电压可达到几百伏，能量可达几十甚至上百千瓦时。若动力电池一旦发生短路，瞬间就会产生巨大的能量，存在爆炸、起火的危险，严重危及车辆和人员安全。电动车辆除设置高压互锁回路外，还必须在高压电路中设置高压熔断器进行保护。

电动汽车是集现代高科技、高电子、高材料技术与制造技术一体化的高端工业产品，依赖动力电池驱动并依靠充电器补充能源。熔断器在系统中担负串接通电和安全保护的双重功能，关系着车辆与人身的整体安危。因此对电动汽车实施保护的熔断器，必须是直流型的、能够超快速开断的毫秒级精准产品；否则，当短路电流出现的瞬间不能迅速安全断开电路，使短路故障电流直接冲击动力电池或击毁控制逆变器的IGBT集成模块组，后果不堪设想。

（1）高压熔断器的结构　120多年前，熔断器被爱迪生发明使用，用于保护电灯和电气线路，为人类的工业电气化进程做出了重大贡献，至今仍广泛使用并具有广阔的应用前景。ISO－8820和QC/T　420－2004等汽车用熔断器标准将熔断器定义为：接于电路中，当电路中的电流超过规定值和规定的时间时，使电路断开的熔断式保护器件。电动汽车使用的高压熔断器一个完整的超快速熔断器，主要由纯银（99.995%）熔断片、高强度阻燃型绝缘复合管体、导电端子和内部熄弧石英砂等构成，如图5-19所示。高压熔断器接入电路后，在正常负载下，熔断片是低电阻优良导体，仅消耗少量的电能，在供电正常状态下能够长期稳定工作。

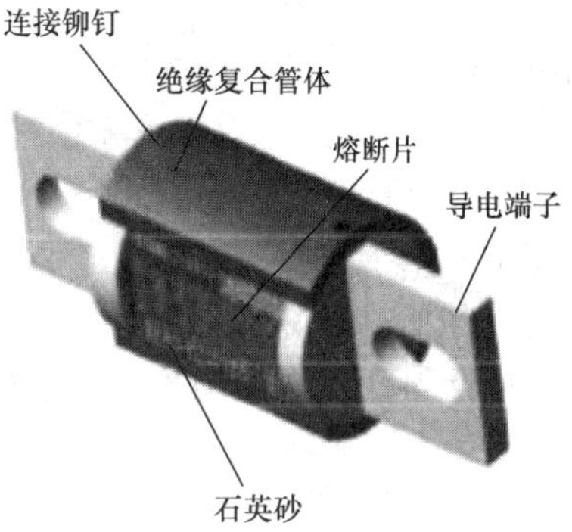

图 5-19　电动汽车用高压熔断器

（2）高压熔断器的工作原理　当电路出现过载故障电流时，通过高压熔断器的电流迅速增大，导致熔断片中部温度骤然升高。当温度达到纯银的自身熔点 960℃时，熔断片开始由固态熔化为液态。当它全部熔化后渗入周围的石英砂缝隙，从而切断电路中的故障电流。整个过程需要几十秒的时间。因为高压熔断器对过载电流反应较为迟钝，所以一般多用断路器或热继电器做过载保护。

当电路出现巨大的短路电流时，通过熔断片的电流在极短时间内急速增大，导致熔断片的细颈在极短的瞬间从固态直接烧熔而汽化，产生强烈的栅状电弧离子气体，限制短路电流的顺畅通过，并在石英砂的紧密包围和强迫冷却下，迅速熄灭并断开高温高压电弧桥，截断短路电流，实现安全高速的开断。整个过程仅需要几毫秒的时间。

（3）高压熔断器的选用原则　电动汽车的动力电池组的电压多设在 200～600V，除动力电池总熔断器外，还存在汽车空调系统、暖风系统和 DC/DC 系统等其他附件的高压回路，各回路均需直流高压熔断器做回路保护。为了使高压熔断器起到其应有的作用，确保整车用电器安全工作，选择合适的类型及规格就变得尤为重要。高压熔断器的选型涉及以下因素：①施加在高压熔断器上的电流特性；②施加在高压熔断器上的电压特性；③高压熔断器的环境温度；④高压熔断器的安装尺寸限制；⑤高压熔断器所应用的线路等。高压熔断器的额定电压须大于动力电池的最高电压。在外加电压和尺寸一定的情况下，高压熔断器的选择主要从电流特性、环境温度及应用线路这 3 个因素考虑。

1）电流特性。高压熔断器额定电流的选择应参考以下公式：

$$I_n = \frac{I_r}{K_1 K_2} \tag{5-1}$$

式中　I_n——高压熔断器额定电流；

I_r——被保护回路的负载电流；

K_1——负载形式矫正系数；

K_2——温度矫正系数。

其中，负载形式矫正系数 K_1 主要根据负载特性、功率变化、电流波动、起动与关闭瞬间冲击电流等因素考虑。一般条件下，平稳运行负载 K_1 选择 0.75；负载电流有较大波动的电路，负载矫正系数 K_1 建议选择 0.6。

2）环境温度。根据高压熔断器使用的环境温度及熔断器温升曲线，应合理选择温度矫正系数。电动汽车无明显高温产生的区域，温度矫正系数 K_2 一般选择

0.6。在确认温度矫正系数时，要考虑高压熔断器自身的功耗，即熔断器在通过不同电流时所得到的不同的温升效果。

3）应用线路。电动汽车的整车高压线路根据电流的强弱可分为高压大电流保护线路和高压小电流保护线路。一般情况下，一辆电动汽车使用4~5个高压熔断器，主要用于电机控制器、空调压缩机、高低电压转换器（DC/DC）、暖风和动力电池组的加热器等高压设备。电动汽车的电气拓扑图如图5-20所示。电动汽车使用的低压熔断器与传统燃油汽车的一致，这里不再赘述。

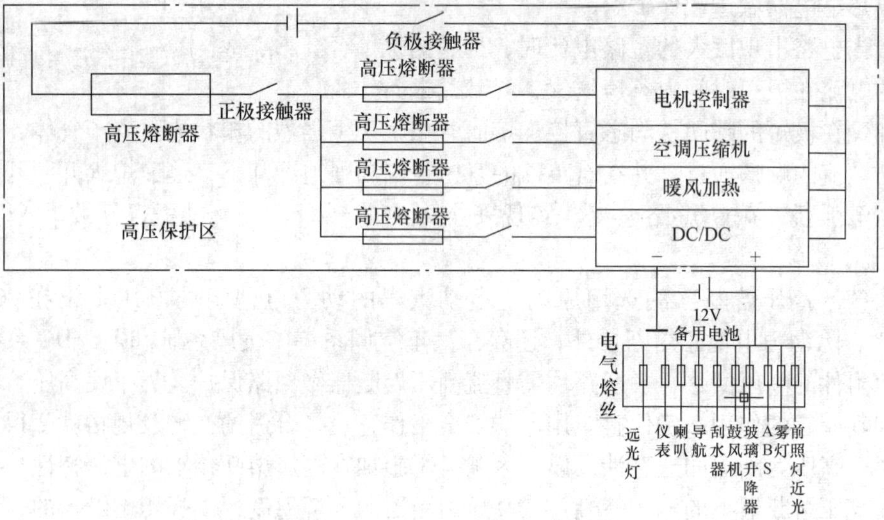

图5-20　电动汽车的电气拓扑图

（4）高压熔断器的类型　目前高压熔断器的类型主要有英标熔断器、美标熔断器、欧标熔断器和法标熔断器四种类型。

1）英标熔断器。英标熔断器壳体采用陶瓷材质，具有体积小、性价比高等优点，起初主要使用于英联邦等国家生产的设备。随着汽车电动化高压设备的发展，现在它也适用于对电动汽车高压设备的保护，并且由于其较高的性价比，特别受到240V以下的整车生产厂家的青睐。英标熔断器的样式如图5-21所示。

2）美标熔断器。美标熔断器壳体采用三聚氰胺网格布加陶瓷层叠工艺制成，具有焦耳积分值小、功率损耗小、抗冲击能力强和直流性能优越等特点。其应用最为广泛，涵盖了大部分电力电子产品。由于其在电力机车上卓越的性能表现，被引用到电动汽车上对高压电气系统的设备起保护作用。美标熔断器的样式如图5-22所示。

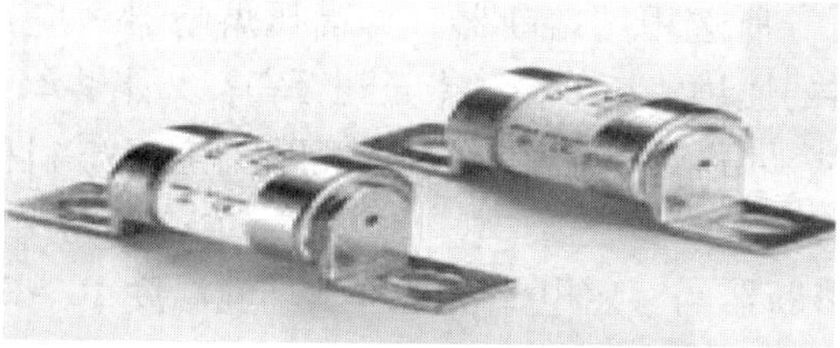

图 5-21　英标熔断器的样式

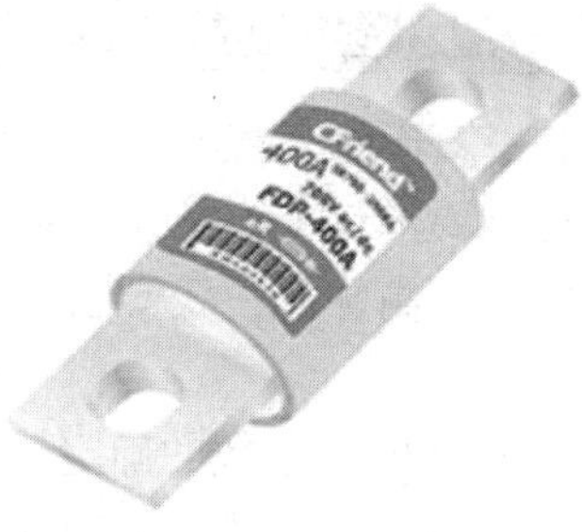

图 5-22　美标熔断器的样式

3）欧标熔断器。欧标熔断器多为方形，壳体采用陶瓷材质，产品具有运行温度低、功率损耗小和焦耳积分值低等特点，且性能优越，适用于结构紧凑、高压大功率等场合，尤其是在手动维修开关（MSD）中大量使用。欧标熔断器的样式如图 5-23 所示。

4）法标熔断器。法标熔断器具有循环能力强、体积小及构造独特等特点，在电动汽车的高压小功率设备中应用广泛。法标熔断器的样式如图 5-24 所示。

图 5-23　欧标熔断器的样式

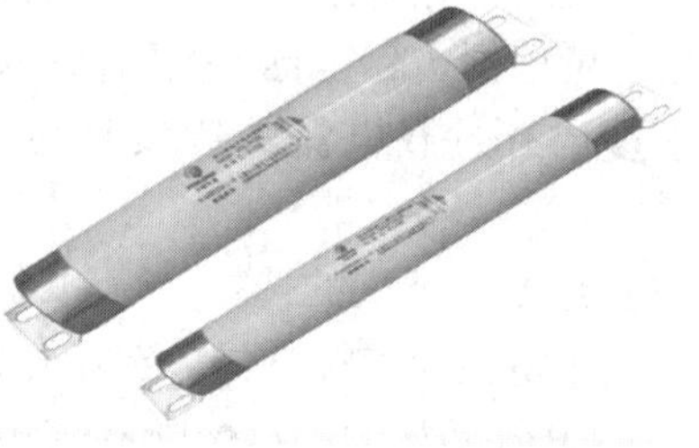

图 5-24　法标熔断器的样式

（5）熔断器寿命　从理论上来看，当通过电流为熔断器额定电流的 50% 以下时，熔断器能够保证持续工作不出现非正常熔断。但实际负载通常不是平稳的线性负载。针对不同的负载曲线，需根据以下公式进行计算：

$$I^2 t = \int_0^{t_{1-2}} t\mathrm{d}t \tag{5-2}$$

式中　I——电流；

t——时间。

电流波动主要是在汽车初步起动或功率上升区域，可从负载起动快速提高负载功率直至稳定，抓取从开始到负载稳定过程中的电流波形，估算为 $I^2 t$。熔断器的寿命 $I^2 t$ 理论计算仅作选用参考，实际寿命仍需在试验台架上进行，或随实车耐久性试验同步进行。

问题70　选用高压熔断器应遵循什么原则？

答：对于电动汽车的高压保护区，所选用的熔断器（即高压熔断器）应具有以下性能要求：①容量大，其电容器的通过电流多在几十至几百安；②能够承受瞬间高电流、高脉冲；③安全可靠性高；④可运行于相对较高的环境温度；⑤机械特性好。

（1）熔断器参数的确定　通常熔断器的额定电流值是基于环境温度18～28℃时的电流值。为了满足电动汽车的实际工况要求，需要对额定电流值进行修正。高压熔断器可允许的最大连续负载电流值，可用以下公式进行计算：

$$I_b = I_n \cdot K_t \cdot K_v \cdot K_e \cdot K_f \cdot K_b \tag{5-3}$$

式中　I_b——可允许的最大连续负载电流；

I_n——熔断器的额定电流；

K_t——温度校正系数；

K_v——风冷校正因数；

K_e——插接器件热传导因数；

K_f——频率校正因数；

K_b——熔断器壳体校正因数。

通过上式计算得出的高压熔断器额定电流值是一个初步的选型数据，初步选型完成后，可根据实际运行工况数据对熔断器的额定电流值进行参数修正。需要参考的修正参数有过载电流的持续时间、电流大小；冲击电流的持续时间、电流大小等。

（2）熔断器类型的选择　熔断器应根据熔断器的工作环境、尺寸限制、电流特性、电压特性和连接方式等选择合适的类型。通常情况下电动汽车厂家选用美标FWH、FWP等系列的高压熔断器较多。电动汽车高压熔断器的选择方法不同于传统汽车熔断器的选择，其高压、大电流、多脉冲等特性，对熔断器的选用提出了新的挑战。

（3）选用实例　下面以某纯电动汽车为例介绍高压熔断器的选用方法。该纯电动汽车搭载长寿命高效率锂离子动力电池和液冷式永磁同步电机，最大功率为80kW，峰值转矩为260N·m。动力电池的总电压为326V，总容量为61.2A·h，具有近20kW·h的高能量，60km/h等速续驶里程达到了210km，并可直接用家用220V交流电充电。其选用步骤如下：

1）首先列出该车高压熔断器参数选择汇总表，见表6-1。

2）根据连续负载电流和环境温度初步选择一款高压熔断器，暂选美标FWH系列，具体型号为FWH—250A。该熔断器的额定电压为500V，额定电流为250A。

表 5-1 高压熔断器参数选择汇总表

	负载类型	持续时间	发生频次	电流值/A
动力电池高压熔断器	正常	连续		150
	过载 1	30s	每天数次	250
	过载 2	10s	每天数次	300
	脉冲	100ms	每周 1 次	350
电压数据	400V	故障情况下熔断器上加的最高电压		
环境温度数据	60℃	自然对流冷却		
系统耐受峰值电压	900V			
工作频率	小于 1000Hz			
熔断器连接方式	铜排连接	（电流密度 2. 5A/mm^2）		

3）高压熔断器采用自然对流冷却，最高环境温度为 60℃。查阅相关温度系数校正曲线图，可得温度校正因数$K_t=0.8$。

4）高压熔断器的连接方式为铜排连接。铜排的电流密度为 2. 5A/mm^2，查阅连接器件热传导因数校正曲线图，可得连接器件热传导因数 $K_e=0.85$。

5）高压熔断器采用自然对流冷却，未采用额外的散热处理，风冷校正因数$K_v=1$。

6）高压熔断器的工作频率在 1 000Hz 以下，频率校正因数 $K_f=1$。

7）高压熔断器初步选用的是美标，其壳体校正因数 $K_b=1$，将以上参数代入式（5-3）得：

$$I_b = I_n \cdot K_t \cdot K_v \cdot K_e \cdot K_f \cdot K_b$$

$$=250\times 0.8\times 0.85\times 1\times 1\times 1=170\ (\text{A})$$

即高压熔断器的最大连续负载电流为 170A。

8）查看图 5-25 所示 FWH 系列熔断器的时间 - 电流特性曲线，对照表 6-1 可知，过载 1、过载 2 和脉冲等电流均小于 FWH—250A 对应时间点的电流，满足时间电流特性要求。

经过以上的参数计算对照，证明所选的 FWH—250A 熔断器是符合应用参数要求的，又经过长时间的实际路试，所选择的熔断器工作正常、稳定可靠，完全满足实际运行要求。因此所选熔断器合格，可进入小批量试用阶段。

注：上述所需要查阅对照的因数特性校正曲线图由熔断器生产厂家提供。

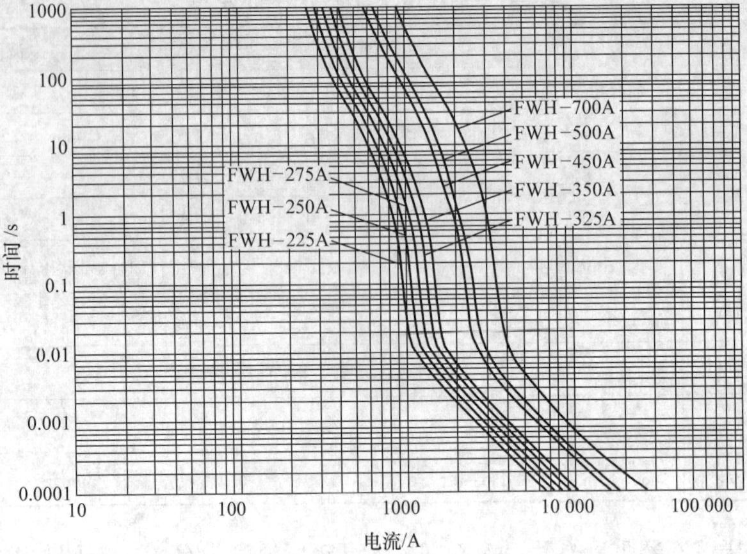

图5-25　FWH系列熔断器的时间－电流特性曲线

第六篇

电动汽车的空调系统

问题71 汽车空调的工作原理是什么？如何分类？

答：（1）汽车空调的基本工作原理 汽车空调一般将制冷与制暖分开。传统燃油汽车的空调是利用发动机工作余热制热，它将吸收发动机散热的冷却液引入HVAC（Heating Ventilation Air－conditioning and Cooling，即暖通空调，本书中特指车内空调器总成）的散热芯体中加热周围空气，再经鼓风机将热空气吹到乘员舱进行热交换。电动汽车利用安装在HVAC上的PTC加热芯加热周围空气，再经鼓风机将热空气吹到乘员舱进行热交换。

空调制冷系统的工作以制冷剂为介质，低温低压的气态制冷剂经压缩机压缩后变为高温高压的制冷剂，经冷凝器冷却后温度降低变为液态制冷剂，经膨胀阀膨胀在蒸发器内吸收大量的热量后，再次变为低温低压的气态制冷剂输入压缩机压缩为高温高压制冷剂，完成制冷工作循环。制冷系统的工作循环如图6-1所示。在HVAC内，吸热过程主要在蒸发器内完成，被吸收热量的低温空气由鼓风机吹出与乘员舱内的热空气进行交换，以此来降低车内的空气温度。传统燃油汽车空调压缩机的动力由发动机运转输出，电动汽车空调压缩机的动力由自身的电动机提供。

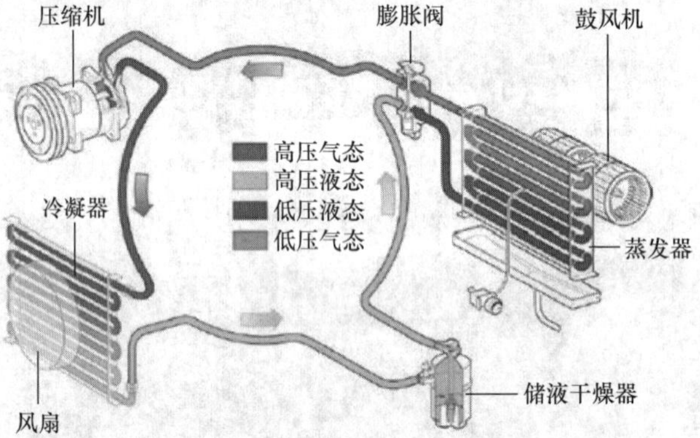

图6-1 制冷系统的工作循环

由以上汽车空调的基本工作原理可知，在燃油汽车发动机不工作的情况下，空调系统是不能进行制冷/制热作业的，而电动汽车则不受限制，可以在驱动电机不工作时正常进行制冷/制热工作。

（2）汽车空调的分类

1）按功能分类。汽车空调按功能可分为：①暖机空调，主要应用在高寒地区，如我国的东北等地区，或俄罗斯等高寒国家；②冷机空调，主要应用在赤道附近等炎热国家和地区，如也门、沙特等国家以及我国的海南；冷暖空调，适用于我国的大部分地区。严格来说，单制暖机与单制冷机并不能做到温度、湿度和风速等的全方位调节，但在一定程度上具有调节空气品质的作用。

2）按汽车空调操作系统的配置分类。汽车空调按操作系统的配置主要可分为手动空调、手动电控空调和自动空调三大类。在手动空调系统中，采用机械传动结构操作 HVAC 的风门，操作手感不宜控制，A/C 功能、风速、温度及出风方向等全部功能均需人员手动控制。手动电控空调在系统中已包含电动伺服机构，虽然依旧使用手动操作控制空调的全部功能，但操作阻力屏蔽在电动伺服机构层面，操作手感控制水平较高。自动空调系统与手动电控空调相比，配置了更多传感器（需采集车外温度、乘员舱内温度、光照强度等），同时具备空调全自动 ATUO 调节功能，自行运算控制车内适宜的温度。

问题 72　电动汽车空调的主要组成部件有哪些？

答：电动汽车空调的制冷系统是一个主要由压缩机、压缩机控制器、冷凝器（包括冷却风扇）、蒸发器、膨胀阀（或膨胀管）、储液干燥器和管路形成的封闭系统，如图 6-2 所示。

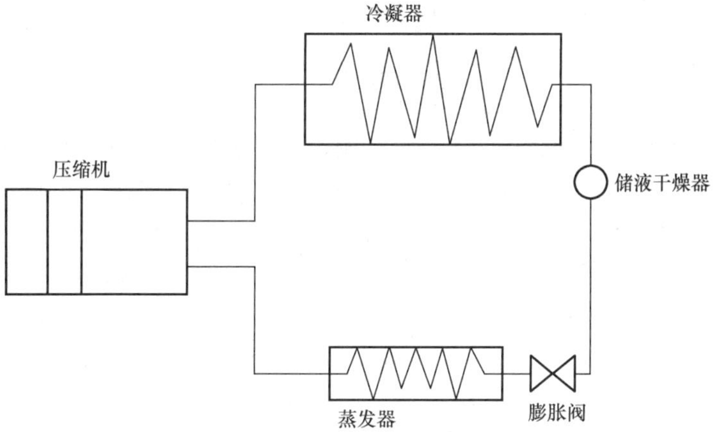

图 6-2　电动汽车空调制冷系统简图

（1）压缩机　电动汽车对空调压缩机的要求首先是效率高，其次是结构紧凑、质量小、噪声低、成本低，能在各种气候下工作。另外，电动汽车空调压缩机采用电动机直接驱动，能适应电动机的高转速性能。

涡旋式压缩机作为当前活塞式压缩机的换代产品，具有其他压缩机不可替代的优势。涡旋式压缩机利用动、静涡旋片的相对公转运动，形成封闭容积的连续变化以实现压缩制冷的目的。这种压缩机工作可靠、寿命长、容积效率高、吸排气连续、气流脉动小、运转平稳且转矩变化均匀。相比其他形式的压缩机，节能 30%，噪声降低 1/3，具有节能环保的亮点，如图 6-3 所示。

小排量汽车夏天开空调后经常出现散热器“开锅”（冷却液沸腾）的现象，这

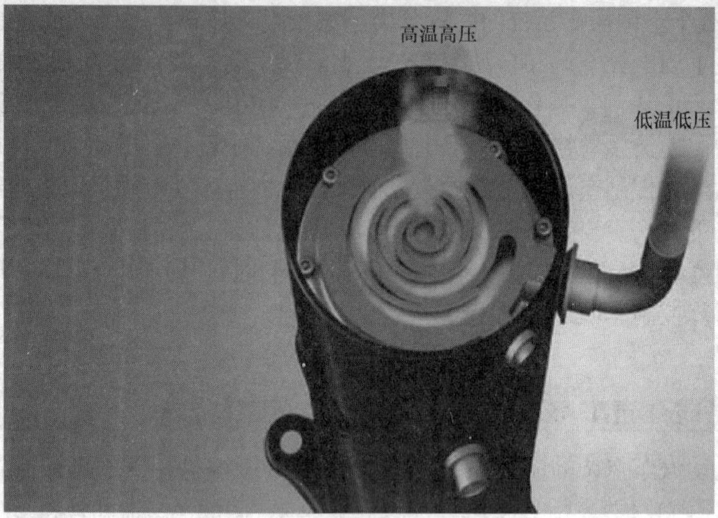

图6-3　工作中的涡旋式压缩机

是因为采用的斜盘式或旋叶式压缩机自身功耗过大。当气温较高时，由于小排量汽车的空调冷凝器与散热器位置的局限，造成冷凝效果不好，导致冷却液温度升高，空调系统压力增高，空调压缩机负荷加大，空调压缩机消耗的功率逐渐增大，因而出现动力严重不足、散热器“开锅”、空调效果差和空调压缩机容易损坏等现象。由于小排量汽车采用低转矩高转速的发动机，也容易造成斜盘式或旋叶式压缩机的损坏。20世纪初，法国工程师L. Greux提出了涡旋式压缩机构思并在美国申请了专利。但由于缺乏精确的加工手段来加工涡旋体，缺乏合适的机构轴向支撑沿轨道运行的动盘，并且此种机构的轴向气体推力很大，气体泄漏问题不易解决，以及涡旋体之间的磨损问题也较难解决，长期以来这种机构一直未投入实际使用。直到20世纪80年代初，高精度数控机床的出现，解决了涡旋体的加工问题，涡旋式压缩机开始进入批量生产时代。涡旋式压缩机以其运转可靠、高效节能、微振低噪及体积小、重量轻等特点，在小型制冷空调领域得到了越来越广泛的应用，尤其是在汽车空调中的应用越来越受到人们的青睐。

1）涡旋式压缩机的结构。涡旋式压缩机主要由固定涡旋体（静盘，又称为静涡旋盘）、动涡旋体（动盘，又称为动涡旋盘）、止推机构（由钢球、定珠圈和止推垫片组成）、偏心回转机构（由曲轴、偏心套和滚针轴承组成）、密封装置及排气阀片等组成，如图6-4所示。

2）涡旋式压缩机的工作原理。如图6-5所示，涡旋式压缩机由两个涡旋体相互成180°的角度装配在一起，其中一个被固定（静盘），另一个旋转（动盘）。这一对渐开线形的涡旋体组成3对同时工作的压缩腔，动盘一方面沿着很小的偏心距（曲轴回转半径）轨道移动（即摆动），另一方面与静盘接触作相对转动，与静盘形成3个变容积的密封腔。每一转中，第1个腔吸气，第2个腔压缩气体，第3个

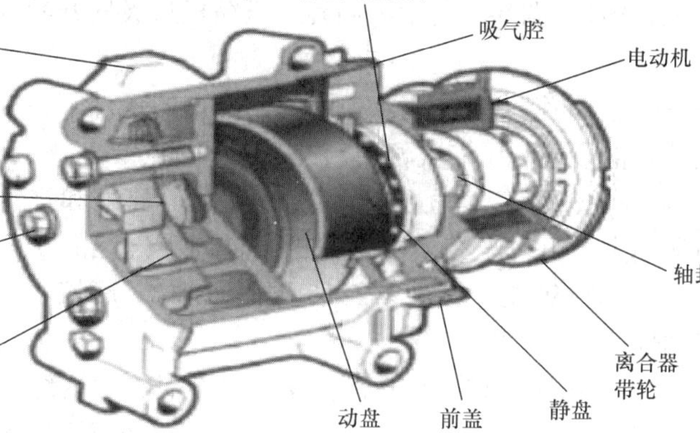

图 6-4　涡旋式压缩机的结构

腔排出气体，也就是说，在每个转角，压缩机都在持续循环进行吸气、压缩、排气，因此没有负荷的起伏变化，可以认为负荷不发生变化，所以涡旋式压缩机运转

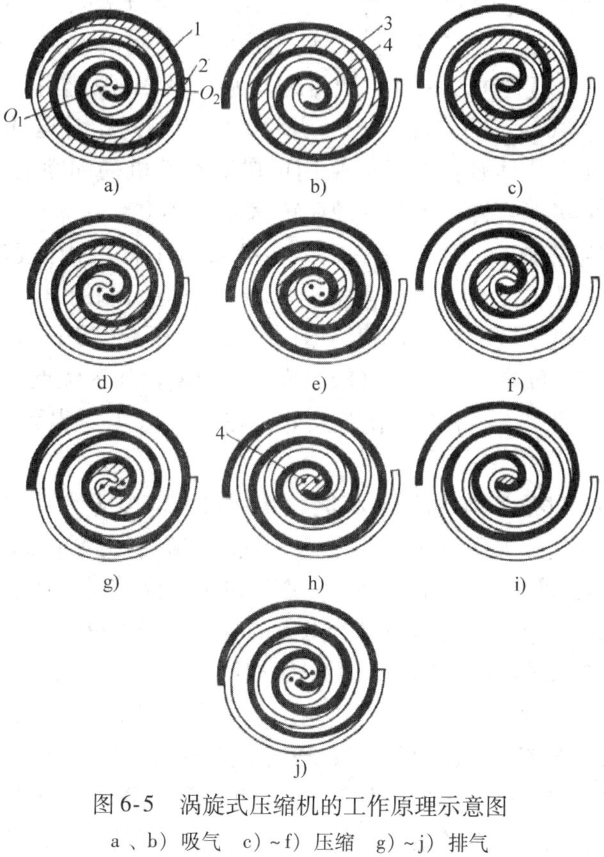

图 6-5　涡旋式压缩机的工作原理示意图

a 、b）吸气　c）~ f）压缩　g）~ j）排气

1—外壳　2—吸气腔　3—压缩腔　4—排气腔

非常平稳。这种特性对驱动电机非常有利。动涡旋体中心 O_2 围绕静涡旋体中心 O_1 作平面运动（无自转）。图 6-5 所示为涡旋式压缩机从吸气开始到排气的整个压缩工作过程。

3）涡旋式压缩机的特点及应用。在相同制冷量的条件下，涡旋式压缩机与斜盘式、旋叶式及其他形式的压缩机相比，具有以下优点：

① 高效节能、可靠性高。涡旋式压缩机的吸气、压缩和排气过程是连续单向进行的，气体泄漏少；由于没有余隙容积中气体向吸气腔的膨胀过程，容积效率高，通常可达到 90% ~98%；轴向密封采用柔性机构，摩擦小，不因摩擦和磨损而降低压缩机的性能。

② 起动转矩小、运转平稳、噪声低及振动小。涡旋式压缩机因为一对涡旋体中几个月牙形空间可以同时进行压缩过程，即多腔室连续压缩，数个不同相位的工作循环同时进行，前一个波峰恰好与后一个波谷叠合，故使曲轴转矩变化很小，压缩机运转平稳；又因涡旋式压缩机的吸气、压缩和排气是连续进行的，排气阀片的机械撞击和气流脉动几乎不存在，噪声比其他机型普遍低 3 ~5dB，且涡旋式压缩机的运动部件作半径很小的圆周运动，惯性力小，因此振动非常小。

③ 结构简单、体积小、重量轻。涡旋式压缩机结构简单，压缩机的零件数目与滚动转子式及往复式压缩机的零件数目之比为 1∶3∶7，因此涡旋式压缩机的体积比往复式压缩机小 40%，质量小 15%；并且动、静盘的相对运动速度只有 0.4 ~0.8m/s，同时两个涡旋体轴向、径向采用可调的柔性机构和性能卓越的材料，因而相对摩擦小，可实现高转速运转，最高转速可达 10 000 r/min 以上。

④ 由于没有吸气阀，容积效率高，运转可靠，特别适用于变转速和变频调速技术。随着人们对舒适性要求的提高及对能源和环境问题的日益关注，这种高效率、低噪声的压缩机在制冷行业得到了迅速的发展。近些年来，涡旋式压缩机凭借其体积小、重量轻、噪声小、无吸气阀、零件少及寿命长等优点，尤其是容积效率高、等值排量情况下节约材料、节能性好，在电动汽车上得到了越来越广泛的应用。

（2）膨胀阀　膨胀阀也称为节流阀，是组成汽车空调制冷系统的主要部件，安装在蒸发器入口处，如图 6-1 所示。它是汽车空调制冷系统高压与低压的分界点。其功用是将来自储液干燥器的高压液态制冷剂节流减压，调节和控制进入蒸发器中的液态制冷剂流量，使之适应制冷负荷的变化，同时可防止压缩机发生液击现象（即未蒸发的液态制冷剂进入压缩机后被压缩，极易引起压缩机阀片的损坏）和蒸发器出口蒸气异常过热。汽车空调制冷系统采用的感温式膨胀阀，也称为热力膨胀阀，是利用装在蒸发器出口处的感温包来感知制冷剂蒸气的过热度（过热度是指蒸气实际温度高于蒸发温度的数值），由此来调节膨胀阀开度的大小，从而控制进入蒸发器的液态制冷剂流量。感温包和蒸发器出口管接触，蒸发器出口温度降低时，感温包、毛细管和薄膜上腔内的液体体积收缩，膨胀阀阀口闭合，借以限制制冷剂进入蒸发器的流量。相反，如果蒸发器出口温度升高，膨胀阀阀口将开启，借以增加制冷剂的流量。

内感温式 H 型汽车空调膨胀阀如图 6-6 所示。在其内感温管的下端有隔热柱和导向柱，导向柱与阀针之间有非金属材料制成的内锥形密封圈，依靠其上下受力时的变形，不但保证了阀在调节过程中的灵敏度，同时使阀的气、液腔之间具有良好的密封性能，使阀的内感温管能感受到流过内感温管的气态制冷剂的实际温度，保证了制冷系统的正常工作和制冷效率的提高。

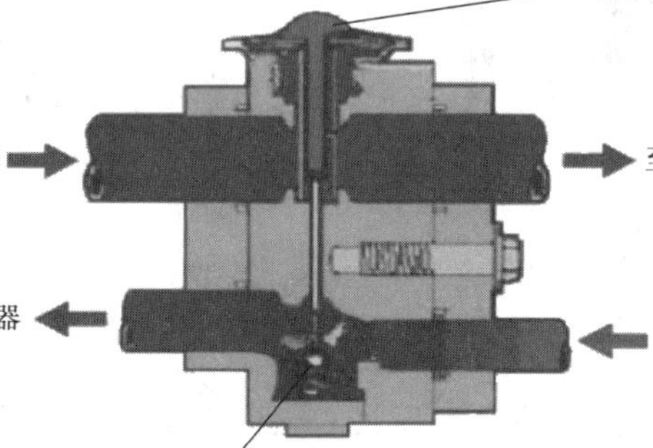

图 6-6　内感温式 H 型汽车空调膨胀阀

还有一种节流装置是膨胀管，即节流膨胀管。它是一根细铜管，装在塑料套管内，如图 6-7 所示。塑料套管外环形槽内装有密封圈，是一种固定孔口的节流装置，其两端都装有过滤网以防堵塞。在整个制冷系统管路中直径最小的就是节流膨胀管，经此处的制冷剂因固定截面节流使其压力降低，在此后的蒸发器中制冷剂因压力低膨胀而吸收热量。节流膨胀管可与变频电动压缩机配合工作，属于制冷系统。

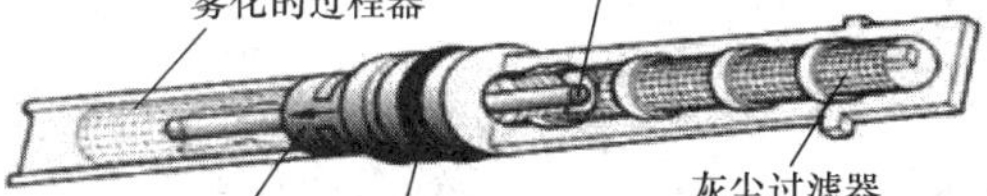

图 6-7　节流膨胀管结构示意图

（3）蒸发器　汽车空调蒸发器置于车内，利用低温低压的液态制冷剂蒸发时需吸收大量热量的原理，把它周围空气中的热量带走，从而达到冷却除湿的目的，并把冷空气送入车厢使车内降温。蒸发器由箱、管和散热片组成。管子穿过散热片形成小通道，提高了传热率。空气流经蒸发器时被冷却，空气中的潮气凝结附在散热片上，潮气变成小水滴并保存在滴水盘中，通过排水管排出车外。

蒸发器按结构一般分为管带式、层叠式和管片式三种类型。其中，管带式蒸发器由多孔扁管与蛇形散热带焊接而成，如图 6-8 所示。其特点是扁管比冷凝器宽，竖向弯曲易排水。

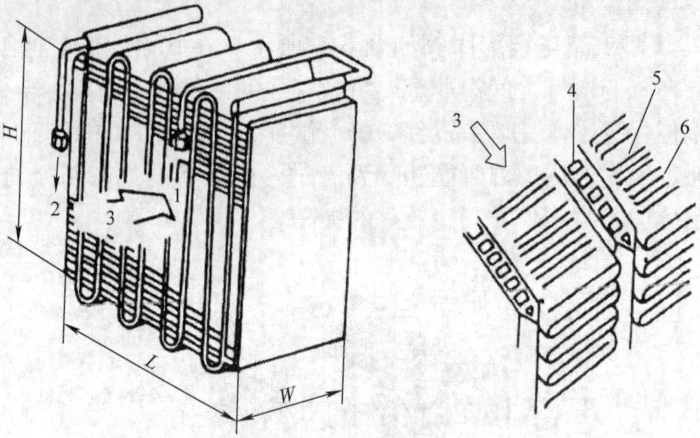

图6-8　管带式蒸发器

1—进口　2—出口　3—空气　4—管子　5—翅片　6—散热器

层叠式蒸发器由两片冲成复杂形状的铝板叠在一起组成制冷剂通道，每两片通道之间夹有蛇形散热带，如图6-9所示。虽然加工难度大，但散热效率很高，结构紧凑。它的散热效率比管带式蒸发器高了10%左右。

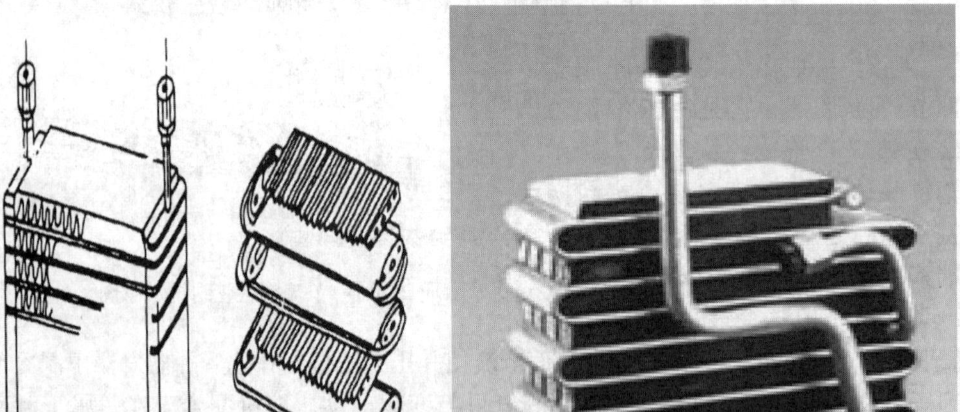

图6-9　层叠式蒸发器

管片式蒸发器由安装在一系列薄散热片内的制冷剂螺旋管组成，结构紧凑、散热效率高，如图6-10所示。

蒸发器安装在汽车仪表板内部，因为空调位置有限，所有对蒸发器要求较苛

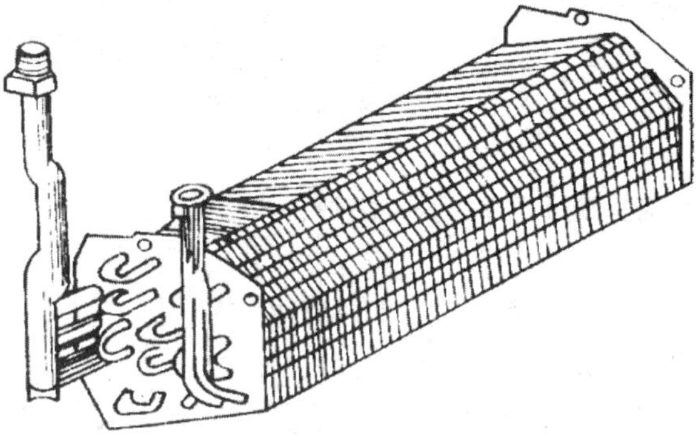

图 6-10 管片式蒸发器

刻。蒸发器要具有制冷效率高、尺寸小、重量轻等特点。

（4）冷凝器 冷凝器的作用是将压缩机送来的高温高压气态制冷剂转变为液态制冷剂，制冷剂在冷凝器中散热而使状态发生变化。因此冷凝器是一个热交换器，将制冷剂在车内吸收的热量通过冷凝器散发到大气当中。电动汽车的冷凝器通常安装在汽车的前面，通过专用的冷却器风扇进行加强散热。

冷凝器的结构如图 6-11 所示，主要由管路和散热片组成，分为管片式、管带式和鳍片式三种结构形式。冷凝器的结构有从管片式向管带式，平行流动式发展的趋势。

图 6-11 冷凝器实物和仿真模型

冷凝器的安装要求：①冷凝器与左右部件（刚性物体）的间隙≥10mm，分开装配的前后间隙为 10～20mm，冷凝器与前保险杠的距离≥60mm。②冷凝器上下的抖动量较大，与散热器上横梁的间隙要适当增大，上下要有减振措施。③为方便管路的布置，增强和优化在城市行驶和低速运转时冷凝器的冷却效率，必须保证散热器、冷凝器、前围的密封性（通过护风罩、导流板和密封圈），冷凝器制冷剂进出口与侧纵梁的间距≥70mm。④为优化冷却风进口的效率，避免低速运转时冷凝器上的热气再循环，前格栅的迎风面积不小于冷凝器迎风面积的 30%。

(5) 储液干燥器　储液干燥器是空调中非常重要的部件，安装在冷凝器出口位置。没有储液干燥器的汽车空调系统压力无法稳定，冷凝器的能力不能充分发挥，蒸发器及膨胀阀不能稳定工作。简单说，储液干燥器相当于人体的“肝脏”。其作用如下：

1）储液干燥器结构决定出口为液体制冷剂，可以使膨胀阀节流稳定，降低系统高压。

2）内部有干燥剂-分子筛，吸收制冷剂及系统内部残留水分。

3）内部过滤器过滤系统杂质，保护压缩机。

4）储存系统中多余的制冷剂，在系统需要时释放到系统中。

目前常用的是将储液干燥器与冷凝器集成为一体的结构，如图6-12所示。独立式储液干燥器，要求装配在与环境温度接近的通风区域，与周边件的间隙不小于5mm，图6-13所示。

图6-12　集成式储液干燥器

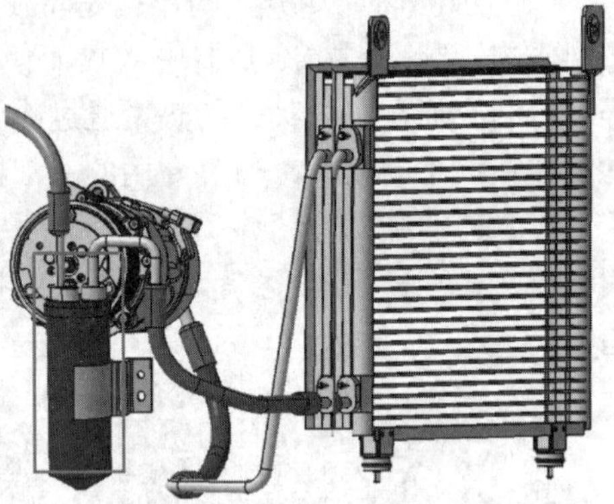

图6-13　独立式储液干燥器

(6) 空调管路　由于汽车空调的各部件总成一般分散安装在汽车的各个部位，汽车空调管路将这些部件总成连接起来，组成一套完整的汽车空调系统，如图6-14所示。如果说压缩机是空调系统的“心脏”，那汽车空调管路就是空调系统的“血管”。汽车空调管路一般由铝管、空调胶管及其他管路附件组成，如图6-15和图6-16所示。目前汽车空调中使用的制冷剂为R134a。

1）空调管路按照压力分类。

① 高压管路：由压缩机到膨胀阀之间的汽车空调管路（图6-14所示粗线箭头）。

② 低压管路：由膨胀阀到压缩机之间的汽车空调管路（图6-14所示细线箭头）。

2）空调管路按照制冷剂状态分类。

① 气态管路：管路中制冷剂的状态为气态。

② 液态管路：管路中制冷剂的状态为液态。

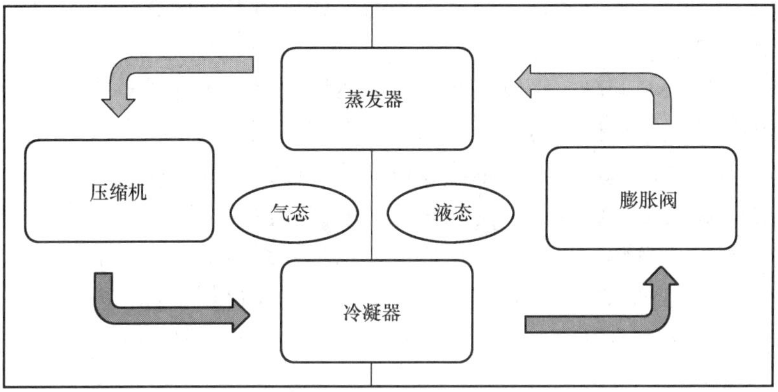

图 6-14　空调系统示意图

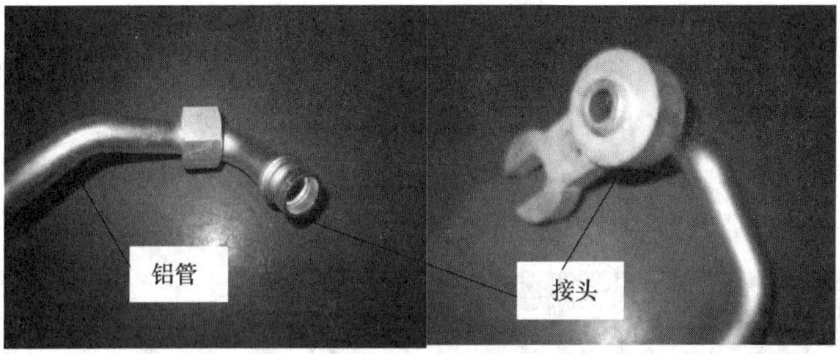

图 6-15　铝管和接头

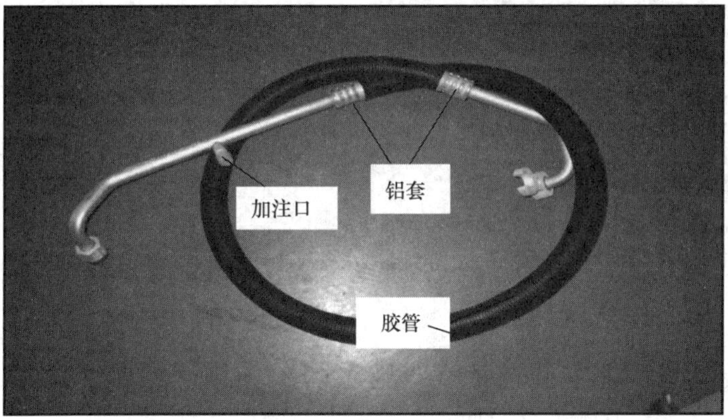

图 6-16　铝管与空调胶管

3）高低压一体式节能同轴管路。目前绝大多数汽车空调系统所使用的空调管路为高低压分体式，即高压管路和低压管路是两个分开独立的运输管路。但是低压管路中的制冷剂是从蒸发器出来的，温度较低，要从环境中吸热；高压管路是从冷凝器到膨胀阀的，需要散热来提高制冷剂的性能。若将此两者结合为一起可互相借用能量彼此互补。

传统空调管路与同轴空调管路相比，低压管路不便于低温吸热散失能量，高压管路不便于散热提高性能。低压管路与蒸发器出口相连接，在空调制冷过程中因蒸发器温度较低，由此流出的制冷剂温度也较低。因此在夏季空调制冷过程中会发现空调的低压管路表面凝结水滴，这正是低压管路吸热的体现。这部分能量通过低压管路热传递形式散发到前机舱，会消耗电量增加压缩机的负荷。空调系统的高压管路与冷凝器、压缩机总成出口连接，空调系统在工作过程中管路内的高温高压制冷剂需要降温，以尽量降低膨胀阀出口、蒸发器进口的制冷剂温度，从而提高空调系统的制冷性能。

空调高低压管路结合成一根管路后，通过两者在工作过程中自身的温差，相互传递能量，能够有效起到节能、提高制冷系统效能的作用。同轴管路工作原理示意图如图6-17所示。通过37℃环境模拟试验和夏季高温试验的数据对比，在同等压缩机功率情况下，同轴管路能够有效提高空调系统的制冷能力，起到整车节能的作用。同时此方案不对整车布置和空调结构造成较大的改动，较为实用，只是同轴管路与传统管路相比加工工艺较为复杂，价格稍高，有待于进一步完善加工工艺、降低加工费用。

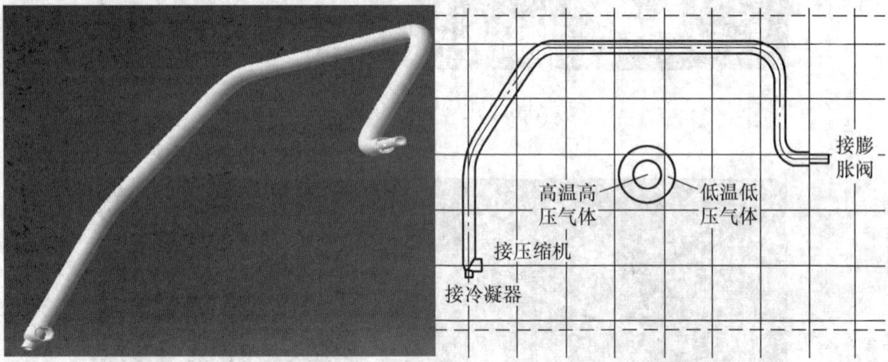

图6-17 同轴管路示意图

问题73 电动汽车空调压缩机变频器的工作原理是怎样的？

答：1964年德国工程师A. Schonung等人提出脉宽调制变频技术（Pulse Width Modulation），并制造出这种变频器的核心部件——逆变器，一种将直流电转变为频率可调的交流电装置。随着电子技术、微电子技术和单片机控制技术的发展，逆变器的功率和功能日益强大，性价比也越来越高。该变频技术在家用空调器中已相当普及成为主流。

为方便学习了解变频器的工作原理，先熟悉一下异步电动机的调速原理：异步电动机的定子绕组在通过电流时产生旋转磁场，在转子绕组内感应出电动势产生感应电流，该感应电流与定子绕组旋转磁场之间相互作用产生电磁力。p 对磁极的异步电动机在三相交流电的一个周期内旋转 $1/p$ 圈，因此旋转磁场转速的同步速度 n_1 与极对数 p、电流频率 f_1 的关系为

$$n_1 = \frac{60f_1}{p}(\mathrm{r/min}) \tag{6-1}$$

在异步电动机中，电动机要产生转速，同步速度 n_1 与转子速度 n_2 必须有差别，速度差（$n_1 - n_2$）与同步速度 n_1 的比值称为转差率，用 s 表示，即

$$s = \frac{n_1 - n_2}{n_1} \tag{6-2}$$

因此电动的机转子速度 n_2 可表达为

$$n_2 = \frac{60f_1}{p}(1 - s)(\mathrm{r/min}) \tag{6-3}$$

由式（6-3）可知，改变电动机的供电频率 f_1 就可以改变电动机的转子转速 n_2。用逆变器可改变电动机的供电频率。

在异步电动机中定子绕组的反电动势为

$$E = 4.44 f_1 \omega k \Phi \tag{6-4}$$

式中 E——电动势；

f_1——频率；

ω——角频率；

k——系数；

Φ——磁通。

若忽略定子阻抗压降，则有

$$U \approx E = 4.44 f_1 \omega k \Phi \tag{6-5}$$

由式（6-5）可知，若端电压 U 保持不变，则随着电动机供电频率 f_1 的升高，磁通 Φ 将减小。电动机的转矩公式为

$$M = C_{\mathrm{m}} \Phi I \cos\varphi \tag{6-6}$$

式中 M——转矩；

C_{m}——结构参数；

Φ——磁通；

I——电流。

由式（6-6）可知磁通 Φ 减小将导致电动机转矩 M 下降，使电动机利用率恶化。电动机最大的转矩下降严重时会使电动机堵转造成损坏。端电压 U 不变时，随着 f_1 的减小磁通 Φ 增加，这会使磁路饱和，励磁电流上升，导致损耗增加、温度上升。

调节电动机的转速不能改变电动机的转矩，这需要保持磁通 Φ 的恒定。这就要求改变电动机供电频率 f_1 的同时改变定子电压，根据电压 U 和频率 f_1 不同的比例关系，有以下 4 种电动机变频调速方式：

① 保持 U/f_1 = 常数的比例控制方式；

② 保持 M_m = 常数的恒磁通控制方式；

③ 保持 P_d = 常数的恒功率控制方式；

④ 保持 I = 常数的恒电流控制方式。

电动汽车空调变频器置于空调压缩机控制器内，采用直流→交流的变换方式，如图 6-18 所示。该变频器由 4 个开关元件组成，开关元件 1、5，2、6 和 3、4 交替导通对负载（电动机）供电，负载得到交流输出电压 U_0，U_0 的幅值由开关元件的控制角 α 决定，U_0 的频率 f 由开关元件的切换频率确定，不受电源频率的限制。

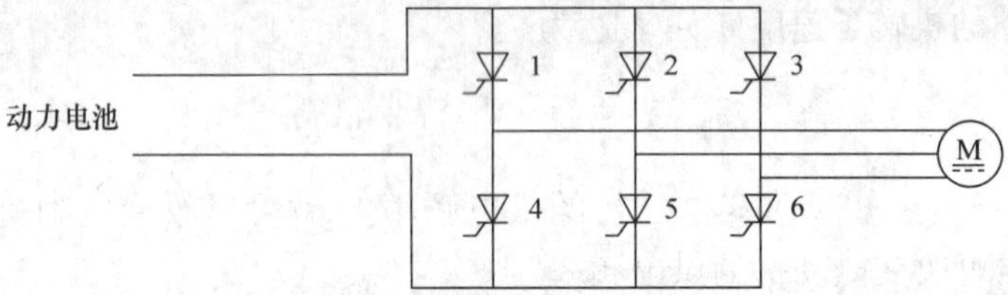

图 6-18　变频器工作原理

在对逆变器的控制中广泛采用脉宽调制 PWM 技术，有控制线路按一定的规律控制开关元件的通断，从而在逆变器的输出端获得一系列等幅而不等宽的矩形脉冲波形，近似等效正弦电压波形。正弦波等效等幅矩形脉冲序列波形，其原理是把一个正弦波分成 N 等份，如图 6-19 所示，然后把每一等份的正弦曲线与横轴所包围的面积都用一个与此面积相等的等高矩形脉冲来代替，矩形脉冲在横坐标的中点与正弦波每一等份的中点相合，由 N 个等幅而不等宽的矩形脉冲所组成的波形与正弦波的正半周等效。同样，正弦波的负半周也可用同样的方法等效。

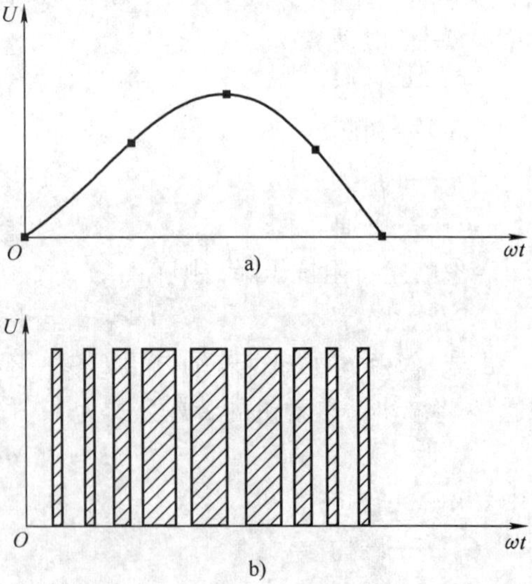

图 6-19　正弦波等效等幅矩形脉冲序列波形

a）正弦波形　b）等效的 PWM 波形

图 6-19a 所示的一系列脉冲波形就是所期望的逆变器输出的 PWM 波形。当逆变器各功率开关都在理想状态时，由数字电路严格计算出各段的矩形脉冲宽度作为控制逆变器开关的导通依据，驱动相应的开关信号输出的波形也应如图 6-20b 所示。

普通燃油汽车使用的是定排量空调压缩机，当乘员舱内的温度降低到设定值时，控制器切断压缩机电磁离合器的电流使压缩机停止工作，空调系统也就停止了吸热制冷。当乘员舱内的温度逐渐升高到设定值时，空调系统控制器再次接通压缩机电磁离合器电流，压缩机继续工作，空调系统恢复制冷。因此普通燃油汽车的空调制冷是波动的、不舒适的。在高档汽车的空调系统中采用变排量压缩机，根据制冷负荷的变化不断调节压缩机的排量以提高乘坐舒适性。在纯电动车辆空调系统中采用变频压缩机即可彻底解决上述舒适性问题，同时也降低了能耗，可谓一举两得。变频空调具有高效节能、体感舒适等优点，同时还可以减小压缩机的起动电流，减小电源设备负荷，防止空调起动时引起同一电源上的其他用电设备工作波动。

问题 74　设计电动汽车空调时应考虑的因素有哪些？

答：汽车空调主要是对汽车车厢和驾驶室内的空气进行调节，以满足驾乘人员对空气的温度、流速及清洁度等舒适性的要求。由于电动汽车空调系统结构及运行条件的特殊性，电动汽车空调设计时，需主要考虑以下因素。

（1）温度舒适性　由于车厢容积小，乘员所占空间小，而且车厢低、座位多、人员不流动，难以使车内温度场和空气流场均匀。因此在设计空调时，乘员的温度舒适因素成为主要因素之一。

（2）空调负荷的计算和分析　电动汽车的空调负荷与建筑空调相比具有负荷变化迅速、单位体积强度高、车窗面积所占比例大、受太阳辐射影响大、工作条件经常变动（如停、开、速度变化、外部环境温度变化、方向及地区、季节变化等）及车体各部件的热容量小等特点。因此，设计汽车空调负荷的计算方法主要以稳态的方法为主，并辅以必要的非稳态分析。

（3）制冷性能　电动汽车空调制冷系统与一般的制冷系统相比，有其自身的特点：①制冷系统的制冷能力要适应经常变动的负荷要求；②车外环境空气温度、湿度的变化直接影响进入冷凝器外表面的空气参数；③汽车运行速度的变化直接影响冷凝器冷却空气的流量；④空调压缩机由电动机直接驱动，不再受发动机转速、负荷、温度等变化的影响。

（4）节省电能　电动汽车的空调与普通燃油汽车不同，普通燃油汽车的空调压缩机是由发动机通过传动带等传动部件实现驱动的，而电动汽车的空调压缩机则是直接用电动机驱动，是除驱动电机之外的第二大功率用电设备，所使用的电能和驱动电机一样均来自动力电池，这样消耗动力电池有限的电量会导致续驶里程大大缩短。因此包括空调压缩机在内的所有用电器，都必须节省电能以增加续驶里程。

问题 75　电动汽车空调的热负荷是如何计算的？

答：电动汽车空调热负荷设计计算的目的不仅在于可以为制冷系统的设计提供

一定的参考依据，而且能够通过对热负荷各个组成部分的计算与分析，探讨各种因素对热负荷的影响，以寻求减少空调热负荷的方法与途径。空调热负荷的计算方法有稳态法和动态法两种。对于电动汽车来说，由于车体各部分的热容量很小、车体热惰性小、运行条件经常变化，用动态的方法计算相当困难。实践证明：只要设计计算中选定的参数接近实际情况，稳态的方法基本上是可行的，计算的结果是可靠和接近实测结果的。

（1）车内设计参数的选择　结合我国实际情况，提出在确定车内设计参数时可遵守以下原则：

1）夏季车内调节温度应取25～27℃，最高不超过28℃；冬季可取16～22℃。

2）在夏季，考虑到车内外温差过大时易引起“热冲击”，应对车内外温差有一定的限制，一般以5～7℃为宜，最大不要超过10℃。因此，建议夏季车内空调温度按下式选取：

$$t_n = 20 + \frac{1}{2}(t_w - 20) \tag{6-7}$$

式中　t_n——车内空调温度（℃）；

t_w——车外环境空气温度（℃）。

3）车内相对湿度在45%～60%之间比较适宜。由于一般汽车空调系统中缺少加湿装置，要保证这项指标在实际中有一定困难。

4）车内气流速度以0.3～0.5m/s为宜。

5）根据“头凉脚暖”的原则，车内垂直方向空气引入量过大时会显著增加空调热负荷，应控制头部温度比脚部温度低3℃左右。

6）考虑到人体的需求，车内应补充一定量的新鲜空气。车内新鲜空气引入量过大时会显著增加空调热负荷，应以最低标准保证每人3.1L/s的新鲜空气补充量。

（2）车外设计参数的选择　由于空调系统的运行条件是随着电动汽车行驶而变化的，因此车外环境温度是变化而不易确定的参数。一般认为：在确定车外设计参数时，应根据不同车型及使用条件选取合适的车外设计温度和相对湿度，为了使空调热负荷的设计计算结果有利于为制冷系统的设计提供参考依据。现选择设计地点（华北地区）夏至后无阴雨天气的某一天作为设计日，并以当天的逐时气温作为设计温度。车外设计温度在36～38℃之间，相对湿度为50%～70%；汽车以40km/h的速度向正南方向行驶；车内空气干球温度[1]27℃，相对湿度为50%，驾乘人员共

---

[1] 由普通的水银温度计或酒精温度计测得的环境温度，就是干球温度，简称温度。用湿润细纱布裹住水银温度计的感温包，就称为湿球温度计。用湿球温度计测得的温度即为湿球温度，反映了湿球纱布上水的温度。如果空气中水蒸气的含量达到饱和状态，纱布上的水不会蒸发，也不吸收汽化热，纱布上水的温度与空气的温度就相同，此时湿球温度与干球温度相同。如果空气中水蒸气的含量没有达到饱和状态，纱布上的水分就会蒸发，并吸收汽化热，水温就会下降，于是，湿球温度就低于干球温度。空气中水蒸气的含量越少，湿球温度越低，干球温度与湿球温度的差值越大，就表明空气越干燥；反之，干、湿球温度的差值越小，表明空气越潮湿。

5 人，车内空气流速为 0.3m/s。

（3）汽车空调热负荷的组成　热量传递包括导热、对流和辐射三种方式。为了便于分析，以稳态传热为基础建立电动轿车空调系统的热平衡模型。该热平衡模型基于以下三个假设：①车身热传递为一维稳态导热；②车厢内的热负荷只使车内空气和部件的温度升高；③车内各部件的温度与车内空气的温度均匀一致。

根据上述热平衡模型建立的热平衡方程式如下：

$$Q = K_i K_j (Q_w + Q_b + Q_c + Q_M + Q_p) \tag{6-8}$$

式中　Q——空调热负荷（W）；

K_i——当地的气候温度系数（常热区系数为 1.04 ~ 1.08，湿热区系数为 1.06 ~ 1.10，极热区系数为 1.10 ~ 1.20）；

K_j——车型密封隔热效果系数（薄钢板内外蒙皮填充厚度大于 20mm 的隔热材料，附地板隔热，可活动车窗玻璃，车门密封一般，取系数为 1.03 ~ 1.10，无隔热材料取系数 1.20）；

Q_w——太阳辐射造成的车内热负荷（W）；

Q_b——车内空间制冷负荷（W）；

Q_c——新鲜空气带入的热负荷（W）；

Q_M——乘员舱内电器造成的热负荷（W）；

Q_p——车内驾乘人员散发的热负荷（W）。

（4）车内各部分热负荷计算

1）太阳辐射造成的车内热负荷 Q_w。太阳辐射造成的车内热负荷 Q_w 由车体表面热负荷 Q_t 和玻璃热负荷 Q_f 两部分组成。太阳辐射造成的车体表面热负荷主要以传导和对流的形式，传递到车内使车内热负荷增加，空气温度升高。由于车窗及前后风窗玻璃具有一定的穿透性，太阳辐射能量作用在玻璃表面时被分解为三种类型的能量：①能量透过玻璃以短波辐射的形式进入车内；②能量被玻璃吸收后使玻璃表面温度升高，然后以对流的形式与车内空气进行热交换；③能量被玻璃反射回大气空间。在此只取前两种能量，第三种被玻璃反射回空间的能量不计，则太阳辐射造成的车内热负荷为

$$Q_w = Q_t + Q_f = A_1 k_1 + A_2 k_2 \tag{6-9}$$

车体按颜色深浅吸热程度的不同，其单位面积辐射能量 k_1 为 5 ~ 9W/m^2；玻璃按是否粘贴防晒膜及防晒膜的透射率，其单位面积辐射能量 k_2 为 150 ~ 500W/m^2。

2）车内空间制冷负荷 Q_b。车内的冷空气是以循环流动的形式对车内空间进行降温的，其制冷负荷是车内空间体积 V(m^3)与空间制冷值 g 的乘积，即

$$Q_b = Vg \tag{6-10}$$

式中，g 一般取 45W/m^3。

3）新鲜空气带入的热负荷 Q_v。当人处于密闭空间时由于人体舒适度的需要，需引入新鲜的空气，并由此带入新的热负荷。按照每人 3.1L/s 即 11m^3/h 的新空气

引入标准，换算成空气质量流速 G_v，则总的新空气热负荷 Q_v 可按以下公式计算：

$$Q_v = G_v(h_w - h_n) = \rho V_c n(h_w - h_n) \tag{6-11}$$

式中 Q_v——新鲜空气热负荷（kJ/h，可换算为 W/s）；

G_v——进入车内新空气的质量流速（kg/h）；

h_w——车外大气的焓值（kJ/kg）；

h_n——车内大气的焓值（kJ/kg）；

ρ——空气密度（$1.29kg/m^3$）；

n——车内驾乘人员人数；

V_c——在密闭空间时需引入的新鲜空气量，每人 $11m^3/h$。

4）乘员舱内电器造成的热负荷 Q_M。在汽车空调工作时，车内的电器除鼓风机工作会产生热量外，还有仪表灯光、短暂工作的动力转向和玻璃升降电动机等工作产生的热量。对短暂工作的电器需要进行加权值处理，即

$$Q_M = Q_J + Q_e + Q_T + Q_s \tag{6-12}$$

式中 Q_M——乘员舱内电器总的热负荷；

Q_J——鼓风机产生的热量；

Q_e——仪表及室内照明灯产生的热量；

Q_T——转向助力电动机产生的热量，加权值 0.1；

Q_s——玻璃升降电动机产生的热量，加权值 0.1。

5）车内驾乘人员散发的热负荷 Q_p。

$$Q_p = Q_{驾} + nQ_{客} \tag{6-13}$$

式中 $Q_{驾}$——车辆驾驶人散发的热量，参考值 220W；

$Q_{客}$——乘员散发的热量，参考值 200W；

n——乘员人数。

6）根据空调热负荷的组成分析可得出以下结论：

① 空调热负荷由不同部分组成，各部分热负荷所占的比例也不同。

② 根据逐时计算出的热负荷值，可作为确定空调系统制冷量的参考依据。

③ 在组成车内热负荷的因素中，引入新鲜空气和车内乘客形成的热负荷所占比例较大，但这是必要因素无法改变。减少车内热负荷的主要途径是减少车体表面对阳光热量的吸热系数，改善车体隔热性能、降低传热系数，再辅以采用有色车窗玻璃、加贴太阳膜、窗帘等措施减少阳光的辐射透射率和吸收率。

问题 76　电动汽车的空调压缩机与燃油汽车的空调压缩机有哪些相同与不同之处？

答：电动汽车的空调压缩机与燃油汽车的空调压缩机作用一样，均是将空调系统内的制冷剂吸入压缩机建立压力差，所使用的制冷剂也可以一样（R134a、R404a、R407C 和 R408 等）。电动汽车空调的驱动方式与燃油汽车空调的驱动方式

不同，采用的是电动机驱动。电动汽车的空调压缩机一般上面固定有压缩机控制器，并和压缩机一起固定在底盘上。燃油汽车的空调压缩机是通过支架固定在发动机上的，由发动机通过传动带驱动，其上也没有压缩机控制器。电动汽车空调压缩机控制器将高压直流电转换成三相交流电从而驱动空调压缩机，在压缩机上布置有两种形式的插头，即高压插头和低压插头。在压缩机本体上和燃油汽车一样有制冷剂的循环管路。电动汽车和燃油汽车对空调压缩机是否工作的检查方式也一样，即用手摸进气口管路，应感觉冷或凉，用手摸压缩机出口，应感觉很热烫手。

表 6-1　电动汽车空调压缩机与燃油汽车空调压缩机的对比

车型		燃油汽车	电动汽车
不同之处	固定位置	发动机上	底盘上
	驱动方式	机械驱动	电驱动
相同之处	作用	建立空调系统内制冷剂的压力差	
	使用的制冷剂	可使用 R134a、R404a、R407C 或 R408 等	
	检查方式	用手摸进气口管路应感觉冷或凉， 用手摸压缩机出口应感觉很热烫手。	

问题 77　空调系统的参数与选择匹配是怎样的？

答：电动汽车空调系统的参数——制冷负荷至少要与乘员舱内的热负荷相平衡，其表达式如下：

$$Q_0 = FQ \tag{6-14}$$

式中　F——储备系数，一般取 1.0～1.2，本设计取 1.1。以 $Q=2881.92\text{W}$ 为例，代入上式则空调系统制冷负荷 $Q_0=1.1\times2881.92\text{W}=3170.11\text{W}$。

（1）压缩机的选择匹配　根据汽车空调系统制冷负荷 Q_f 的计算工况，再参考电动压缩机总成的技术条件（图 6-20）确定热力循环的计算情况。

DM341

排气量 (mL/r)	额定电压/V	转速范围/(r/min)	制冷剂	净重/kg	外形齿轮 $\frac{L}{mm}\times\frac{W}{mm}\times\frac{H}{mm}$	制冷量/kW			输入功率/kW			性能系数
						3000r/min	4000r/min	6000r/min	3000r/min	4000r/min	6000r/min	
34	DC312	1000~7200	R134a	6.4	211×125×159	2.70	3.70	5.60	1.40	1.90	2.85	1.95

压缩机转速/(r/min)	预测电压/V	排气压力/MPa	吸气压力/MPa	过热度/°C	过冷度/°C
6000×(1±1%)	U×(1+5%)	1.47±0.02	0.196±0.005	10±1	5±0.5

图 6-20　上海本菱 DM341 压缩机及其参数

（2）变频器的选择匹配　电动汽车空调系统多使用变频器驱动压缩机的电动机，所引起的能耗特性与传统汽车能耗的特点有所不同：①变频器自身有一定的电能量损耗和电气谐波引起的压缩机电动机脉动损耗；②变频器是一独立的个体，需在车上有位置单独可靠固定；③选择变频器时其额定电流须稍大于压缩机电动机的额定电流；④变频器的功率至少为压缩机电动机起动功率的1.2倍，即$P_{变} \geqslant 1.2P_{机}$。

（3）冷凝器的选择匹配　根据汽车空调系统制冷负荷Q_f的计算，冷凝器选定时其散热能力应稍大于空调系统的制冷负荷Q_0，在此系数选1.1，则$Q_{外} = 1.1Q_0 = 1.1 \times 3170.11\text{W} = 3487\text{W}$。冷凝器工作环境恶劣，易积灰尘和沾染其他杂物使传热效率降低。为防止长期使用后冷凝器的散热能力下降影响制冷效果，选冷凝器内外空气温差18℃，即进风温度$T_1 = 39℃$，出风温度$T_2 = 58℃$。冷凝器采用管片式结构，制冷剂在紫铜管内流动，管外套铝制肋片，空气流过管外带走制冷剂放出的热量降低温度。冷凝器的冷却空气流量为

$$V = \frac{Q_{外}}{\rho C_P(T_2 - T_1)} = \frac{3487}{1.29 \times 10^3 \times 1.036 \times (58 - 39)}\text{m}^3/\text{s} \approx 0.14\text{m}^3/\text{s} \tag{6-15}$$

因为选定冷凝器时，其散热能力应稍大于空调系统的制冷负荷，故选至少$0.15\text{m}^3/\text{s}$。

（4）储液干燥器的选择匹配　一般乘用车的储液、干燥、过滤为一体式结构，储液干燥器的容积应占该车制冷系统充注制冷剂体积的50%～70%。为了保证异常高温下干燥储液器的安全性，其储液量不得超过本身容积的80%。储液干燥器的安装要求如下：

1）储液干燥器安装在冷凝器与节流膨胀机构之间，选择通风良好且远离热源的位置。

2）储液干燥器应垂直安装且倾斜角度不得大于15°，对于有观察视野窗的储液干燥器，其安装位置还应便于观察系统内制冷剂的流动情况。

3）储液干燥器安装前应检查其适合哪一种制冷剂的产品，应与系统设计采用的制冷剂一致，不得混用。

4）储液干燥器安装时应注意其上标注的进出口标记，不能装反。

（5）膨胀阀的选择匹配　设计选择热力膨胀阀需要知道的条件包括制冷剂的种类、蒸发温度T_0、冷凝温度T_k、蒸发器的热负荷Q、蒸发器管路的分路数及液体制冷剂管路布置等。参数的计算与确定方法如下：

1）确定膨胀阀两端的压力差Δp。膨胀阀两端的压力差Δp，即节流过程的总压差是冷凝器压力p_k与蒸发器压力p_0之差，即

$$\Delta p = p_k - p_0 = (1681.3 - 292.8)\text{kPa} = 1388.5\text{kPa}$$

2）通过阀的制冷剂流量。

$$G=\sqrt{2}C_DA\sqrt{\rho\Delta p} \tag{6-16}$$

式中 G——通过膨胀阀的制冷剂流量（kg/h）；

C_D——流量系数，取32.99；

A——膨胀阀通道截面积，取$7.54\times10^{-5}m^2$；

ρ——节流阀前制冷剂液体密度，R134a制冷剂的密度为$0.512\times10^3kg/m^3$；

Δp——膨胀阀前后的压力差（kPa）。

代入参数，可得 $G=\sqrt{2}\times32.99\times7.54\times10^{-5}\times\sqrt{0.512\times10^3\times1388.5}=2.966kg/h$。

（6）蒸发器的选择匹配　根据汽车空调系统制冷负荷计算 $Q_0\approx3.17kW$，设选定蒸发器的平均温度 $T_0=1℃$，制冷剂为R134a，蒸发器的回风温度 $T_i=27℃$，在汽车空调中送回风温差一般为16～25℃，本蒸发器设计选温差 $\Delta T=20℃$，出风温度 $T_C=6℃$，相对湿度 $\phi=60\%$。蒸发器采用外径为10mm的紫铜管，导热系数 $\zeta_{铜}=395W/m^2K$，外敷铝翅片的导热系数 $\zeta_{铝}=236W/m^2K$。

蒸发器的换热面积 $F=Q_0/\zeta=\frac{3170.11}{395+236}m^2=5.024m^2$

需循环单位时间热量 $G_{air}=\frac{Q_0}{\Delta h}=\frac{3170.11}{22.5-11.3}kJ/h=280.54kJ/h$

$$V=G_{air}\frac{1}{V_i}=280.54\times\frac{1}{1.14}m^3/h=246.03m^3/h$$

其中，V为循环空气量（m^3/h）；G_{air}为蒸发器需置换的单位时间热量（kJ/h）；V_i为每立方米空气带走的热量（kJ/m^3）。

问题78　电动汽车空调制冷系统的控制电路是怎样的？

答：电动汽车使用动力电池作为动力源，驱动空调压缩机，不再依赖发动机的动力，这样电动汽车完全可以采用独立式的空调制冷系统，不受原动机（驱动机）需将燃料的焓转化为机械能的限制。电动汽车的空调完全可以与行车驱动系统分开成为一个独立的单元。汽车空调独立为一个单元系统具有以下三大优点：

1）可以在不接通驱动系统的情况下，随时开启空调系统实现乘员舱内温度等的舒适度调节。

2）可以实现远程遥控开启空调系统，将空调A/C开关设置在钥匙按钮甚至车主手机上。

3）可以在停车休息时长时间使用空调系统，不必担心噪声污染和尾气排放污染等问题。

图6-21所示为某款电动汽车的手动独立空调制冷部分原理图。由图可以看出，打开A/C开关时，压缩机控制器收到空调开关信号，在制冷管路内制冷剂压力合适的情况下压力开关闭合，控制器为压缩机通电使其开始工作，建立空调系统的循环压力，此时再打开通风开关调节档位，使鼓风机运转转速得到调节，即可吹出合适风速的凉风。该车的暖风系统采用PTC材料加热，为保证安全和动力电池电能不被浪费，暖风开关受钥匙开关控制，须在钥匙开关接通的情况下打开暖风开关，KM接触器才工作接通1.2kW的PTC加热器取暖，在接通暖风开关的同时J3继电器通电接通，使鼓风机以最低的转速运转。若在此基础上增加阳光、车内外温度、蒸发器和PTC温度5类传感器，再增加进气、空气混合、气流控制3类伺服电动机和控制器，即可实现自动空调控制，如图6-22所示。若对控制器再开发实现远程遥控开机功能，即可实现电动汽车特有的、无需接通钥匙开关驱动行车系统不通电情况下的独立空调控制功能。实现在炎炎夏日空调早开一段时间，使车内温度降低后人员再进入车内。

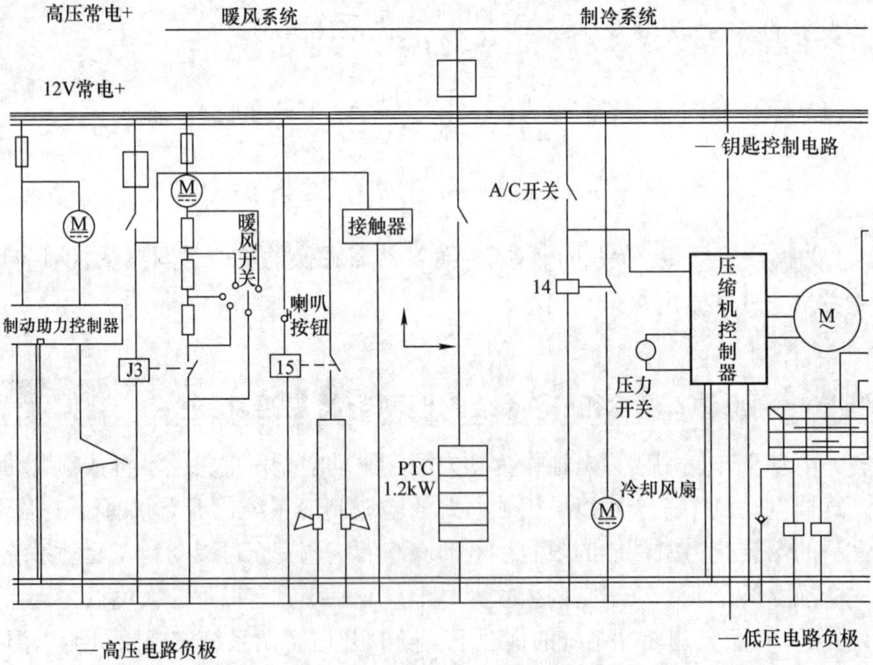

图6-21 电动汽车的手动独立空调制冷部分原理图

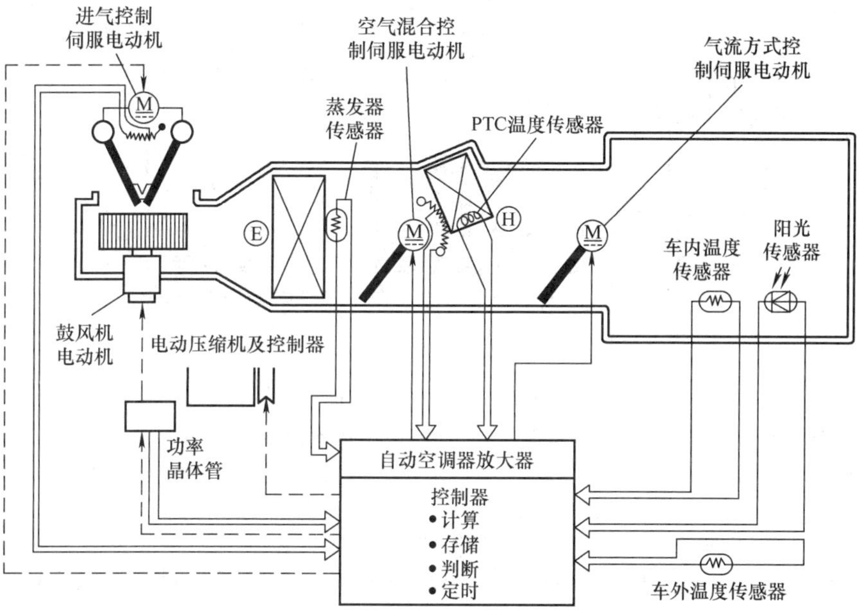

图 6-22 独立全自动空调示意图

问题 79 电动汽车如何进行采暖制热？

答：纯电动汽车取消了发动机，没有发动机余热。这对设计驾乘人员的取暖来说是一项很大的挑战，同时也为设计其他采暖方式带来了发展机遇。目前采用的加热方式有燃油（或燃气）加热、热泵加热和 PTC（电加热器）加热等，以解决纯电动汽车车厢内驾乘人员的取暖问题。

（1）燃油（或燃气）加热方式 燃油（或燃气）加热方式的原理是采用措施使燃油（或燃气）在制热器中燃烧产生热量，对加热器周围空气或水进行加热来提高车厢内的温度。加热的空气既可以采用车厢内的循环空气，也可以采用车厢外新鲜的空气。空气式燃油加热器如图 6-23 所示，主要由电动机风扇部分、通风换热部分、雾化燃烧部分及燃烧废气排除管道四部分组成。

空气式燃油加热器的工作原理：当打开暖气开关时，电磁阀通电打开，同时电动机带动液压泵工作，雾化器、大风扇、小风扇也一起旋转。液压泵将燃油送到雾化器，与小风扇吸入的空气混合雾化后（燃气不需要雾化直接供入燃烧室），被电热塞的电热丝点燃，混合气燃烧后电热塞停止工作，

燃料在燃烧室内继续燃烧，通过热交换装置把热量传给大风扇吸入的冷空气，使其温度升高变成热空气，再从出口送到乘员舱内或其他需要加热的地方如风窗玻璃等，燃烧所产生的废气通过废气管排出车外。

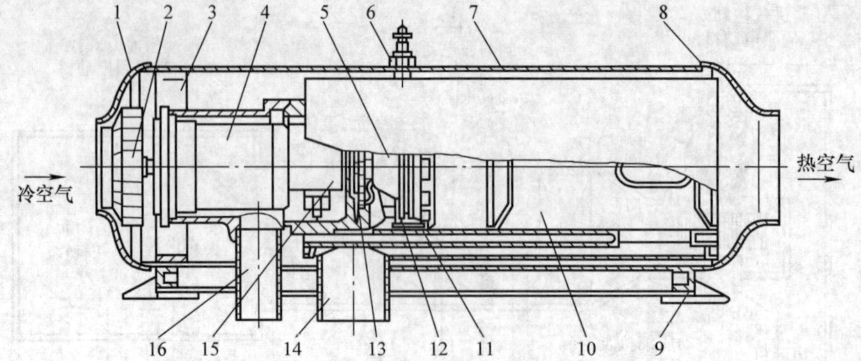

图 6-23 空气式燃油加热器

1—进风口 2—大风扇 3—支架 4—电动机 5—雾化器 6—电热塞 7—外壳 8—出风口 9—支座 10—热交换装置 11—燃烧室 12—导风筒 13—小风扇 14—废气管 15—油泵 16—透气管

水暖式燃油加热器的结构如图 6-24 所示。它主要由电动机泵气部分、通水换热室、雾化燃烧室及燃烧废气排除管道四部分组成，其工作原理与空气式燃油加热器类似。

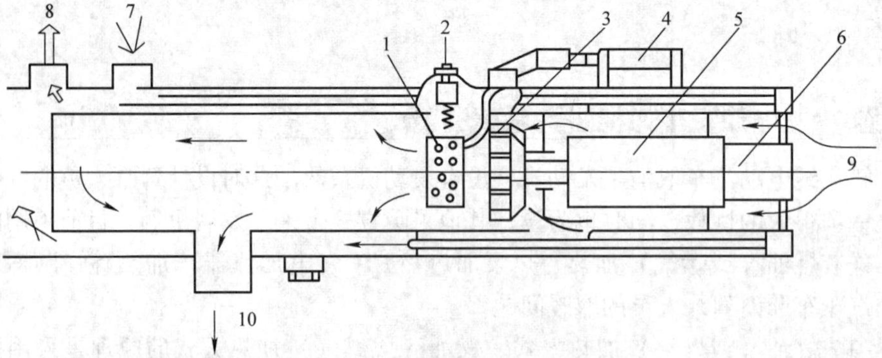

图 6-24 水暖式燃油加热器

1—多孔陶瓷蒸发器 2—电热塞 3—助燃风扇 4—油泵 5—电机 6—气泵 7—进水口 8—出水口 9—助燃空气 10—废气排出口

这种电动汽车独立式燃油（或燃气）采暖系统的特点是热效率高、热容量大、取暖迅速，一般应用在高寒地区。其缺点是没有彻底解决乘用车辆使用化石燃料燃烧和排放污染问题。

（2）热泵加热方式 热泵加热方式是在电动压缩机制冷回路的基础上增加电磁阀控制制冷剂的流向，通过冷凝蒸发器中的制冷剂从周围环境中吸收热量，再通过车厢内蒸发器冷凝释放热量，使车厢内温度升高，满足除霜除雾的法规要求并为驾乘人员提供舒适的温度环境。热泵加热方式循环图如图 6-25 所示。

图 6-25 所示的热泵式采暖系统采用电子膨胀阀、制冷/制热电磁阀、加大的冷

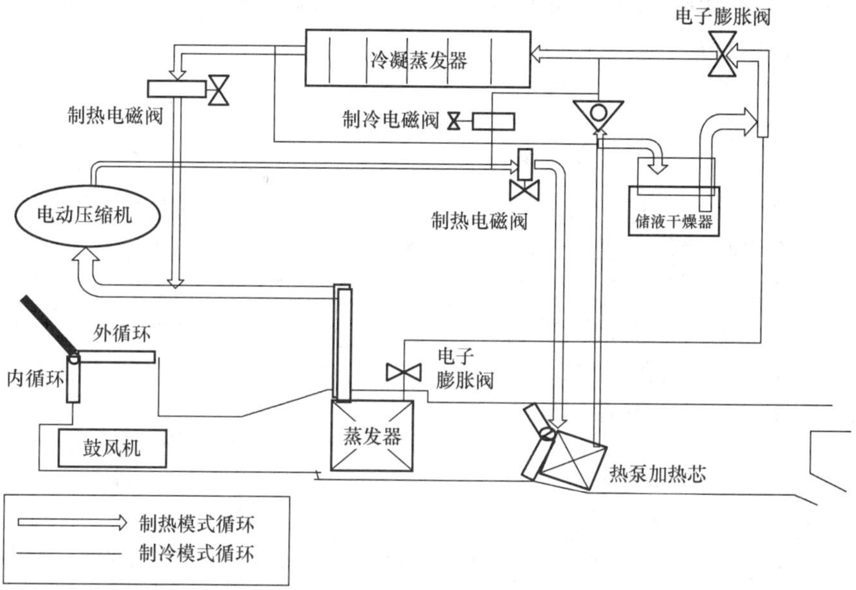

图 6-25 热泵加热方式循环图

凝蒸发器以及适应热泵循环模式工作的空调管路。该系统的制热工作原理如下：当开启空调制热模式时制热电磁阀通电打开，电动压缩机工作使制冷剂建立压力并开始制热模式工作循环，高温高压的气态制冷剂在车厢内的热泵加热芯释放热量后进入储液干燥器，在经过电子膨胀阀后，在冷凝蒸发器内蒸发吸收空气中的热量，然后在电动压缩机的作用下再次吸入压缩形成高温高压气态制冷剂继续进行循环。

热泵式采暖系统的优点是系统效率高，在产生相同热量的前提下比电加热方式消耗的电量少，可节约电能增加电动车辆的续驶里程。但具有关键部件技术不够成熟、系统结构复杂等缺点。

（3）PTC 加热方式 目前多数电动汽车采用 PTC 材料电加热器。该加热器具有自动控温、缺风自动保护（最高温时），具有较高的安全性。实物如图 6-26 所示。

图 6-26 PTC 材料电加热器

1）PTC材料特性。PTC热敏陶瓷材料是具有正温度系数的导体功能陶瓷，主要有电阻－温度特性和电流－时间特性两大特性，使其符合了电动汽车取暖加热的需要。

①电阻－温度特性。电阻－温度特性是指在规定的电压下元器件功率电阻值与其电阻体温度之间的关系，如图6-27所示。图中T_c是PTC元器件相变的开始点，即居里点，当加热PTC材料达到该温度时元器件电阻值会急剧上升直到最大电阻值。

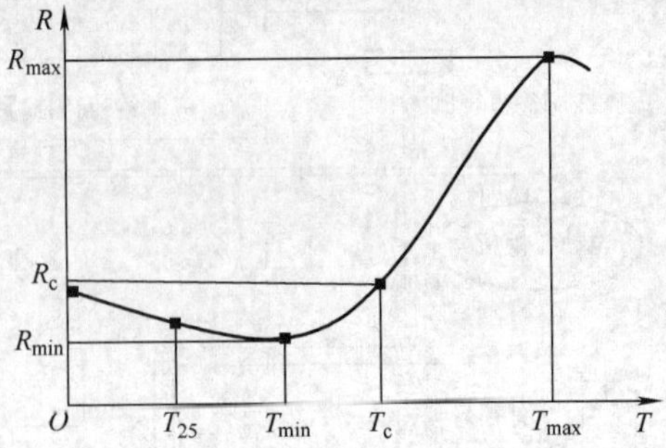

图6-27　PTC元器件电阻－温度特性图

T_{max}—元器件可达到的最高温度值

T_{min}—元器件（正常）呈现最小电阻时的温度

T_{25}—标准室温（25℃）

R_{max}（最大电阻）—元器件达到最高工作温度时的电阻值

R_{min}（最小电阻）—元器件（正常）可呈现的最小电阻值

②电流－时间特性。电流－时间特性是指当PTC元器件两端加上额定电压工作时，流过元器件的电流与时间的关系，如图6-28所示。PTC元器件通入额定电压后，电流升高直到电阻最小时电流I达到最大值，然后继续通电，电流急剧下降直到PTC的相变点T_c。电流降低会使PTC元器件的温度降低，温度降低又会导致PTC元器件阻值的下降，当阻值下降到PTC元器件的居里点T_c后，因阻值下降通过PTC元器件的电流又恢复升高，电流升高温度即升高，又会导致阻值升高电流减小，如此一来PTC元器件会自动维持在一定的通过电流并保持平衡，也就自动维持在一定的温度不变。调整PTC材料的不同比例即可调整其材料的居里点T_c，进而调整PTC元器件温度的高低。

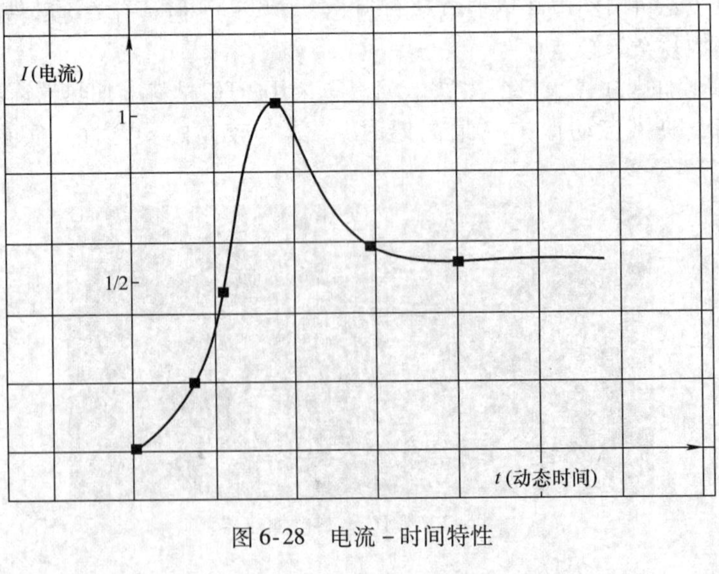

图6-28　电流－时间特性

2）PTC 取暖元件设计参数。在华北地区 1 月上旬，将车辆置于室外，测得当时的环境温度为 0℃，乘员舱内容积为 3.84m^3，要求温度达到 18℃。为使乘员舱在一定时间内达到规定的温度，PTC 加热器需产生一定的热量来满足需求，即

$$Q = c_P \rho V(T_d - T_a) \tag{6-17}$$

式中　Q——乘员舱从环境温度升到设计温度时需吸收的热量（kJ）；

c_P——空气质量定压热容，在温度为 -10～20℃时取 1.01kJ/(kg·℃)；

ρ——空气密度（kg/m^3），常温常压下取值为 1.29；

V——乘员舱内部空间容积（m^3）；

T_d——乘员舱的设计温度（℃）；

T_a——环境温度（℃）。

将各参数代入式（6-17）得 $Q = 89.97kJ$ 。鉴于 PTC 材料的特性，加热器从环境温度到达居里温度的时间非常短，可忽略不计。近似认该为 PTC 加热器的稳态工作电流为最大电流的一半。因此 PTC 采暖系统的功率满足以下条件，才能满足采暖需要：

$$P_c \times t \geqslant Q，即 P_c \geqslant Q/t \tag{6-18}$$

式中　Q——乘员舱从环境温度升到设计温度时需吸收的热量（kJ）；

t——乘员舱从环境温度升到设计温度所需要的时间（s），一般选 60s。

将计算参数 $Q = 89.97kJ$ 代入式（6-18），得 $P_c \geqslant 1.50kW$。该车动力电池额定电压 $U = 72V$。

3）选用导线和匹配熔断器。

合理选择导线的种类、设计导线的截面积与熔断器的匹配关系，直接影响整车的安全性、功能的可靠性和使用的经济性。根据负载大小精确计算合理选择导线的截面积，既能保证电线束的品质，又能降低成本。

① 选用导线。

a. 导线截面积的计算。为确保汽车导线的使用寿命，在设计选用汽车导线时，应确保该导线一直处于安全的温度下工作，并使汽车各相关部分产生的热量不会超过导线允许的最高耐温等级。在选择导线时应保证该导线的耐温等级等于或高于环境温度与带负载温升之和。一般默认电动汽车的环境温度为 40℃。在汽车线束设计中确定导线截面积是关键环节，导线截面积的计算公式为

$$I = P_c / U_a \tag{6-19}$$

$$A = IL\rho / U_a \tag{6-20}$$

式中　I——电流（A）；

P_c——负载功率（W）；

A——导线截面积（mm^2）；

ρ——铜电阻率，取 0.0185$\Omega mm^2/m$；

L——导线长度（m）；

U_a——导线允许的电压降（V）。

根据上述公式可得工作电流 $I_{稳} = P_c/U = 1.5\text{kW}/72\text{V} = 20.83\text{A}$，导线长度选择1.8m，允许的电压降为0.2V，则计算的导线截面积 $A = 3.85\text{mm}^2$；再根据负载工作电流确定导线的温升和选用导线的截面积。导线绝缘材料受到的热辐射作用主要来自于导线的使用环境和导线通过电流时产生的温升。若使用的导线载流量偏大，会导致导线的温度超过允许值，绝缘材料很快老化甚至引起火灾；若使用的导线载流量偏小，则材料不能得到充分运用，造成资源浪费和成本的升高。由焦耳定律 $Q = I^2Rt$ 可知，导线通直流电时会产生热量使导线温度升高。当环境温度相对较低时，导线与环境存在较大温差，热量从导线向环境中很快散发掉［散热公式为 $Q = (T_1 - T_2)t/R$］，不会造成危害；当导线的温升速度和导线的散热速度基本相同时，导线的温度就会恒定。选择导线就是使导线在最高的使用环境温度下达到恒定或略低于恒定，不可造成温度的升高或成本的浪费。根据导线的工作环境温度（电动汽车无工作环境的热源，一般环境温度为40℃）和导线需要的耐温等级（表6-2）选择导线的种类后，再根据负载电流通过查找导线额定电流和对导线需求的电压降经参数对照计算，就可以确定通过这个负载电流导线的公称截面积。在此根据电压降计算公式 $U_a = IR_aL$ 转换得到

$$R_a = U_a/IL \tag{6-21}$$

式中 U_a——所需导线的电压降（V）；

I——导线中通过的电流强度（A）；

R_a——导线在20℃时的导体最大直流电阻（mΩ/m）；

L——需求的导线长度，此处选1.8m。

表6-2 常用日系、德系导线的耐温等级

分类	导线种类	耐温等级/℃	导线种类说明
日系	AV	80	A代表汽车用低压导线，V代表乙烯基，乙烯树脂
	AVS	80	A代表汽车用低压导线，V代表乙烯基，乙烯树脂，S代表薄壁型
	AVSS	80	A代表汽车用低压导线，V代表乙烯基，乙烯树脂，SS代表超薄壁型
	AVX	100	A代表汽车用低压导线，V代表乙烯基，乙烯树脂，X代表交联
	AEX	120	A代表汽车用低压导线，E代表聚乙烯，X代表交联
德系	FLY	105	FL代表汽车线缆，Y代表聚氯乙烯
	FLRY	105	FL代表汽车线缆，R代表绝缘壁厚低于ISO 6722的要求，Y代表聚氯乙烯
	FLR2X	125	FL代表汽车线缆，R代表绝缘壁厚低于ISO 6722的要求，2X代表交联聚乙烯
	FLR7Y	150	FL代表汽车线缆，R代表绝缘壁厚低于ISO 6722的要求，7Y代表四氟化乙烯
	FLR9Y	125	FL代表汽车线缆，R代表绝缘壁厚低于ISO 6722的要求，9Y代表聚丙烯

b. 导线的选用。汽车导线根据标准分为国标、日标、德标和美标等，在众多类别中，德标导线柔韧性好，绝缘皮薄，同等线径质量最小。由于我国汽车工业的特殊性，各主要汽车公司主要参考德标。德标是德国工业标准的简称，主要包括DIN72550、DIN72551、DIN76772。汽车用导线的特性如下：

a）耐热性。根据导线的工作环境温度，选用不同耐温等级。因纯电动汽车无

产生高温热源的发动机，不考虑机舱的高温区域造成的影响，一般选用导线的耐温等级为80℃。

b）绝缘等级。目前汽车上常用的导线多为绝缘等级为1kV以下的工业低压绝缘导线，虽然在汽车上有高低电压的区分，但在工业绝缘上属于同一级别，故一般在纯电动汽车上使用的导线不考虑其绝缘等级问题。

c）耐磨性。车用绝缘导线本身会因导线磨损引起绝缘体损坏而导致漏电。但在设计时还是应尽量避免导线与锋利的车体零件接触，以防止刺穿或磨破导线的绝缘层，引起漏电或短路，为此对汽车导线采用包裹胶带绝缘层、外加波纹管，并在通过孔等部位时加装橡胶护套等措施。

d）阻燃性。阻燃性是指在零部件着火后将燃烧速度、范围控制在一定范围内。汽车线束除采用阻燃导线绝缘材料外，还需在整体线束上包扎阻燃的绝缘胶带。尽量将偶发的导线短路引起的火灾控制在最小范围内。

e）弯折性。车用导线的弯曲程度、允许的弯曲次数要根据使用环境温度下的使用情况来设定。例如通过车门铰链处的导线在使用环境温度为-30~80℃时，可以180°弯折10万次。

f）线色。为了便于识别和检测汽车上的电气设备，通常将汽车线束中的导线采用不同的颜色加以区分。目前在设计选配导线时多采用单线色和双线色两种方式，电源系统的导线一般选用单色。双色导线分主色和辅色，其中主色占据导线绝缘层的大部分面积。

经计算得到需要的导线电阻 $R_a=5.3\text{m}\Omega/\text{m}$，通过式（6-20）计算得到导线的截面积 $A=3.85\text{mm}^2$，因此选择德标规格标称 4.0mm^2 的棕色导线较为合适，见表6-3。

表6-3　德标导线数据表

标称截面/mm²	导体							绝缘		
	单线根数		单根直径/mm		外径/mm	20℃时导体最大直流电阻/(Ω/m)		标称厚度/mm	最大外径/mm	参考重量/(kg/km)
	A	B	A（最大值）	B（最大值）	最大值	裸线	包皮线		最大值	
0.22	7	—	0.21	—	0.60	84.8	86.5	0.25	1.2	3.1
0.35	7	12	0.26	0.21	0.90	52.0	54.5	0.25	1.3（B：1.4）	4.3
0.5	19	16	0.19	0.21	1.00	37.1	38.2	0.3	1.6	6.4
0.75	19	24	0.23	0.21	1.20	24.7	25.4	0.3	1.9	9
1.0	19	32	0.26	0.21	1.35	18.5	19.1	0.3	2.1	12
1.5	19	30	0.32	0.26	1.70	12.7	13	0.3	2.4	17
2.5	19	50	0.41	0.26	2.20	7.6	7.8	0.35	3.0	27
4.0	—	56	—	0.31	2.75	4.7	4.5	0.4	3.7	42
6.0	—	84	—	0.31	3.30	3.1	3.2	0.4	4.3	61

② 匹配熔断器。

a. 熔断器的计算选择和插接器的选择匹配。

熔断器分为快熔式和慢熔式，不同熔断器的材料不同。快熔式熔断器多采用锌或锡，慢熔式熔断器多采用铜或铜锡合金。对于小电流、短时间脉冲负载一般选择迷你快熔式熔断器；对于大电流、长时间脉冲负载一般选择慢熔式熔断器。

b. 熔断器与用电器的匹配。纯电动汽车的采暖系统线路对于车辆常用电气系统来说是高电压，应串联高压慢熔式熔断器作线路保护，如图6-29所示。高压熔断器的选配原则主要是熔断器额定电压和额定电流的确认。额定电压应大于动力电池最高工作电压的10%；熔断器额定电流的选择应参考以下公式计算进行：

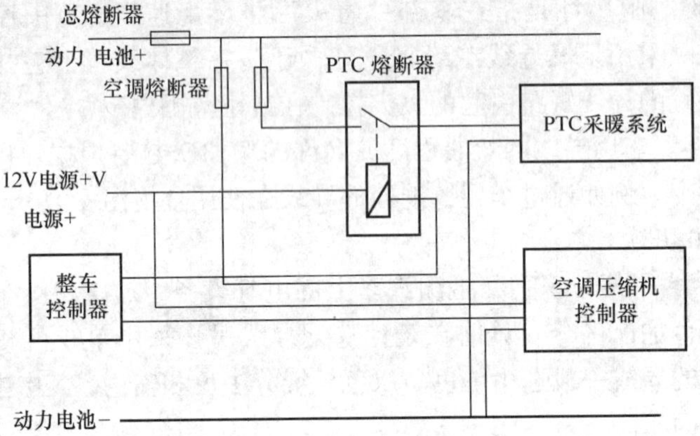

图6-29　PTC暖风系统线路

$$I_n = \frac{I_r}{K_1 K_2} \tag{6-22}$$

式中　I_n——熔断器额定电流（A）；

I_r——保护电路的负载电流（A）；

K_1——负载形式校正系数，主要根据负载特性、功率变化、起动和关断瞬间冲击电流等因素考虑，平稳运行负载选0.75，负载工作电流波动较大选0.6；

K_2——温度校正系数，主要根据使用环境温度和熔断器温升情况选择，纯电动汽车无明显高温产生区域，一般选择0.6。

根据以上选择系数，代入参数 $I_r = 20.83$A 到式（6-22）经计算得到熔断器的额定电流 $I_n = 46.29$A，根据熔断器的规格型号，此PTC加热器选择50A的熔断较为合适。

c. 熔断器与导线的匹配。设计熔断器的目的是既能保证用电器正常工作，又能在用电器异常使导线短路或工作电流过大超过其承载电流以前，先行熔断切断电源。此时导线的电流公式为

$$I^2 r = \frac{(T_1 - T_2)}{R(1 - e^{-at})} \tag{6-23}$$

式中　I——导线发烟前的电流（A）；

r——发烟时导线的电阻（Ω/m），$r = r_{20}[1 + 0.00393(T_1 - 20)]$，$r_{20}$表示20℃时的电阻；

T_1——导体发烟时的温度（℃）；

T_2——最高环境温度，此处为留有余量取导线的耐热等级温度（℃）；

R——导线热电阻（Ω·m/W）；

t——通电后发烟开始时间（s）；

e——常数为2.718；

a——热常数的倒数（W/J）。

经计算，德标规格4.0mm^{2}导线1000s的发烟电流是63.45A，大于50A熔断器的熔断电流，能保证在导线过载发烟前熔断器熔断切断电源。

d. 插接器的选择匹配。

为便于PTC加热器的安装，PTC加热器上的正负极引线与电源线之间采用线束插接器连接。该插接器由护套和端子组成，端子是插接器的核心部件，负责提供加热电流的路径连接，并在接触面形成稳固的接触；护套用于端子固定并为端子提供机械和环境保护。在选择线束插接器时需考虑以下4项因素：

a）电气因素。包括电压、电流、使用线径、回路通电时间等。

b）环境因素。包括环境温度、湿度、密封等级和耐化学腐蚀的要求。

c）物理因素。包括大小、回路数、线与线连接还是线与板连接。

d）装配因素。包括装配安装空间、插拔力要求等。

目前国内连接器行业端子类产品使用的材料大致有两种：黄铜和青铜。黄铜的导电性优于青铜，但青铜的弹性比黄铜好。因此在选择插头端子材料时优先选择导电性更好的黄铜。插座端子本身有一个弹性结构，在满足导电要求的前提下一般选择青铜材料。

端子编号说明：

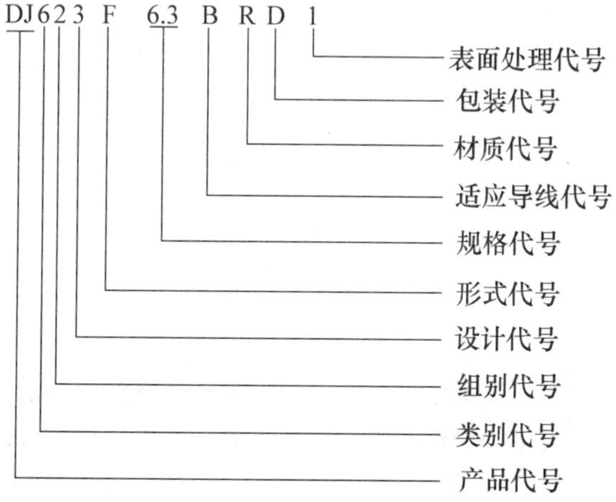

类别代号：2 表示圆柱形，4 表示电线接头，6 表示片形。

组别代号：1 表示插头，2 表示插座。

设计代号：数字表示产品代数。

规格代号：产品的系列规格型号，有 0.6 系列、0.7 系列、1.0 系列、1.2 系列、1.3 系列、1.5 系列、1.6 系列、1.8 系列、2.0 系列、2.2 系列、2.3 系列、2.8 系列、3.0 系列、3.5 系列、4.0 系列、4.8 系列、5.5 系列、6.0 系列、6.3 系列、7.0 系列、7.8 系列、8.0 系列和 9.5 系列，还有熔断器盒端子、仪表端子等。

适应导线代号：T 表示 $0.15 \sim 0.35mm^2$，A 表示 $0.3 \sim 0.85mm^2$，B 表示 $1.0 \sim 1.5mm^2$，C 表示 $2.0 \sim 2.5mm^2$，D 表示 $3.0 \sim 4.0mm^2$，E 表示 $5.0 \sim 6.0mm^2$。

材质代号：H 表示黄铜，R 表示青铜，C 表示紫铜，K 表示铜合金，F 表示铁，S 表示不锈钢。

包装代号：D 表示单只，L 及无代号时表示厂家采用连带包装。

表面处理代号：0 表示素材，1 表示钝化，2 表示亚光镀锡，3 表示光亮镀锡，4 表示镀镍，5 表示镀银，6 表示镀金。

这里 PTC 加热器选用的端子型号分别是插头 DJ618 - 6.3D、插座 DJ626 - 6.3D，如图 6-30 所示。

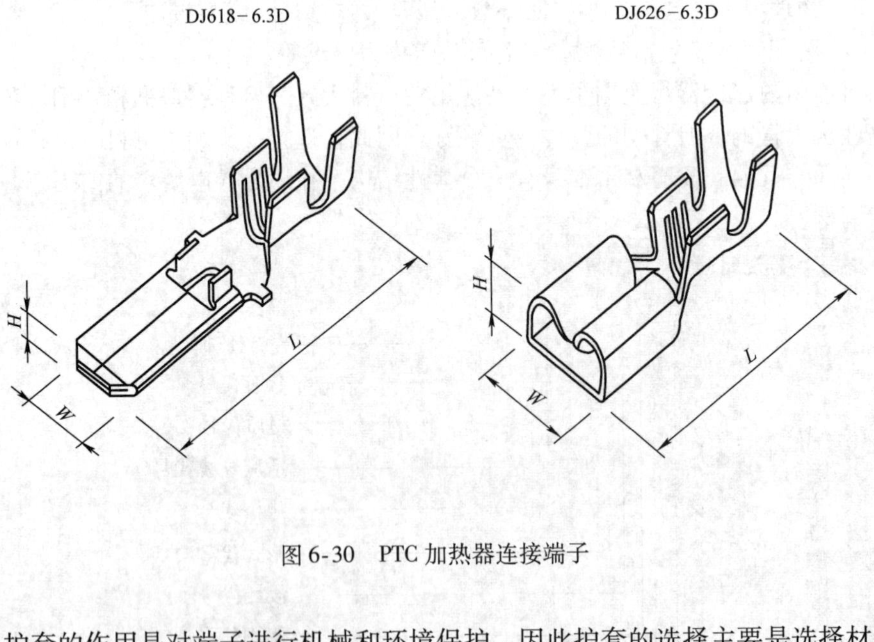

图 6-30　PTC 加热器连接端子

护套的作用是对端子进行机械和环境保护，因此护套的选择主要是选择材料和结构形状。护套的常用材料有尼龙、ABS 树脂和 PBT（Polybutylene Terephthalate，聚对苯二甲酸丁二醇酯）三种类型。

护套编号说明：

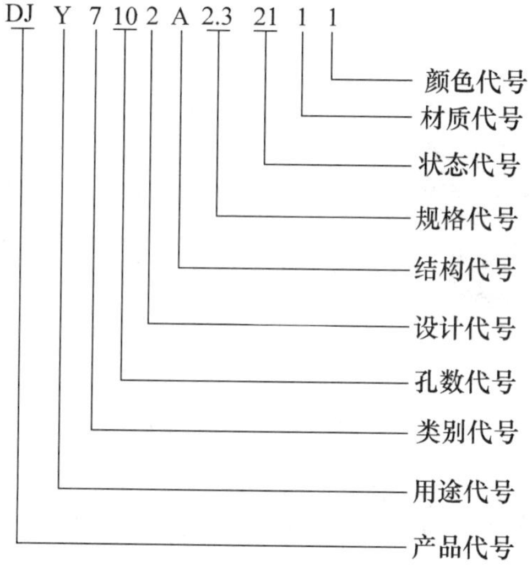

用途代号：Y 表示仪表用，D 表示灯用，F 表示发动机用，K 表示开关用，B 表示熔断器用。

类别代号：3 表示圆柱形，7 表示片形。

孔数代号：数字表示护套的孔位数。

设计代号：数字表示产品代数。

结构代号：字母表示该护套的结构类型。

规格代号：产品的系列规格型号，有 0.6 系列、0.7 系列、1.0 系列、1.2 系列、1.5 系列、1.6 系列、1.65 系列、1.8 系列、2.0 系列、2.2 系列、2.3 系列、2.8 系列、3.0 系列、3.5 系列、4.0 系列、4.8 系列、5.5 系列、6.0 系列、6.3 系列、6.5 系列、7.8 系列、8.0 系列、9.5 系列，以及复合护套系列、灯座护套系列、继电器护套系列和仪表护套系列。

状态代号：10 表示复合插头，21 表示插座，11 表示插头，20 表示复合插座。

颜色代号：1 表示棕色，2 表示红色，3 表示橙色，4 表示黄色，5 表示绿色，6 表示蓝色，7 表示紫色，8 表示灰色，9 表示白色，0 表示黑色。

材质代号（塑料类）：1 表示 ABS，2 表示尼龙，3 表示聚酯热塑，4 表示聚碳酸酯，5 表示聚乙烯，6 表示酚醛树脂，7 表示聚甲醛，8 表示聚丙烯，9 表示聚氯乙烯；

材质代号（橡胶类）：10 表示丁腈，11 表示硅矽，12 表示氟素，13 表示氯丁。

这里 PTC 加热器选用的护套型号插头插座分别是：DJ7023 – 6.3 – 11 和 DJ70236-6.3 –21，如图 6-31 所示。

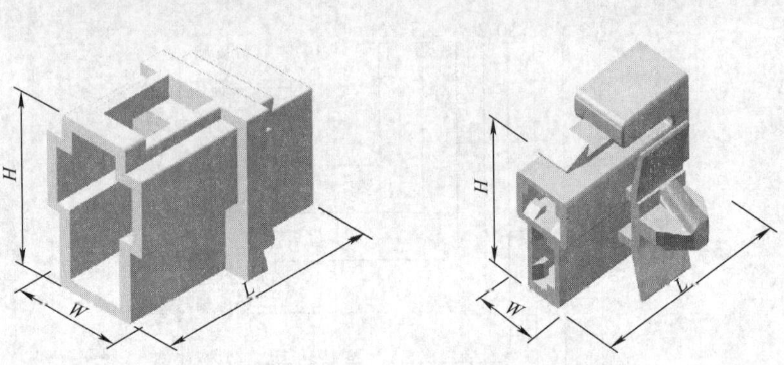

图 6-31　PTC 加热器连接护套

问题 80　电动汽车的全自动空调是怎么回事？

答：电动汽车的空调压缩机取消了传统发动机的传动带驱动，因此采暖加热采用 PTC 加热器也不受制于发动机工作余温的限制。随着汽车电子技术智能化、网络化的发展，电动汽车空调比传统汽车空调具备更好的可控性。同时，车联网的核心——智能中控平台已经在汽车上广泛使用。这些中控平台具有屏幕触控界面，能够开发各种应用程序扩展中控平台的应用功能。这两方面的发展为电动汽车空调的智能化控制提供了条件。

基于 CAN 总线的电动汽车全自动空调控制器，取消了传统空调的实体控制面板，设有智能中控触摸屏界面控制。用户通过点击智能中控触摸屏的相应界面产生用户需求输入，智能中控触摸屏将获取的用户输入信息，通过 CAN 总线发送给空调控制器，空调控制器根据接收的控制命令执行控制动作，驱动空调进行工作。这种基于 CAN 总线的全自动空调控制器与智能平台的中控系统结合起来，可以很容易地与其他车载应用组合，实现远程遥控甚至手机智能控制汽车空调，成为电动汽车智能化、互联化的一个特性亮点。

（1）总体方案　电动汽车全自动空调总体设计方案如图 6-32 所示。智能中控触摸屏上显示虚拟空调面板，并接收用户的触摸输入信息，再通过 CAN 总线将用户对空调控制的请求发送给空调控制器，空调控制器读取 CAN 信号后，再结合蒸发器温度传感器和 PTC 温度传感器信息，根据空调控制逻辑驱动相应的空调系统执行器动作以实现空调控制，并将当前的空调控制状态通过 CAN 总线，以反馈信号的形式，反馈给空调控制面板的智能中控系统。

用户除通过智能中控触摸屏上的虚拟旋钮设定操作空调之外，还可以直接设定所需要的温度和风速，然后由控制器一起实现对空调的自动控制。在智能中控系统读取车内温度传感器的信号后，根据当前车内温度和用户设定温度的差值，通过

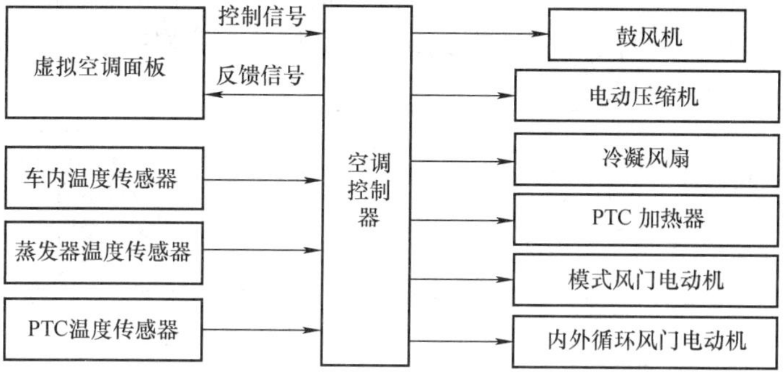

图 6-32 电动汽车全自动空调总体设计方案

CAN 总线发出对空调的控制需求，空调控制器收到输入信息后，根据输入信息要求驱动空调工作在相应的制冷或制热状态，从而实现对空调的自动控制。

（2）软件程序 空调智能中控系统若采用安卓系统，则只需要开发安卓系统的应用程序即可。智能中控应用程序的逻辑流程如图 6-33 所示。

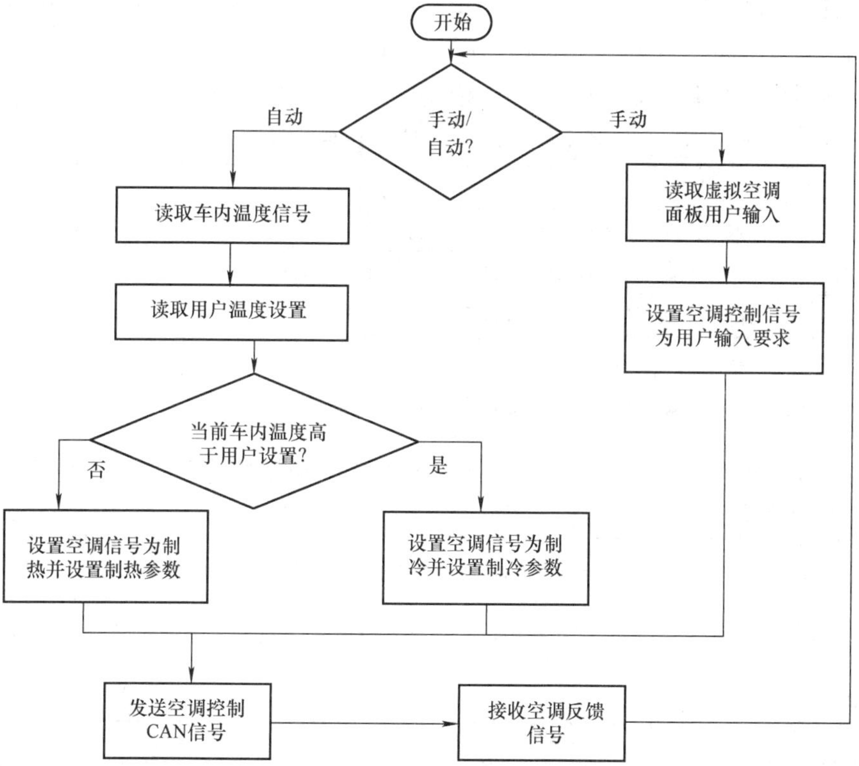

图 6-33 智能中控应用程序的逻辑流程

空调控制器在收到CAN总线上智能中控系统发来的空调控制信号后，需执行对空调的控制动作。空调控制器上需要实现的空调控制流程如图6-34所示。

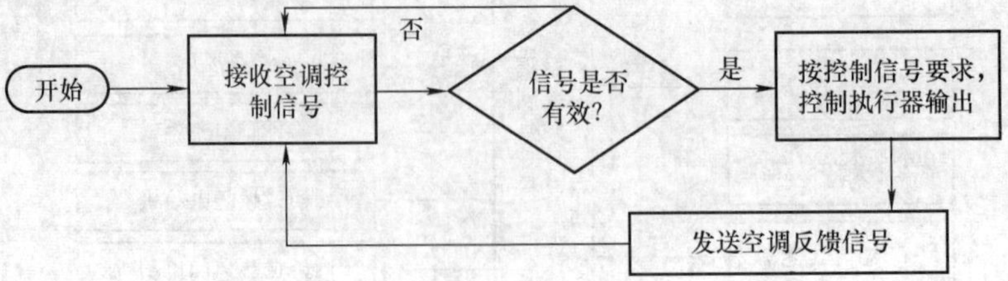

图6-34　空调控制流程

为了实现智能中控系统和空调控制器之间的通信，也为了实现对整个空调系统的协调控制，需要设置合理的通信协议。在智能中控系统和空调控制器之间采用CAN总线通信后，需协议将空调控制信号和空调反馈信号均设置为单帧信号，每帧信号带有8个字节的数据，可以使所有的空调控制信息和空调反馈信息在单帧内完成。空调控制CAN信号示例见表6-4，每个字节代表不同的空调控制功能，字节不同，取值不同，控制要求也不同。CAN ID：0X100；CAN总线速率：250kbit/s；发送周期：100ms；发送方：智能中控系统；接收方：空调控制器。

表6-4　空调控制CAN信号示例

字节	控制功能
第1字节	制热开关控制：0表示断开，1表示接通，其他值无效
第2字节	制冷开关控制：0表示断开，1表示接通，其他值无效
第3字节	内外循环控制：0表示断开，1表示接通，其他值无效
第4字节	吹风方向模式控制：000表示吹面模式，001表示吹面/吹脚模式，010表示吹脚模式，011表示吹脚/除霜模式，100表示除霜模式，其他值无效
第5字节	冷暖控制：0表示最大制冷控制：0～124表示制冷效果控制；125～255表示制热效果控制，255表示最大制热控制；0～255间的其他取值按比例分布
第6字节	鼓风机档位控制：0表示关闭，255表示最大风量，其他取值在最小和最大风量之间按比例分布
第7字节	预留
第8字节	预留

空调反馈CAN信号示例见表6-5，每个字节代表不同的空调状态。CAN ID：0X101；CAN总线速率：250kbit/s；发送周期：100ms；发送方：空调控制器；接收方：智能中控系统。

表 6-5　空调反馈 CAN 信号示例

字节	功能状态
第 1 字节	开关状态：00 表示开关断开，01 表示制热开关接通，10 表示制冷开关接通
第 2 字节	内外循环状态：0 表示内循环状态，1 表示外循环状态，其他取值无效
第 3 字节	吹风方向模式状态：000 表示吹面状态，001 表示吹面/吹脚状态，010 表示吹脚状态，011 表示吹脚/除霜状态，100 表示除霜状态，其他取值无效
第 4 字节	冷暖状态：0 表示最大制冷状态，0～124 表示制冷状态；125～255 表示制热状态，255 表示最大制热状态；0～255 间的其他取值按比例分布
第 5 字节	鼓风机状态：0 表示关闭，255 表示最大风量，其他取值在最小和最大风量之间按比例分布
第 6 字节	预留
第 7 字节	预留
第 8 字节	预留

（3）硬件电路选用设计　对于电动汽车的传感器、执行器需沿用现有成熟的方案，智能中控面板硬件可选择基于安卓系统、IOS 或 WINCE 的产品。目前市场上应用较多的是基于安卓系统的产品，空调智能中控面板只需要选择带 CAN 通信功能，且能支持读取温度传感器的信号的安卓车机产品即可。空调控制器的智能硬件与传统空调器相比，取消了实体控制面板，改由 CAN 总线接收空调控制要求，再增加、更改鼓风机的自动控制驱动电路（因为传统空调是串入不同电阻来实现对鼓风机转速档位调整的）。空调控制器的整体硬件设计框图如图 6-35 所示。

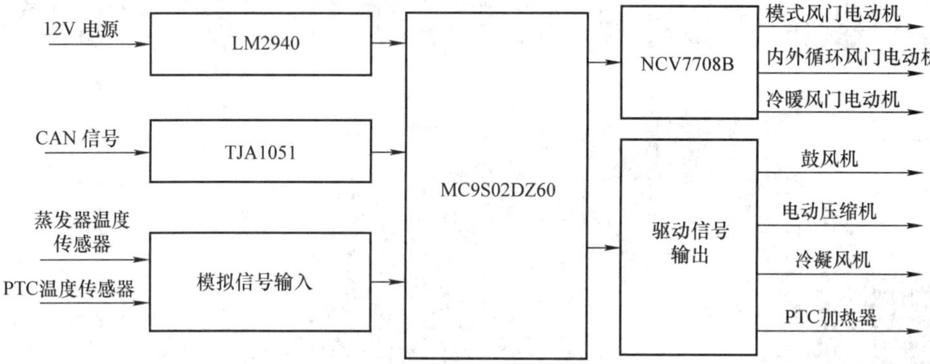

图 6-35　空调控制器的整体硬件设计框图

该空调控制器的主控芯片采用飞思卡尔的 MC9S02DZ60。此芯片是一款价格低廉、性能强大的 8 位单机片，主频为 40MHz，具有 4Kb 的 RAM 和 60Kb 的 FLASH 接口，具有 1 路 CAN，1 路 SPI 和 24 通道的 12 位 ADC（模数转换器）。电源芯片选用 LM2940 电源稳压芯片，可以将车上的 12V 电源转换成 5V 稳定电源为主控芯片 MC9S02DZ60 供电。由于 MC9S02DZ60 只有一个 CAN 通信模块，只需增加一个 CAN 收发器 TJA1051 即可实现 CAN 总线通信。选用 NCV7708B 电桥驱动器对 3 个风门电动机进行驱动。

第七篇

如何购买和使用电动汽车

问题 81　如何购买电动汽车？

答：我国分别在 2013 年 11 月和 2014 年 1 月发布了两批电动汽车推广应用城市名单，当地消费者在推广应用城市内购车可享受政府补贴。另外还有某些公司的优惠，如北汽推出的“卫蓝补贴”等。在许多推广城市的 4S 店，可以购买电动汽车。一般的 4S 店内电动汽车和传统燃油汽车同时销售，如比亚迪、江淮、吉利等，也有不少单独的电动汽车 4S 店，如北汽新能源公司、特斯拉等。除了在 4S 店内购买电动汽车外，还有部分电动汽车在商场、展会现场出售。尤其是在展会现场，会有多个品牌的电动或非电动汽车供客户咨询信息、选购、办理保险业务等。但售后服务环节还需要客户到厂家指定的电动汽车服务维修店或该品牌的 4S 店内进行，其购买流程和传统燃油汽车一样，但不需要缴纳购置税。在购买燃油汽车时，客户会考虑的因素有汽车的外观、价格、舒适性、安全性、油耗、动力性以及是手动档还是自动档等；购满电动汽车时需考虑的因素有汽车的外观、价格、电池容量、续驶里程、最高车速、加速能力、最大爬坡度及电池寿命等。

问题 82　购买电动汽车后如何安装充电桩？

答：在购买电动汽车时，很多人担心充电问题。就目前而言电动汽车的充电方式主要有两种：一种是使用公共充电桩；另一种是家庭充电。使用公共充电桩充电面临需要寻找充电桩、等待时间长等问题；使用家庭充电较为理想，而且还享受民用电价的优惠，因此车主安装家庭充电桩是较为理想的选择。购买电动汽车后充电桩的安装步骤如下（以北汽新能源车型为例）：

①需要提供固定的停车场地，用于安装充电桩；②购车时需要提交申请表申请安装充电桩；③预先与小区物业沟通，确保小区物业配合供应电力并在车位证明表上盖章签字；④申请通过后，安装充电桩的工作人员在 5 个工作日内与用户联系，上门与物业配合测量查看、安装充电桩；⑤充电桩到配电室的充电线在 30m 内由厂家免费提供，超过 30m 部分的长度费用另计。

问题 83　快速充电和慢速充电的特征及注意事项是什么？

答：电动汽车上的充电接口有快充接口和慢充接口两种，一般快充接口设置在车辆的前端，慢充接口设置在车辆的后端。

（1）快速充电　选择快速充电时，将充电枪与快充接口相连接。连接好充电枪后，插入电卡确认后即可实现快速充电。快速充电的特征：①充电电压高，充电机与车辆动力电池的电压自动确认调节；②充电电流大，是常规充电电流的数十倍，对动力电池会产生巨大的电流冲击；③充电时间短，一般在 10～60min 之内即可完成；④对供电网有较大的冲击，快速充电机工作时，其输出电流会产生剧烈变化，峰值能达到数百安。若大量电动汽车在相近阶段密集快速充电，则负荷总量将考验电网的稳定性和承载能力。

（2）慢速充电　慢速充电也称为常规充电，一般在家用或公共充电桩上进行。慢速充电的特征：①充电电流小，功率低；②使用车载充电机接入居民用电即可；③充电时间长，一般在3h以上方可充满整车电池；④对电池的寿命和电网的冲击较小；⑤若不考虑计算费用问题，随时即可接入电网进行充电。像电池容量较大的特斯拉 Model S 为53kW・h，一次完全充电至充满的费用不超过30元，其他电动车辆动力电池容量较小，完全充满电的费用就更少了，有的甚至连10元都不到。

问题84　电动汽车的驾驶方式和使用的注意事项有哪些？

答：驾驶电动汽车和传统燃油汽车尤其是自动档的汽车，其方法基本上是一样的，也需要取得机动车驾驶证，才可以驾驶与准驾车型相符的电动汽车上路。但电动汽车的“起动”过程略有不同。传统燃油汽车的钥匙旋至起动档是起动发动机，而电动汽车的钥匙旋至上电开关接通的位置，可使电机处于准备就绪状态，此时电机并不像发动机一样旋转工作而是呈静止状态。驾驶燃油汽车换档时，须踩下离合器（自动档需踩下制动踏板），将变速杆置于所需要的档位缓抬离合器。起动电动汽车时，须将变速杆从P位拨至D位档或R位档后踩下加速踏板。电动汽车起步以后的驾驶方式，如加速、制动、转向等与燃油汽车完全一样，只是松开加速踏板时会有明显的减速感。电动汽车的使用注意事项如下：

①其上电有一个过程，不允许先踩下加速踏板后闭合上电开关；②在行驶状态下不允许切换档位；③在行驶过程中，需要注意观察仪表上的动力电池状态数据，如电压、温度及电量等；④驾驶时应尽可能地保持匀速行驶，若需要减速，则应轻踩制动踏板用电反馈制动进行减速；⑤在雨天行驶时，涉水深度不能超过150mm，且应低速缓慢通过；⑥在故障拖车时，应使驱动轮离地或将变速杆挂入前进档，并接通上电开关，否则拖动运转会造成电机及控制器的烧毁；⑦在使用时不可使车辆完全放电后再充电，而是应检查以保证车辆的电量高于最低安全电量；⑧充电时间不可过长（如超过18h），以防止危险发生。

问题85　纯电动汽车的日常维护有哪些？

答：纯电动汽车用驱动电机取代传统燃油汽车的发动机，用动力电池取代燃油箱作为动力源。由于没有发动机，不需要定期更换机油、空气滤芯和燃油滤芯等，但需要定期检查电气绝缘情况和维护动力电池组。

1）充电系统的检查：①充电接口是否清洁无烧蚀；②充电导线是否破损老化。

2）底盘部分检查：①轮胎是否磨损，气压是否合适；②转向系统是否低速行驶时灵活轻便，高速行驶时有阻力迟滞；③悬架减振阻尼是否合适，无异响；④轮毂是否无松旷，运转是否灵活无异响；⑤减速器齿轮油是否老化，低于油液平面；⑥传动半轴是否平衡，与轴承配合是否松紧合适。

3）车身部分检查：①车身是否锈蚀；②车门是否开关灵活、密封，无卡滞、异响；③车门玻璃升降是否灵活自如。

4）动力电池部分检查：①高压输出部分的绝缘阻值是否符合相关标准要求；②容量是否下降，充满后的容量是否高于标注容量的 80%；③紧固螺栓是否松动；④各线束连接端口是否清洁、紧固可靠，密封是否良好；⑤动力电池箱体及加热或制冷的管路是否变形、破损。

5）驱动系统检查：①驱动电机紧固螺栓是否松动，高压导线连接是否可靠；②驱动电机运转是否有卡滞、杂音；③高压线路绝缘是否良好；④加减速是否灵活自如；⑤控制器有无故障报警；⑥冷却系统液面高度是否合适、运转是否正常。

6）空调系统检查：①空调制冷、制热是否良好；②通风运转是否正常，出风口控制是否灵活有效；③制冷时出风口温度能否达到要求；④空调制冷系统高低压力是否正常；⑤冷凝器风扇运转是否正常；⑥制热时有无出现焦糊味。

7）低压电器部分检查：①仪表显示是否正常；②灯光、信号是否正常；③喇叭、音响是否正常；④低压蓄电池电压、容量、连接是否正常；⑤刮水器喷水高、低档、间歇档运转是否正常；⑥电动座椅前后倾仰等的调节是否正常；⑦车内外的其他附件工作是否正常。

问题 86　电动汽车的制动系统有什么特点？

答：汽车制动系统是指在汽车上设置一套由驾驶人控制的、能产生与汽车行驶方向相反的加力装置。其作用是将行驶中的汽车按照驾驶人的要求进行适时的减速、停车（或驻车）；在汽车下坡路段行驶时，保持稳定的行驶速度。

要满足汽车在行驶过程中的安全性，制动系统应具备以下基本条件：①具备良好的制动效能；②制动时具备良好的车辆方向稳定性；③制动时操纵轻便；④制动时的平顺性要好，制动力矩能迅速平稳地增加，也能迅速而彻底地解除；⑤制动效能在较长时间恒定有效。

电动汽车制动系统的组成与传统燃油汽车类似，主要由制动器、制动压力调节器和电动真空助力系统三部分组成，另外还有制动管路和制动警告灯等附件。电动汽车真空助力系统如图 7-1 所示。

（1）制动器　制动器是产生阻碍车轮旋转运动的部件。目前汽车所使用的制动器均为摩擦制动器，分为盘式和鼓式两大类。鼓式制动器中的旋转元件为制动鼓，其工作面为圆柱面；盘式制动器中的旋转元件为圆盘状的制动盘。电动汽车所使用的制动器，主要是前盘后鼓或前后均为盘式。现在无论是电动汽车还是燃油汽车，所使用的盘式制动器是浮动钳盘式制动器，如图7-1所示。制动器液压缸一般是单侧的，且液压缸同侧的制动块总成是活动的，另一侧制动块总成固定在钳体上。

鼓式制动器（图7-2）多用在后轮上，它利用制动鼓的圆柱内表面与制动蹄摩擦片的外表面，作为一对摩擦副在制动鼓上产生摩擦力矩阻止车轮旋转。

图7-1 浮动钳盘式制动器

图7-2 鼓式制动器

（2）制动压力调节器 电动汽车所使用的制动压力调节器和传统燃油汽车的一样，主要是防抱死制动系统（Antilock Brake System，ABS）。它的作用是在汽车制动时，自动控制制动器制动压力的大小，使车轮处于边滚动边滑动的状态，而不是完全抱死，以保证车轮与地面的最大附着力（滑移率控制在20%左右）。ABS通常由电动回流泵、蓄压器、制动主缸、输入阀、输出阀、轮速传感器及ABS指示灯等组成，如图7-3所示。

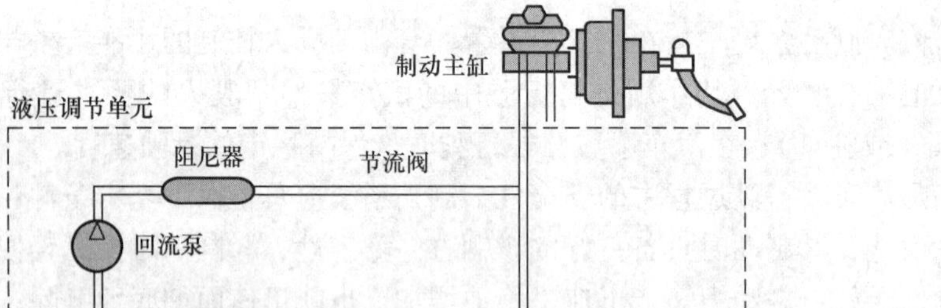

图7-3 汽车ABS的组成

（3）电动真空助力系统　采用液压制动系统的汽车广泛使用真空助力，帮助减轻制动时驾驶人操作制动踏板的力度。一般液压制动的真空助力有两种方式：一种是利用汽油机的进气歧管真空度接入真空助力器，在制动时产生真空助力；另一种是利用单独的真空泵产生真空度接入真空助力器，在制动时产生真空助力。电动汽车采用的是第二种，即利用单独的真空泵装置，主要组成包括真空泵、真空罐和真空度传感器及管路等。电动汽车真空助力系统如图7-4所示。真空度传感器安装在制动主缸上，如图7-5所示。

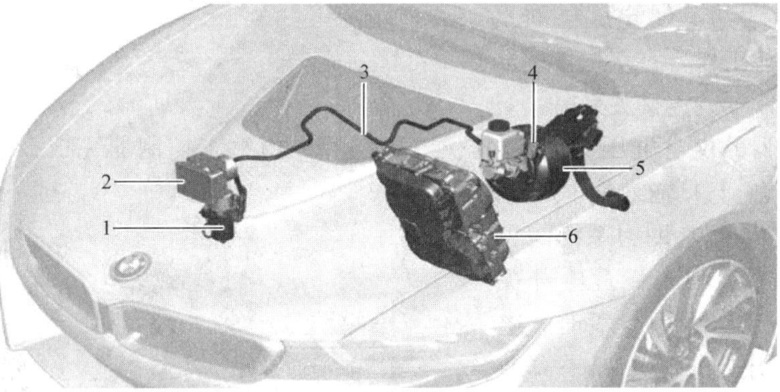

图7-4　电动汽车真空助力系统

1—电动真空泵　2—制动稳态控制系统DSC　3—真空管路　4—真空度传感器
5—制动助力真空气室　6—电机控制装置EME

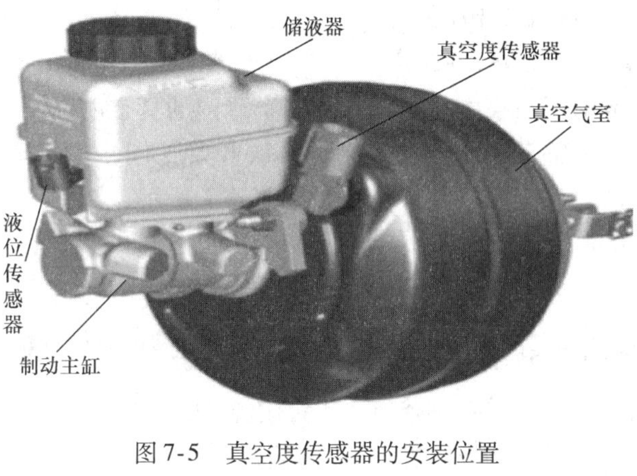

图7-5　真空度传感器的安装位置

1）电动真空泵的工作原理。真空度传感器将真空度信号发送给整车控制器，整车控制器根据预先设定的真空度值来确定真空泵的起动和停止。例如某电动汽车的真空度低于50kPa时，整车控制器使真空泵起动工作；当真空度高于75kPa时，整车控制器使之停止工作；当真空度低于34kPa时，整车控制器发出报警。

如图7-6所示，电动真空泵由整车控制器内部电路供应12V电压，其负极直接搭铁。电动真空泵是否起动受整车控制器控制，其控制依据是真空度传感器输入的电压信号。当需要起动运行电动真空泵时，整车控制器输入12V电压给其供电，电动真空泵即开始工作。真空度传感器与整车控制器的连接关系是：真空度传感器的供电电压为5V，其供电和搭铁均由整车控制器完成；信号电压为0.3～4.8V，直接输入整车控制器。

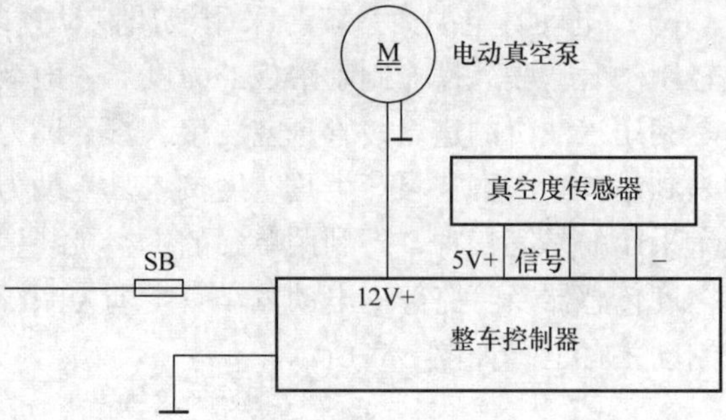

图7-6　电动真空泵工作原理电路图

2）电动真空助力系统的工作过程。当驾驶人将上电开关接通准备起动运行车辆时，整车控制器开始自检。如果真空度小于设定值，则真空度传感器输出相应的电压信号至整车控制器，此时电动真空泵开始工作运转；当真空度达到设定值后，真空度传感器输出相应的电压信号至整车控制器，此时整车控制器使电动真空泵停止工作。当真空罐内的真空度因制动消耗而小于设定值时，电动真空泵在整车控制器的控制下再次开始工作，如此循环。宝马i3系电动汽车制动真空助力系统的控制逻辑关系如图7-7所示，图中A表示输入信息，B表示输出信息，C表示输出电压。

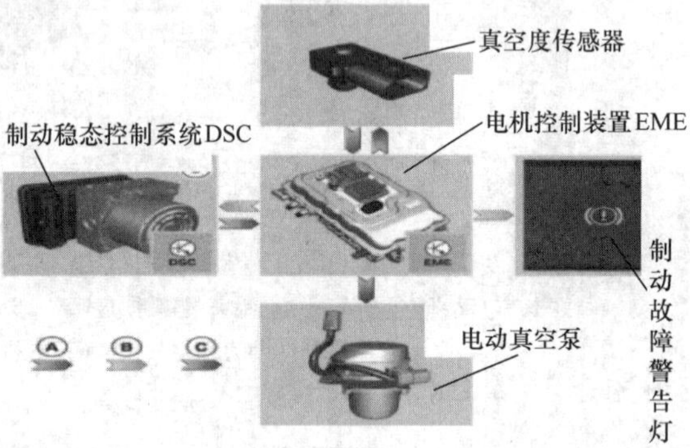

图7-7　宝马BMWi3制动真空助力系统的控制逻辑关系

问题87　电动汽车的冷却系统与传统燃油汽车的冷却系统一样吗？

答：传统燃油汽车的发动机在工作时，气缸内的温度超过2000℃，若不及时冷却，将会造成发动机零部件温度过高，尤其是与高温气体接触的零部件，会因受热膨胀而影响正常的配合间隙，导致运动件受阻甚至卡死。此外，高温还会造成发动机零部件的机械强度下降，使润滑油失去作用。而冷却系统可以在发动机工作时对温度进行合理的调节与控制，带走发动机因燃烧所产生的热量，使发动机各零部件保持正常的工作温度，从而获得理想的动力输出与良好的燃油经济性。电动汽车的冷却系统作用与传统燃油汽车基本相同，但两者之间的结构和原理的差异，导致热源及散热方式的不同。电动汽车关键的零部件——动力电池、驱动电机、电机控制器的效率不能达到100%，在能量转换过程中也会产生热量。这些热量虽然相对于燃油发动机来说少得多，但若不能够及时散发出去，也将会限制转矩、功率运行甚至导致零部件的损坏。电动汽车冷却系统的功用是将驱动电机、电机控制器和动力电池所产生的热量及时散发出去，保证它们稳定高效地工作。

（1）电动汽车的热源　电动汽车主要的热源有动力电池、驱动电机和电机控制器，其总的产热量相当于燃油发动机的1/4～1/3。驱动电机在运行过程中会产生一定的热量使电机的温度上升。当温度上升到一定程度后，电机的绝缘材料会发生本质的变化，最终失去绝缘能力。由电子元器件构成的控制器，同样会由于温度过高而造成电子元器件性能的下降，出现半导体结点、电阻增加、电路损坏，甚至烧毁元器件。动力电池系统的散热方式有风冷和水冷两种，在特斯拉和宝马等高端品牌的电动汽车上采用水冷散热。只有将这些部件产生的热量及时散走，才能维持电动汽车主要部件可靠稳定地工作。

（2）电动汽车冷却系统的组成　电动汽车的冷却系统主要由电动水泵、散热器、冷却风扇、管路和冷却液等组成。

① 电动水泵（图7-8）。电动水泵是电动汽车冷却液循环的动力元件，其作用是提高冷却液的压力，促使冷却液在冷却系统中进行循环，带走系统散发的热量。它一般安装在车身右纵梁的下方，位于整个冷却系统较低的位置。其额定工作电压为12V，额定工作功率为30W。电动水泵采用永磁无刷直流电动机，浮动式转子与叶轮铸成一体。因而严禁电动水泵在没有冷却液的情况下空载运行，以防止转子、定子的磨损，导致水泵损坏。电动水泵自带橡胶支架，可以起到降低噪声的作用，其固定螺栓的紧固力矩为10N·m左右。电动水泵的两线电气插接件位于后端盖上，分别为正极和负极。

图7-8　电动水泵

② 冷却风扇（图7-9）。冷却风扇和传统燃油汽车的一样，其作用是提高流经散热器、冷凝器的空气流速和流量，以增强散热器的散热能力。冷却风扇采用左右双风扇的结构，通过两档调速，由低压12V电源系统供电，由整车控制器根据驱动电机、电机控制器和动力电池等的温度和空调压力等参数，控制

图7-9　冷却风扇

冷却风扇的高/低档运行。其固定螺栓的紧固力矩为10N·m左右。

③ 散热器（图7-10）。具体内容已在第六篇空调系统中介绍过，这里不再赘述。

图7-10　电动汽车散热器

④ 膨胀水箱。电动汽车的膨胀水箱与传统燃油汽车的一样，其作用是为冷却系统中的冷却液排气、在膨胀或收缩时提供受压容积、补充冷却液和缓冲热胀冷缩时冷却液的变化，同时也作为冷却液加注口。向膨胀水箱加注冷却液时必须使液面处于标准线以下，绝对不可过满，以防受热时冷却液膨胀胀破管路。

⑤ 冷却路径。电动汽车冷却管路的内外采用三元乙丙橡胶，中间层由编织物增强，耐温等级为125℃，爆破压力为1.3MPa。若充电机是风冷方式的，则其冷却系统的循环路径为电机控制器→ 驱动电机→ 散热器→电动水泵；若充电机是水冷方式的，则其冷却系统的循环路径为电动水泵→电机控制器→ 充电机→ 驱动电机→ 散热器→ 电动水泵。

⑥ 冷却系统控制。冷却系统的电动水泵和冷却风扇的运行均由整车控制器控制，电源来自于高低电压转换器和低压蓄电池。电动水泵的运行与停止，由整车控制器根据所收到的来自于驱动电机、电机控制器等的温度信号来控制，同时根据整车控制器所收到的温度信号还可控制冷却风扇的高速或低速继电器工作，使冷却风扇进行高速或低速运转。因为冷却风扇同时给冷凝器和散热器提供强制冷风，所以冷却风扇的运行策略是受空调压力和汽车热源温度的双向控制。两者择高不择低，即空调压力和汽车热源温度，无论哪一个达到起动冷却风扇的参数值，整车控制器都会起动冷却风扇使其运转。

问题88　电动汽车动力转向系统的结构和原理是怎样的？

答：传统的液压动力转向系统依靠发动机运转带动液压泵工作，只要发动机运转动力转向系统的液压泵就处于工作状态，只是阻力大小不同。因此，液压动力转向系统会使整个发动机的燃油消耗增加3%～5%。而电动动力转向系统则是以蓄电池为能源，以电动机为驱动动力源，可独立于发动机工作。故电动汽车使用独立动力源的电动动力转向系统。电动动力转向系统能够根据汽车转向盘的转矩、转向盘的角度、车速和路况等信息，为驾驶人提供最佳转向助力，使转向更加轻松柔和。另外还能使车辆具有良好的执行保持能力和抑制颠簸路段反作用的能力，并保证各种行驶工况下的路感。

（1）电动动力转向系统的组成 电动动力转向系统主要由转矩传感器、电控单元和转向助力电动机等组成。电控单元根据转向盘的角度、转矩和车速等信号，计算所需要的转向助力的转矩，并通过功率放大模块控制助力电动机的转动，电动机输出经过减速增矩后驱动转向机构产生相应的转向助力。目前电动动力转向系统分为管柱助力式、齿轮助力式和齿条助力式。

（2）电动动力转向系统关键部件 电动动力转向系统的关键部件有转向助力电动机、转矩传感器和蜗轮蜗杆减速机构。

1）转向助力电动机。转向助力电动机安装在转向器上，由蜗杆蜗轮和直流电动机组成，直流电动机有有刷电机和无刷电机两种。当蜗杆与安装在转向器输出轴上的蜗轮啮合时，会降低电动机转速并把电动机输出转矩传递到输出轴。电动动力转向系统多采用永磁直流电动机，用12V低压电供电。其正反转的工作原理如图7-11所示。

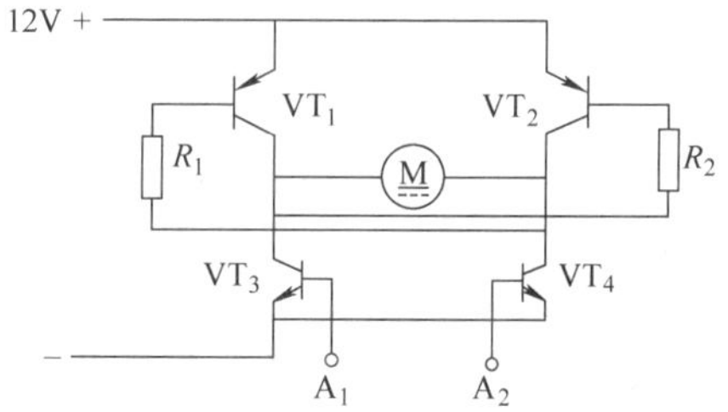

图7-11 转向助力电动机正反转的工作原理

2）转矩传感器（图7-12）。其作用是将转向盘上操作力的大小和方向转换为电信号，传递到电动动力转向系统的控制器。常见的转矩传感器由扭力元件和电测元器件组成，分为无触点电磁感应式转矩传感器和有触点滑动电阻式转矩传感器。一般转矩传感器由两个带孔的圆环、线圈及盒、电路板等组成，安装好后转动转向盘，转矩会传递到扭力杆，两个带孔的圆环会产生相对转动，电路板会计算转动的方向和旋转量，并将计算的数据量传输给动力转向系统控制器。

图7-12 转矩传感器

3）蜗轮蜗杆减速机构。蜗轮蜗杆减速机构用于传递空间交错轴之间的运动和动力，通常两轴呈90°交错，一般用作减速传动。其特点如下：①传动比大，结构紧凑；②由于蜗杆与蜗轮的啮合是连续不断进行的，同时啮合的齿数较多，故传动平稳、噪声小；③蜗杆传动具有自锁性；④蜗杆传动成本较高。

（3）电动动力转向系统的工作原理 电动动力转向系统的工作原理图如图7-13所示。

当上电开关接通时，卸荷继电器闭合，电动助力转向系统开始进入工作状态；当电动动力转向系统正常工作时，电动动力转向系统接收来自整车控制器的车速信号、唤醒信号和转矩传感器的转矩信号等并进行综合运算，以控制转向助力电动机的转矩、转速和方向。转向控制器在供电200ms内完成自检，供电200ms后可以

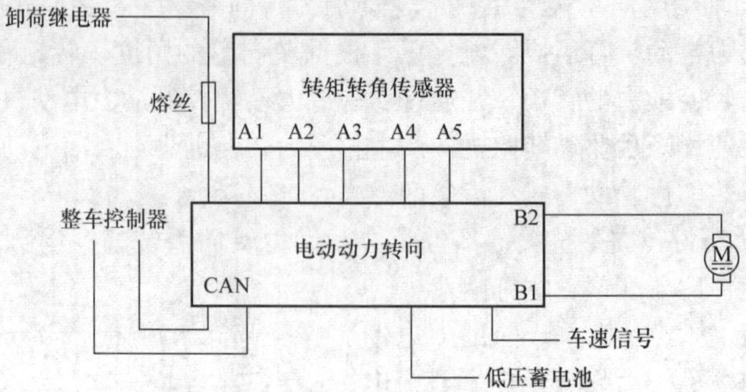

图7-13 电动动力转向系统的工作原理图

与CAN总线交换信息，供电300ms后可输出500帧数据，以上报动力转向系统的故障或运行状态数据。当电动动力转向系统检测到故障时，可通过CAN总线或其他数据线向整车控制器发送故障信息，并采取相应的处理措施。

电动动力转向系统的助力作用受整车控制器控制，在车辆低速转向时助力作用强，随着车速的升高助力作用逐渐减弱，当车速达到一定值（30km/h）时，转向完全变为人力操纵。当车速升高到一定值（54km/h）时，转向助力又变成了转向阻力，以防止在高车速时转向过轻造成的车辆“发飘”，以增加高速行车的稳定性。某电动汽车转向助力电动机的工作电流如图7-14所示。由图可以看出，在车速较低的情况下转向时，转向助力电动机输入正向电流系统起助力作用，可以获得较轻便的转向特性；在高车速时，转向助力电动机输入反向电流助力系统起阻力作用，可以获得阻尼的转向特性，以保证车辆高速时的安全稳定性；在车辆处于中速时，转向助力电动机不通电系统不起作用，以节省电能，获得完全的转向路感。

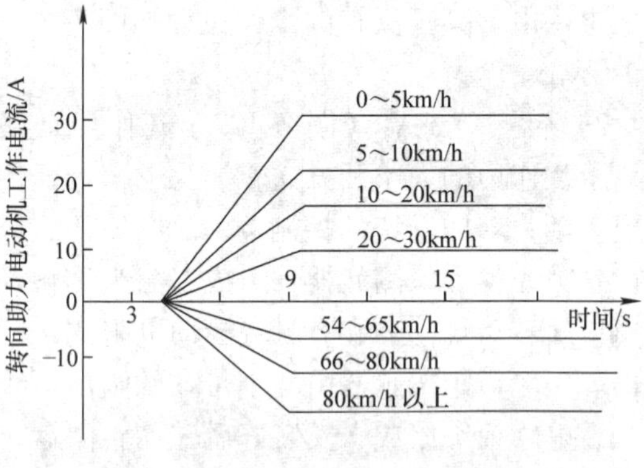

图7-14 某电动汽车电动力转向电机的工作电流

问题89 电动汽车空调的使用控制方式及通信原理是怎样的？

答：与传统燃油汽车不同，电动汽车空调压缩机使用的是电动压缩机，可以采用变频的方式工作。供电频率高，空调压缩机转速快，空调器制冷（热）量就大；供电频率较低，空调器制冷（热）量就小。变频空调的核心是变频器。变频器通过对电压的转换来实现电动机运转频率的自动调节，使汽车空调完成了一次革命。

变频空调每次开始使用时，通常是让空调以最大功率、最大风量进行制冷，迅速接近所设定的温度。当空调高功率运转，迅速接近所设定的温度后，空调压缩机便在低转速、低能耗状态运转，仅以所需的功率维持设定的温度。这样不但温度稳定，还避免了空调压缩机频繁的开开停停所造成的寿命的衰减，而且耗电量大大下降，使电动汽车空调实现了高效节能的目标。

（1）空调的控制原理　某电动汽车的空调控制原理如图7-15所示。

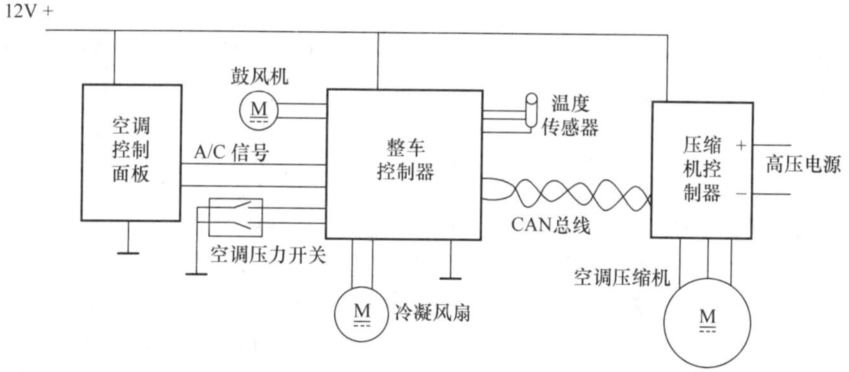

图7-15　电动汽车空调控制原理

该车利用整车控制器控制空调功能的开启与关闭，上电开关接通后按下A/C开关按钮，表示空调制冷功能需求输出。此时整车控制器收到A/C信号，同时A/C开关上的工作指示灯点亮，整车控制器根据内部设定的程序控制制冷系统工作。另外也有的电动汽车采用单独的空调控制器来控制空调系统工作。

（2）冷却风扇的控制　电动汽车空调使用的冷却风扇与散热系统使用的是同一个，其运行与否和制冷管路内的压力以及驱动电机、电机控制器及动力电池等的温度有关。冷却风扇的工作条件如下：

1）冷却风扇的开启条件是，有空调A/C开关请求信号或动力电池制冷请求信号，制冷管路内的高低压压力开关闭合。

2）冷却风扇的关闭条件是，有空调A/C开关关闭信号或动力电池制冷信号取消，制冷管路内的高低压压力开关断开。

3）关闭延时控制。在待机模式下，高低压压力开关断开，冷却风扇延时5s关闭；在开机模式下，高低压压力开关断开，冷却风扇延时5s关闭；若关闭A/C开关，则冷却风扇也是延时5s关闭。

（3）与空调系统有关的控制器通信。电动汽车控制器之间的通信采用CAN总线通信。CAN是控制器局域网络（Controller Area Network）的简称，是由研发和生产汽车电子产品著称的德国博世公司开发的。

某车型空调控制器与PTC控制器通过500kbit/s的CAN总线网络交换信息，其通信原理图如图 7-16 所示。

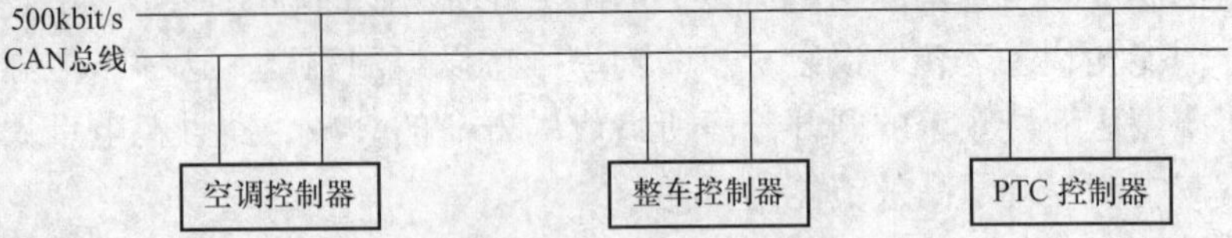

图 7-16　空调控制器与 PTC 控制器的通信

根据 CAN 总线的报文协议，在冷暖调节至暖区时，空调控制器发出 PTC 控制器工作命令，当环境温度大于 30℃时，不允许 PTC 加热器工作。当收到整车控制器停机命令后，不允许起动 PTC 加热控制器，若已经起动，则及时停止 PTC 的工作。在 PTC 控制器起动状态下，若乘员关闭空调，则鼓风机延时 5s 后停机，同时风向调整至吹足模式，此延时状态仅用于 PTC 控制器散热。

由上述可知，空调控制器与 PTC 控制器之间是通过 CAN 总线网络交换信息的。在按下 A/C 开关按钮后，A/C 工作指示灯点亮，并自动启动联动内循环。在调节冷暖至相应的区间后，如果空调管路内的最低压力足够，则空调压缩机起动；否则尽管目前处于制冷需求状态，压缩机也不工作。电动汽车空调系统制冷的实际工作，受蒸发器温度（温度过低不工作）、冷暖调节空间、空调管路压力和整车控制器等多种因素控制，A/C 开关只是驾乘人员对空调的需求信号。在待机车辆不运行时也可操作此按钮唤醒空调，启动制冷功能。

根据报文协议，控制空调压缩机起停，同时发出使能工作目标转速信息，压缩机的目标转速根据制冷程度的高低，分别对应选择最冷是 3500r/min、中冷是 2500r/min、一般制冷是 1500r/min。当冷暖调节为中间状态或制热状态时，不允许空调压缩机工作，蒸发器温度目标控制上、下限分别是 1℃和 4℃；当环境温度低于 5℃时，不允许空调压缩机工作。在整车控制器收到停止压缩机工作的命令后，不允许空调压缩机工作。若此时空调压缩机已起动，则会立即停止制冷工作。

第八篇

电动汽车的保养和维修

问题90　目前电动汽车在使用安全方面要注意什么？

答：电动汽车的高压电对驾乘人员的安全威胁较大，必须高度重视人员的触电伤害危险和高压电的短路危险。电流对人体的伤害有电击和电伤两种：电击就是通常所说的触电；电伤就是由电流的热效应、化学效应、机械效应以及电流本身作用所造成的人体伤害。其中，对人体伤害最大造成死亡的绝大部分是由电击引起的。以工频电流为例电流对人体的伤害程度：1mA左右电流通过人体时，会产生麻、刺痛等感觉；10mA～30mA的电流通过人体时，会产生麻痹、剧痛、痉挛、血压升高和呼吸困难等症状，但通常不会有生命危险；电流达到50mA以上就会引起心室颤动而有生命危险；电流达到100mA以上在极短时间内就会使人死亡。

电流对人体的伤害程度一般与以下因素有关：①通过人体的电流强度大小；②电流通过人体时间的长短；③电流通过人体的部位，其中电流通过人体的脑部和心脏部位最危险；④通过人体的电流频率，其中40～60Hz交流电对人体伤害最大；⑤触电者的身体状况。

通过人体电流的大小与触电电压和人体电阻有关。不带任何防护设备，对人体各部分组织均不造成伤害的电压值，称为安全电压。国际电工委员会（IEC）规定的安全电压限定值为50V。

电动汽车需要经常连接充电装置将电网的电能输入到电动汽车的动力电池中，但动力电池的电压和电网的电压均远远超过36V人体安全电压，对此需采取防漏电触电措施。

（1）电气设备防触电措施　国际电工标准按家用电器防电击措施的不同，将电气设备分为以下4类：

1）0类设备。0类设备只有一层绝缘，它有金属外壳，但外壳没有接地线，它的插头只有2个脚，即L线和N线，无法接地。0类设备如果绝缘破损，芯线触碰金属外壳，所带接触电压可达220V，而且熔断器一般不会熔断，断路器（空气开关）也不会跳闸。因此电击伤人的危险性很大。国际电工标准规定0类设备只能在绝缘环境中使用，如高空悬挂或天花板中使用0类设备。

2）Ⅰ类设备。将0类设备的金属外壳接出一根接地线，并用三相插头与电网连接即为Ⅰ类设备，家庭常用的洗衣机、电冰箱、微波炉等均为Ⅰ类设备。Ⅰ类设备如果有芯线绝缘破损触碰金属外壳，因为有接地线，金属外壳带电电压要低得多，而且有熔断器、断路器或漏电保护器的保护，当有触电等接地短路电流通过时，能跳闸或熔断来切断电源。如果切断电源迅速，而接触电压又低，则触电人可免于受到身体伤害。一般电动汽车充电就是采用这类带接地线的Ⅰ类设备防护措施。

3）Ⅱ类设备。这类电气设备通常具有塑料绝缘外壳（或金属外壳部分通过加强绝缘措施与带电部分分离），能够保障设备的安全。但绝缘外壳的耐高温性能和机械性能较差，常见的Ⅱ类设备有台灯、台扇等小功率电器件。Ⅱ类设备由于具有双重绝缘或加强绝缘，不会因绝缘破损而发生绝缘事故，因此没有漏电保护器和地线保护，配置的电源插头是两相的。

4）Ⅲ类设备。根据 IEC 的测试结果，人体在干燥环境下接触 50V 电压、潮湿环境下接触 25V 电压是不会发生心室纤颤死亡事故的。这类可用于对人体安全有特殊要求的设备，如儿童玩具、电动按摩器、理发器等，即为Ⅲ类电器设备。为确保安全，Ⅲ类设备的电源变换器必须采用绝缘良好的双绕组，隔离降压变压器供电和采用带绝缘护套的电线，其芯线和电器的金属外壳都不得接地，以防止地线或其他金属部分可能出现的危险。电动汽车内使用的一般电气设备，如灯光、喇叭、仪表、刮水器电动机、调节电动机等，均属于Ⅲ类设备。

（2）动力电池组安全　目前我国大多数电动汽车是以锂离子电池作为动力电池的主要组装材料，由于锂离子活跃、易燃烧的化学特性，在实际使用过程中若遇到碰撞、挤压会导致动力电池组受损，使电池内的锂离子暴露在空气中引发火灾。另外，目前单体电池或电池组的一致性不高，且使用中电池漏液现象时有发生。电解液一旦接触空气中的氧气就会迅速分解燃烧，若引燃电池组就会造成火灾。在电动汽车中大量使用锂离子电池芯构成电池组作为电动汽车的动力源，应该按照国际电工委员会的标准 ICE 62133 进行相关的试验测试，并达到合格要求，这对于电动汽车的使用安全来说是至关重要的。ICE 62133 要求动力电池必须进行以下两类检测和验证：

一是单体电池必须进行持续低倍率充电、振动、温度循环、外部短路、自由跌落、冲击（碰撞）、热误用（热冲击）、挤压、低气压、过充电、强制放电、高倍率充电保护以及不正确安装等测试。

二是电池组必须进行振动、高温下外壳应力、温度循环、外部短路、自由跌落、冲击（碰撞）、标识及包装和过充电等测试。

在上述的各个测试项目中，13kN 挤压试验和持续低速率充电试验，应格外关注并仔细实施。

1）13kN 挤压试验。此项目的测试对象是单体电池，对于长方形单体电池需要挤压长、短轴向，即电池的长和宽两个平面。对圆柱形单体电池，挤压电池的长轴应与挤压装置的挤压平面平行。根据检测经验，聚合物软包装电池在挤压宽轴时（侧面）有燃烧或爆炸等不合格现象出现。电池挤压测试机如图 8-1 所示。

IEC 62133 要求的测试方法：每个充满电的单体电池放置在两平面之间进行挤压。挤压由一个能施加 13kN 的液压活塞提供。在挤压试验时，应注意选择能引起最不利结果的挤压方式，若出现以下 3 种情况应立即释放压力：①达到所设定的最大压力；②电池出现了 10% 的变形；③电池电压骤然降低了初始电压的 1/3。每个测试电池只允许挤压测试一次，对于长方形电池，长宽两面都需要测试，用两个电池分两次测试。电池挤压测试机采用 PLC 控制，测试工作简单易操作。

图 8-1　电池挤压测试机

2）持续低倍率充电。此项目的测试对象是单体电池。测试内容是将已经满充电的电池按照制造商规定的充电方式持续充电 28 天。此项目在其他安全标准中并不常见，鉴于电池制造商规定的充电方式基本都是恒流恒压充电，这就要求制造商在规定及限制充电电流乃至充满电时的截止电压时要全面考虑，因此必须在电池设计时考虑耐持续充电能力。目前已量产的日产 Leaf 纯电动轿车及三菱 i－MiEV 纯电动轿车的 M 级和 G 级，全部采用固体的大容量锂离子动力电池组。这种电池组即使遭到碰撞，也不会冒烟起火，更不会爆炸。日产 Leaf 纯电动轿车所使用的动力电池是全固体叠层型无机电解质（$Li_2S-P_2S_3$玻璃陶瓷体）锂离子蓄电池。在它的内部隔膜与电解质合二为一，不再使用单独的隔膜。其制造工艺已突破现有锂离子电池制造工艺的概念，从而实现了动力电池组大容量、体积小、比能量高，并且安全、价格合适。

（3）充电安全　我国发生的几起电动汽车火灾事故，有一部分是在充电过程中发生的，主要是由于充电设备没有过充电保护或过充电保护失效造成的。在冬季低温环境下充电，由于没有采取预热措施，导致电池的温度场差较大，也是造成充电安全事故的原因之一。此外，充电过程中的通信也存在着中断充电指令失效而继续充电的情况。还有就是电池管理系统（BMS）没有实现对充电机的管理控制功能，尤其是直流快速充电设备与 BMS 间甚至没有建立真正有效的通信。整个充电过程任凭充电机单向独立控制，一旦充电机温度监控功能失效，就会造成电池温度过高情况下充电电流依然过大的情况，若再继续充电就会造成爆炸、漏液、起火事故。

因此，对电池温度和电压的监控非常重要。因为电池的温度和电压直接反映动力电池的荷电状态和对其充电的可接受程度。特斯拉电动汽车选用松下的 NCA 系列 18650 镍钴铝酸锂电池，虽然该电池能量密度高，但高温稳定性差。特斯拉公司选用该电池主要得益于电池温度管理系统技术做得好。

因为电池使用时间长、充放电次数多，所以电动汽车在使用和维修时还要考虑电池生命周期，避免因电池老化造成安全事故。在新电池技术的选用上，并不是电池的能量密度越高就越好。电池的能量密度太高，若不能安全管控，也会出现问题。因此，一定要兼顾能量密度和安全性，在保证安全的基础上提高能量密度。所以首先应是科研人员开发出既安全能量密度又高的动力电池，然后才是使用管理者安全正确地使用动力电池，最后才是维修人员恢复电动汽车动力电池原有的安全技术性能。

问题 91　电动汽车需要做哪些保养？

答：为了使电动汽车处于良好的行驶状态，保证其能长期可靠地运行，必须对电动汽车实施正确的保养，这也是减少维修成本必不可少的。电动汽车的保养工作与传统燃油汽车一样，也分为日常保养和定期保养。其中日常保养是以清洗、补充、检查为主；定期保养是按周期保养，需要结合一定的行驶里程数，并以先到者为先。

（1）日常保养　除对车身内外表面进行清洁处理外，还包括以下内容。

1）高压电器部分：①检查充电接口是否清洁无烧蚀；②检查充电导线是否破损老化；③检查电池容量、电压有无异常；④检查电机和控制器有无异常报警。

2）底盘部分：①检查轮胎是否磨损，气压是否合适；②检查转向系统是否低速行驶时灵活轻便，高速行驶时有阻力迟滞；③检查悬架减振是否阻尼合适、无异响；④检查轮毂是否无松旷，运转是否灵活无异响；⑤检查传动部分是否平衡，与轴承配合是否松旷，有无异响。

3）车身部分：①检查车身是否锈蚀；②检查车门是否开关灵活、密封且无卡滞、异响；③检查车门玻璃升降是否灵活自如。

4）低压电器部分：①检查仪表显示是否正常；②检查灯光、信号是否正常；③检查喇叭、音响是否正常；④检查低压蓄电池的电压、容量及连接是否正常；⑤检查刮水器的刮水高、低档及间歇档运转是否正常；⑥检查电动座椅前后倾仰等的调节是否正常；⑦检查车内外的其他附件工作是否正常。

（2）定期保养　一般每隔半年、一年或两年进行一次保养，相对应的里程分别是 5000km、10 000km 和 20 000km。电动汽车真正投入使用的时间较晚，对于其故障保养规律应遵循一般车辆运行保养的规律，并具有电动汽车自身的特点。一般4s店要求：

1）每半年或5000km检查保养一次，其内容除日常检查补充的内容外还包括车轮自由转动情况、冷却液液面和浓度等。

2）每一年或10 000km，除要求1）中的保养内容外，要着重对动力电池部分进行以下检查：①高压输出部分绝缘阻值是否符合相关标准要求；②容量是否下降，充满后的容量是否低于标定容量的80%；③紧固螺栓是否松动；④各线束连接端口是否清洁、紧固可靠，密封是否良好；⑤动力电池箱体及加热或制冷的管路是否变形、破损。驱动系统应检查如下内容：①驱动电机紧固螺栓是否松动、高压导线连接是否可靠；②驱动电机运转是否有卡滞、杂音；③高压线路绝缘是否良好；④加减速是否灵活自如；⑤控制器有无故障报警；⑥冷却系统循环是否正常。空调系统应检查以下内容：①空调制冷、制热是否良好；②通风运转是否正常，出风口控制是否灵活有效；③制冷时出风口温度能否达到要求；④空调制冷系统高低压力是否正常；⑤冷却风扇运转是否正常；⑥制热时是否有焦糊味。

3）每两年或20 000km进行检查保养，不仅包括每一年或10 000km的项目内容，还应包括车轮定位情况、控制器内是否有故障码和运行的数据流是否异常等。

问题92　电动汽车的故障等级和维修诊断方法有哪些？

答：根据驱动电机、动力电池、电动动力转向系统和高低电压转换器等零部件，电动汽车整车控制器和CAN总线网络系统进行综合判断，确定整车的故障等级。电动汽车的故障等级分为4级，分别如下：

1）一级故障（致命）。即高压电系统或动力电池出现过电压故障，出现一级故障系统会紧急断开高压电。

2）二级故障（严重）。包括电机控制器相电流过大或IGBT故障、旋变故障或档位信号故障、动力电池绝缘故障等。若出现二级故障，动力电池将以最高20A的限电流放电；若是电动机故障，将会设有转矩输出。

3）三级故障（一般）。包括电机控制器出现对电机的超速保护、加速踏板信号故障、动力电池内部故障等。若出现三级故障，则会使整车处于“跛行”状态，驱动电机控制器对驱动电机限制功率运行，汽车最高车速小于设定值，如小于25km/h等。

4）四级故障（轻微）。即系统出现温度异常、直流欠电压、高低电压转换器异常等。四级故障只通过仪表显示维修提示。若故障与驱动和能量回收有关，则仅对能量回收限制，对汽车行驶无影响。

若电动车辆出现故障，其诊断方法和传统车辆一样。车载故障诊断系统（On－Board Diagnostic，OBD）使故障灯点亮，同时将故障信息存入存储器，通过诊断仪与接口连接可读取相应的故障码信息。根据诊断仪中故障码的提示，维修人员可迅速确定故障的性质和部位。OBD 16 针车载诊断接口端子的电气连接如图 8-2 所示。诊断接口的 16 号端子接 12V 电源的正极；4 号和 5 号端子接电源的负极；2 号和 10 号端子接车辆的快速充电接口，在快速充电时与快速充电站的充电机的充电枪相连接；3 号和 11 号端子接动力电池控制器；1 号和 9 号端子接车载充电机；6 号和 14 号端子接整车控制器、仪表等低压电气设备。

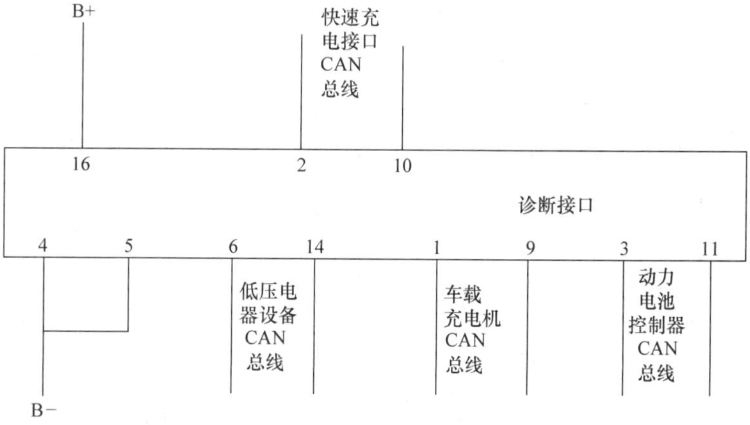

图 8-2　OBD 16 针车载诊断接口端子的电气连接

电动汽车诊断仪的使用方法与传统燃油汽车的一样，也分为读取数据流和故障码两种方式。若故障确实存在但这两种方法均不能确认故障部件，还可以使用示波器进行分析确认。

问题 93　怎样排除电动汽车快速充电的常见故障？

答：电动汽车的快速充电是指用 10 ~ 30min 的时间充满电池的 80%，它是电动汽车运行途中补充电能的重要方式。图 8-3 所示为快速充电系统的原理图。图中 K1、K2 为充电站快速充电机的高压正、负继电器；K3、K4 为充电机低压唤醒正、负继电器，负责供电输出给整车控制器；K5、K6 为动力电池高压正、负继电器；检测点 1（CC1）提供充电机检测快速插头与车辆连接状态识别信号；检测点 2（CC2）提供整车控制器检测快充插头与车辆连接状态识别信号。当检测点 1 和检测点 2（即 CC1 和 CC2）检测到电压值符合要求后，即确认充电站的快速充电机与车辆连接可靠，继电器 K3、K4 闭合，快速充电机输出 12V 低压电唤醒信号到整车控制器，两者进行身份确认，身份确认握手成功后，整车控制器报送动力电池的充电需求，快速充电机报送充电能力。二者匹配后，整车控制器和电池管理系统（BMS）控制继电器 K5、K6 闭合，快速充电机控制继电器 K1、K2 闭合，即进入充电状态。在快速充电过程中，整车控制器不断发送充电请求和充电状态报文，快速充电机反馈充电机状态报文，当整车控制器和BMS判断动力电池电量达到额定容量的80%以上时，即通知快速充电机判断为充电结束。此时充电机断开继电器K1、K2，整车控制器断开继电器K5、K6，充电至此结束，断开继电器K3、K4，拔下充电枪后快速充电彻底完成。

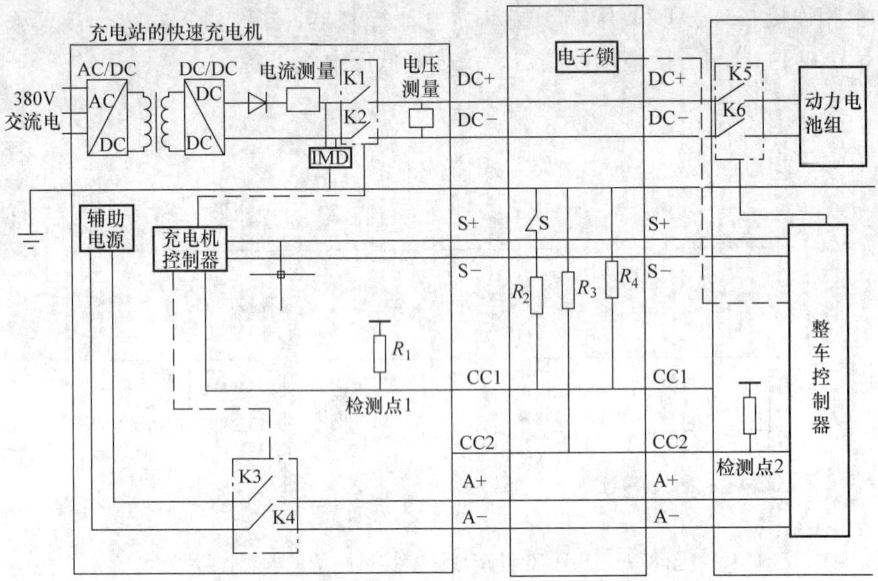

图8-3　快速充电系统的原理图

（1）快速充电的常见故障及原因

1）快速充电机与车辆无法通信。快速充电机与车辆无法通信的主要原因包括：①充电枪、接口，快充电缆等的端子烧蚀、损坏，导线损坏、断开；②充电机内的低压电器盒、控制器、熔丝损坏，动力电池和数据采集终端快充CAN总线间的电阻不符合要求。

2）快速充电机与车辆正常通信但无充电电流。快速充电机与车辆正常通信但无充电电流的原因有高压控制盒快充继电器线路或熔丝损坏、低压电器盒损坏、快充电缆损坏及BMS快充唤醒失常等。

（2）故障排除思路　快速充电出现故障后应首先检查线路连接情况是否正常，然后检查快充系统低压辅助电源（包括充电站的快速充电机和车辆的低压电源）、连接确认信号、快充CAN线路的端子情况以及电压、电阻是否符合要求；检查BMS快充唤醒信号是否正常；检查高压线路的熔丝和继电器有无问题；检查高压控制盒快充连接端子的电压是否正常，无电压则需要更换控制盒，有电压则需对动力电池进行检修。

（3）快速充电机与车辆无法通信的故障检修方法　这里以图8-3为例，其故障检修方法如下：

1）检查快速充电机与快充口的连接是否良好，充电枪和快充口有无烧蚀、锈蚀现象；快充口的接地端与车身搭铁是否导通（0.5Ω 以下的阻值）；快充口 CC1 与 PE 端口之间的阻值是否符合要求（阻值应为 1000±50Ω）。

2）检查快充唤醒信号是否正常，如没有唤醒信号，则应逐步检查熔丝、继电器 K3、K4、快充口、快充电缆和低压电器盒部分到整车控制器的 A+、A-端唤醒线路是否导通；检查快速充电机的低压电源是否正常，如不通或损坏应更换或维修。

3）检查车辆连接确认信号是否正常，若快充唤醒信号及相关线束均正常，但车辆仍不能正常通信，则需要对车辆连接确认信号进行检查，可能是快充口、快充电缆、整车控制器的端子损坏或动力电池低压控制插件损坏，应逐一检查排除或更换。

问题 94　怎样排除电动汽车慢速充电的常见故障？

答：电动汽车的慢速充电即普通充电，是将 220V 的居民用电通过充电电缆接入充电口，利用车载充电机充电完成的。慢速充电系统的工作原理如图 8-4 所示。当车辆的充电插头插入插座后，充电桩通过测量检测点 4 的电压值来判断供电插头与插座是否完全连接，整车控制器单元通过测量 R_c 电阻来确认车辆接口是否完全连接，即 CC 检测。如果充电桩无故障且充电接口完全连接，则 S1 从 12V 连接状态切换至 PWM（脉冲宽度调制）连接状态，充电桩 CPU 发出 PWM 信号，充电桩通过检测点 1 的电压判断充电装置是否完全连接，整车控制器通过检测点 2 的 PWM 信号判断充电装置是否完全连接（CP 检测）。当完全通过以上检测且车载充

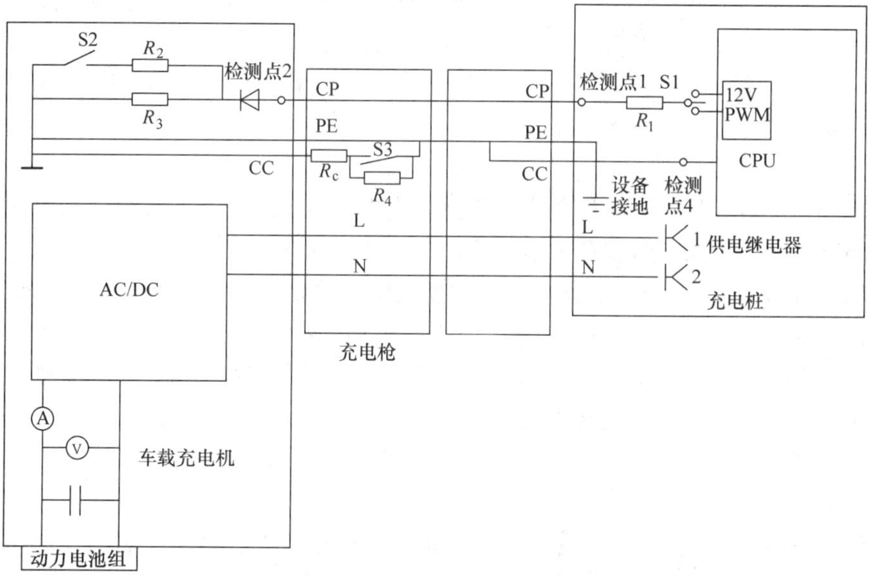

图 8-4　慢速充电系统的工作原理

电机自检没有故障，并且动力电池组处于可充电状态时，车辆整车控制器使车载充电机内的S2闭合。当车辆和充电桩建立起电气连接后，整车控制器通过判断检测点2的PWM信号占空比确认供电设备充电机的最大供电能力，并通过判断 R_c 的电阻值来确认充电电缆的额定容量。整车控制器对充电桩当前所能提供的最大供电电流、车载充电机的额定输入电流以及电缆的额定容量进行比较，将最小值设定为车载充电机当前的最大允许电流，当设置完成后车载充电机开始对电动汽车进行充电。

（1）慢速充电系统的程序　首先将充电枪连接到车载充电机，车载充电机反馈给整车控制器进入充电模式，唤醒仪表显示连接状态，同时唤醒整车控制器和电池管理系统（BMS），整车控制器使动力电池正、负主继电器闭合，也使仪表工作显示充电状态。当充电枪连接完成系统确认后，低压电唤醒整车控制器，BMS检测充电需求，并向车载充电机发送充电工作指令，动力电池继电器闭合。当动力电池继电器闭合后，车载充电机开始工作进行充电，在充电过程中整车控制器监控充电参数和动力电池的温度、电压、电流等参数。当BMS检测到电池电量升高到足够时表明充电完成，BMS给车载充电机发送停止充电的指令。车载充电机收到停止充电的指令后，停止工作并向整车控制器发送停止充电信息。拆下充电枪后整车控制器使充电模式转换到行车模式，仪表充电模式显示熄灭，动力电池正、负继电器断开，至此充电完全结束。

（2）充电流程　整个充电过程可分为六个阶段：充电枪连接完成、低压信号接通阶段、充电握手成功阶段、充电阶段、充电结束阶段及充电枪断开。在充电过程中，如果车载充电机和BMS在规定的时间内（一般为5s）没有收到来自对方的有效报文信息，即判断为超时。当出现超时，BMS向车载充电机发送错误报文，进入故障处理状态。根据故障的类别，分别进行不同的处理甚至结束充电。

（3）常见故障　主要包括：①充电桩显示车辆未连接；②动力电池继电器未闭合；③显示正常充电机无电流输出。

（4）故障排除思路

1）若充电桩显示车辆未连接，则检查充电桩、充电电缆、充电枪、充电口、车载充电机及高压控制盒和动力电池之间的线路连接是否良好。

2）若出现动力电池继电器未闭合不能充电的故障，则应检查低压供电唤醒信号是否正常、车载充电机指示灯是否点亮。若指示灯均未点亮，则表示没有电源输入，应分别检查充电枪、充电口和充电电缆的连接情况是否正常，若正常则应检查车载充电机12V电源和慢充唤醒信号是否正常，整车控制器、动力电池等部件的CAN总线是否正常，BMS的12V唤醒信号是否正常，以及BMS和整车控制器搭铁是否正常。

3）使用故障诊断仪分析检查动力电池、车载充电机、整车控制器、高压连接端口等是否有故障码，或对数据进行分析，以查找出故障所在。

4）还可对所怀疑的部件进行替换检查其是否损坏。

（5）慢速充电的充电条件　包括：①充电桩的输入电源正常；②充电机工作正常；③充电枪、充电电缆连接确认信号正常；④充电唤醒12V信号正常；⑤动力电池温度为0～45℃；⑥BMS、充电机、整车控制器之间的CAN总线通信正常，主继电器闭合；⑦单体电池最高电压与最低电压之差小于300mV，最高与最低温度之差小于15℃；⑧无绝缘报警故障；⑨远程控制器开关关闭。

问题95　如何进行电动汽车高低电压转换器的故障诊断？

答：电动汽车高低电压转换器是电动汽车的重要部件，其作用相当于燃油汽车的发电机，是将电动汽车的高压电转换为12V的低压电（也可以是24V低压电）。高低电压转换器的连接电路如图8-5所示。接通上电开关，即进行充电唤醒。当整车控制器发给高低电压转换器工作信号时，转换器即开始工作，向全车的低压系统供电同时向蓄电池充电。

（1）故障现象　在车辆行驶中仪表板显示蓄电池故障，与传统燃油汽车一样红色的蓄电池符号灯点亮。

（2）高低电压转换器故障的判断方法　关闭车辆上所有低压电器开关，取下上电钥匙；打开前盖板找到低压蓄电池的正、负极，用万用表电压档测量该蓄电池的电压并记录；当接通上电开关后，再次测量该蓄电池的电压，在关闭所有附件用电设备的情况下，电压应高出1.5～2V，即此时的蓄电池电压应为13.8～14.5V。若电压过低，则说明高低电压转换器故障。

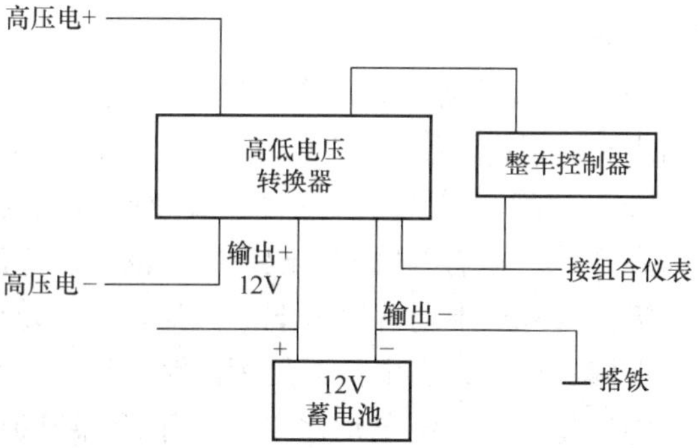

图8-5　高低电压转换器的连接电路

（3）故障排除思路　具体如下：①检查高低电压转换器的高压输入电路是否正常，输入高压熔断器是否正常；②整车控制器对高低电压转换器的输入信号是否正常；③高低电压转换器的低压输出负极搭铁是否良好；④低压蓄电池是否严重亏电；⑤从高低电压转换器到低压蓄电池之间的线路是否导通良好；⑥高低电压转化器是否有内部故障，若其他检查均良好，则更换高低电压转换器，以验证是否为高低电压转换器本身的故障。

问题96　如何进行电动汽车冷却系统的故障诊断？

答：电动汽车的冷却系统主要由电动水泵、冷却风扇、冷却管路、散热器及冷却液等组成。其中电动水泵和冷却风扇都是由低压电源系统供电，由整车控制器通过控制继电器使其运行或停止。整车控制器同时控制高速风扇继电器和低速风扇继电器，使其分别或共同开启/关闭。

（1）冷却循环系统具体的控制模式

1）车辆在充电模式时的产热单元有车载充电机和动力电池，动力电池要求温度不能高于45℃；车载充电机的温度不能高于55℃。当高出55℃时，整车控制器起动电动水泵使冷却液开始循环；当高过65℃时，整车控制器除起动电动水泵外，还使冷却风扇低速运转；当高过75℃时，整车控制器使冷却风扇高速运转。

2）车辆在工作运行模式时的产热单元有驱动电机和电机控制器。当温度高于45℃时，整车控制器起动电动水泵使冷却液开始循环；若电机控制器的温度高过50℃，则整车控制器除起动电动水泵外，还使冷却风扇低速运转；若温度高过75℃，则整车控制器使冷却风扇高速运转。

3）由于空调的冷却风扇和冷却系统的冷却风扇共用，当开启空调时，风扇即起动低速运转。

（2）冷却系统的常见故障现象　主要包括：①电机或控制器过热，并在仪表上出现高温报警；② 电动水泵异响；③冷却风扇异响。

（3）故障原因及解决方案　故障原因主要有电动水泵不转、异响等故障，冷却风扇不转、异响等故障，缺少冷却液和冷却液泄漏及进风口堵塞等故障。针对不同故障原因采用不同解决方案。例如，对于缺少冷却液的应补加冷却液；对于冷却液有泄漏的地方，应更换或处理泄漏元件。若是电动水泵不转，则应查明原因并针对原因修复，或更换电动水泵。对于冷却风扇的问题，应检查处理冷却风扇的线束、熔断装置和整车控制器是否有输出信号。对于电动水泵异响的故障，应检查冷却系统内的冷却液是否有杂质或空气。若有杂质，则应更换冷却液；若有空气，则应排除空气；若有高速异响，则应检查线路或控制器，必要时应对电动水泵进行更换处理。对于冷却风扇异响，可检查是否有异物进入、扇叶是否破裂或不平衡，可根据情况去除异物，更换扇叶甚至整个风扇。对于以上的维修应依据维修手册进行，也可借鉴传统燃油汽车类似问题的维修方案。

问题97　如何排除电动汽车无法正常供电起动的故障？

答：当电动汽车无法正常供电起动时，其检查方法如下：

1）判断整车控制器是否正常工作。打开电源使整车处于供电状态，用万用表检查整车控制器的供电、搭铁、唤醒及供电线束和插件是否正常。

2）检查CAN总线是否正常。在断开低压蓄电池负极搭铁线后，用万用表测量CAN总线的H、L两条线是否断路或短路，并测量这两条线端之间的阻值，其正常阻值应为60Ω。

3）若阻值不正确，则应将空调压缩机、车载充电机、电机控制器、高压控制盒、动力电池及管理系统等所有高压用电设备逐一断开。若断开某个用电设备后CAN总线阻值正常，则判断为刚断开的用电设备功能失效，需更换处理。（注：单一高压设备CAN总线的阻值为120Ω。）

问题98　电动汽车维修的安全操作规程有哪些？

答：电动汽车维修人员须具备一定的资质，遵守车辆维修和高压电的安全操作规程。

1）维修电动车辆人员必须经过培训。维修电动车辆人员必须参加专业的技术培训，并经考核合格，取得授权后才可以检修有高压系统的电动车辆。

2）高压技术人员的主要工作。主要工作有断开高压系统供电并检查绝缘情况；培训和指导经销商内部所有电动车辆高压系统相关人员，使这些人员能执行相关的高压工作。

3）车辆维修标示。对维修车间内的电动高电压车辆，必须使用专用的警示标牌进行标识，最好是规划固定的专用维修区域，并禁止其他无关人员进入，以防止发生危险。

4）检查维修绝缘手套。在使用维修绝缘手套前，应确认手套是否有裂纹、磨损及其他损伤。检查方法：侧位放置手套，卷起手套边缘，然后松开2~3次，在折叠至一半时封住手套，仔细观察有无裂纹和空气泄漏，以确认手套的完好性。

5）检修高压系统的注意事项。①所有橙（红）色的线均带高压电，以防发生触电危险；②高压插头上不可使用润滑油、润滑脂和触点清洗剂等；③在高压系统及部件附近进行检修作业时，必须将高压系统断电；④所有断开的高压插头严防进水和污物；⑤在对电动汽车进行焊接、切屑加工和与高压系统相关的高压维修时，必须先将高压系统断电；⑥检修电动车辆时必须选择合适的工具仪器；⑦佩戴电子生命仪器装置（心脏起搏器等）的人不得检修高压系统。

6）高压维修的安全操作措施要求。①关闭上电开关（点火开关），拔掉钥匙妥善保管；②拆下低压蓄电池负极搭铁端子；③拆除维修开关时，等待至少10min以上，使高压电器的电容放电；④用绝缘乙烯胶带包裹被段开的高压线路插接器。

7）恢复系统运行。在对电动车辆维修完成后，要有专业维修技师通电试运行，通电前要目视检查所有的高压电连接，以及所有的高压系统的插接口和螺孔连接部位应正确锁止；要目视检查所有的高压电缆都无法被触碰到；要目视检查所有的电缆应清洁且无水、油等污染物，插入维修开关并将它锁止。接通上电开关，读取所有系统的故障码。若无故障码，则说明系统良好；若有故障码，则需清除后再次读取，仍有故障码的需要查明原因排除故障，直至无故障码为止。车辆维修完成后，把“高压系统已关闭”的警示标签从车辆上移除，换上“高压系统已激活”

的标签。

问题99 维修电动汽车时易造成电气事故的原因有哪些?

答:电动汽车使用的是高压电源系统，可达300~600V，远超过36V的人体安全电压，足以对人体构成多种伤害。电流通过人体事先没有任何预兆，伤害往往发生在瞬间。例如，电流通过人体会造成电击，还会使人体遭受烧伤和灼伤。由于电气原因造成的人身伤亡和设备损坏事故，称为电气事故。电气事故包括人身事故和设备事故。人身事故又包括电流伤害、电磁伤害、静电伤害、雷电伤害和电气设备故障造成的人身伤害等；设备事故包括短路、漏电和操作事故。人身事故和设备事故大多是违反安全操作规程或安全技术规程引起的，具体如下：

（1）违章操作　违章操作是引起电气事故的主要原因之一，如违反带电安全检修操作规程，使操作人员触及电器的带电部分；用水冲洗或湿布擦拭电气设备；违章救护他人触电，造成救护者一起触电；检修有高压电容的线路时，未进行放电处理导致触电。

（2）施工不规范　在电动汽车的维修过程中，施工不规范也能引发电气事故，如误将电源保护搭铁与电源负极相接；正、负极线位置接反造成短路；插头接线不合理造成电源线外漏，引起触电；高压线路敷设不合规范，造成搭接物带电；施工中未对电气设备进行搭铁保护处理。

（3）产品质量不合格　维修作业时使用了不合格的电器配件，造成电气事故；电气设备缺少保护设施，造成电气设备在正常情况下损坏和引发触电；带电作业时，使用了不合格的工具和绝缘设备造成维修人员触电等。

问题100 如何对电动汽车进行绝缘检查?

答:为防止人员触电造成危险，电动汽车的绝缘检查非常重要。通常绝缘检查的工具是绝缘电阻检测仪，俗称兆欧表，分为数字式和指针式两种，如图8-6所示。

（1）绝缘电阻检测仪的使用注意事项

1）严格按照检测仪使用手册的规定使用绝缘电阻测试仪，以防止破坏检测仪提供的保护措施。

2）在使用检测仪测量绝缘电阻之前，必须正确选用端子、开关位置和量程档。

3）在任何一个端子与搭铁之间施加的电压，不能超过检测仪上标明的额定电压。

4）测量时应格外小心，绝缘电阻检测仪使用输出高电压来测量电阻值，不注意会有触电危险。

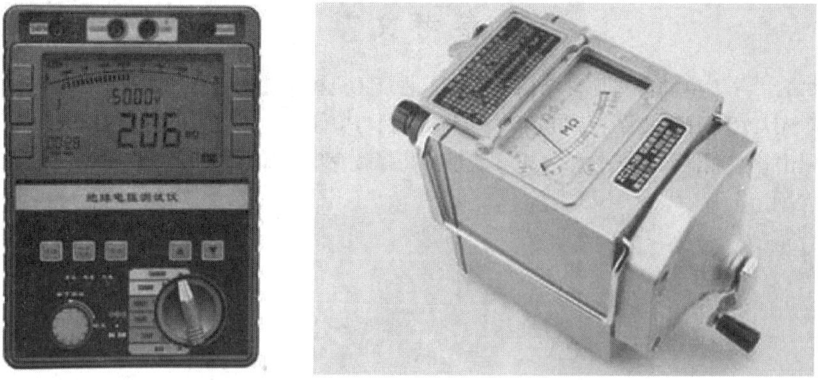

图 8-6　数字式和指针式绝缘电阻检测仪

5）禁止在爆炸性气体附近使用检测仪。

6）在测试导线等绝缘元器件时，手应放在绝缘保护层的后面。

（2）绝缘电阻检测仪的使用方法　将测试探针分别插入检测仪的 V 和 COM（公共）端子；将旋转开关旋至所需要的测试电压档，所选的测量电压至少要与所测部件的工作电压一样高；将表笔与测量电路连接，检测仪会自动检测电路是否通电；按住表笔上的“TEST”测试按钮开始测试，显示屏上的数值即为目前的绝缘电阻值，单位是 MΩ 或 GΩ。绝缘电阻检测仪的实际使用如图 8-7 所示。副显示位置显示的是被测电路上所施加的电压，主显示位置显示绝缘电阻值。当阻值超过最大量程时，测试仪显示“ > ”符号，并显示当前量程的最大电阻。

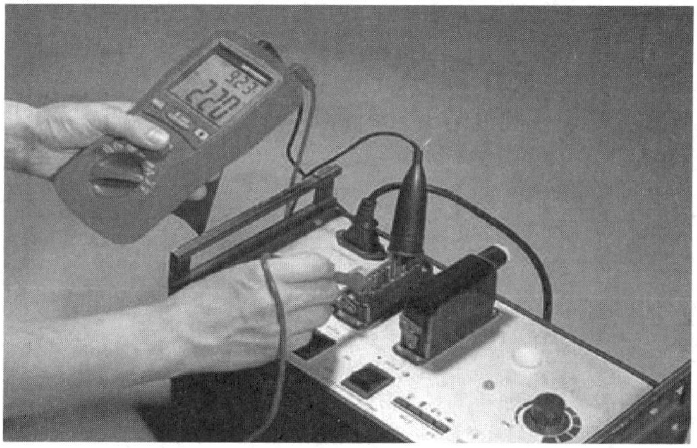

图 8-7　绝缘电阻检测仪的实际使用

测试时，用绝缘电阻检测仪对高压电缆的不同部位进行绝缘检测，测量直流电压选 500～1000V 档，测量位置为高压电缆内部导线与车辆搭铁端、高压电缆内部导线与屏蔽层。

参 考 文 献

[1] 何洪文，等．电动汽车原理与构造 [M]．北京：机械工业出版社，2012.
[2] 敖东光，宫英伟，陈荣梅．电动汽车结构原理与检修 [M]．北京：机械工业出版社，2017.
[3] 何明山．空调器原理与检修 [M]．北京：高等教育出版社，2003.